金融网络视角下的银行业系统性风险研究

陈少炜 著

中国财经出版传媒集团

经济科学出版社
Economic Science Press

图书在版编目（CIP）数据

金融网络视角下的银行业系统性风险研究/陈少炜著.
—北京：经济科学出版社，2017.11
ISBN 978 - 7 - 5141 - 8585 - 0

Ⅰ.①金…　Ⅱ.①陈…　Ⅲ.①银行业 - 风险管理 -
研究 - 中国　Ⅳ.①F832.2

中国版本图书馆 CIP 数据核字（2017）第 261285 号

责任编辑：李晓杰　程新月
责任校对：王肖楠
责任印制：李　鹏

金融网络视角下的银行业系统性风险研究

陈少炜　著

经济科学出版社出版、发行　新华书店经销

社址：北京市海淀区阜成路甲 28 号　邮编：100142

总编部电话：010 - 88191217　发行部电话：010 - 88191522

网址：www. esp. com. cn

电子邮件：esp@ esp. com. cn

天猫网店：经济科学出版社旗舰店

网址：http://jjkxcbs. tmall. com

北京季蜂印刷有限公司印装

710 × 1000　16 开　13 印张　210000 字

2018 年 4 月第 1 版　2018 年 4 月第 1 次印刷

ISBN 978 - 7 - 5141 - 8585 - 0　定价：48.00 元

（图书出现印装问题，本社负责调换。电话：010 - 88191510）

（版权所有　侵权必究　举报电话：010 - 88191586

电子邮箱：dbts@ esp. com. cn）

前　　言

随着金融服务业的复杂化和经济全球化的不断深化，金融机构更加紧密地联系在一起，金融机构间这种更广泛的相互联系促进了经济增长，但是，这种密切的相互联系也增加了系统性风险快速传播的可能性。2008 年的金融危机之后，国际金融监管机构加强了对金融系统性风险的监管和防范。银行体系是整个金融体系的核心组成部分，银行业在国民经济的发展中起着重要作用，加强对银行业的监管，防范银行业系统性风险的发生，对国民经济的健康稳定发展至关重要。复杂网络理论是图论的重要组成部分，能够表现出金融系统的特征，已经被越来越多地应用于金融领域的研究。在一个金融网络中，每一家金融机构都是一个节点，节点之间通过有向边相互连接。节点的大小往往反映的是金融机构规模的大小，有向边的粗细则反映的是金融机构间联系的紧密程度。金融网络能够刻画出各个金融机构之间的联系以及联系的变化，对于分析传染性显著的银行业系统性风险具有较强的适用性。

本书基于复杂网络理论，从金融网络的视角出发，对银行业系统性风险进行了研究。全书的主要内容安排如下：

第一章为相关研究及理论综述。首先对国内外相关研究现状进行了回顾，然后，主要从金融网络和银行业系统性风险两个方面对相关理论进行阐述。金融网络方面，介绍了网络的定义及相关概念，并简单阐述了相关概念在金融网络中的现实意义。此外，对金融网络的相关统计性质以及金融网络的宏观拓扑结构进行了介绍和简单比较。银行业系统性风险方面，首先对银行业系统性风险这一概念进行了梳理，并基于风险传染的视角对中国可能面临的银行业系统性风险进行了界定；其次，概括了银行业系统性风险所具有的五个特征，并从风险来源和传染渠道两个方面，对银行业系统性风险的类别进行了简单划分；最后，简单阐述了银行业系统性风险的生成机制以及银行网络结构下系统性风险的传染机制。

第二章为银行体系的网络模型构建及分析。在此，主要采用最大熵和最小相对熵估计的方法，选取了 25 家样本银行，分别构建了 2008 年、2011 年以及 2014 年的中国银行网络结构图，发现中国银行网络呈现出一种层次性和复杂性的结构特征，一些连接强度高的银行机构在网络中扮演着"中心"的角色，其他银行机构则处于"中心"的周围以及网络的外围；然后，从网络的统计性质出发，分别对中国银行网络的节点度（入度及出度）分布、聚类系数以及中心度等进行了分析，发现中国银行网络的各项主要统计性质在不同程度上遵循幂律规则，符合无标度网络结构的特征，是一个拥有少数货币中心且具有三层结构特征的银行网络。

第三章为银行网络的"系统重要性银行"分析。首先采用 $\Delta CoVaR$ 和 SRI 对中国银行网络中上市银行的系统重要性程度进行了分析，得到了 2008 ~ 2014 年，依据 1% 和 5% 水平下的 $\Delta CoVaR$ 及 SRI 值所获得的中国上市银行的系统重要性程度及排名；其次，采用面板计量模型，从银行个体层面、监管层面以及宏观经济层面三个方面探讨了银行机构系统重要性程度的影响因素。

第四章为银行业系统性风险的评价——基于银行网络模型的分析。在综合考虑银行间资产的相关性以及银行间的债权债务联系的基础上，采用 Martin Summer 等（2005）的模型框架和分析方法对中国银行网络的系统性风险进行了评价分析。在阐述了银行网络系统性风险的评估方法之后，选取 16 家上市银行构建了中国银行网络模型，分析了系统性风险的现状，探讨了资产相关性以及银行间债权债务关系对银行系统稳定性的作用，并对整个银行体系进行了压力测试。

第五章为银行网络结构与系统性风险的动态关系分析。主要采用模拟仿真方法分析银行网络结构的变化对系统性风险的影响作用，分别探讨了银行网络规模的大小、银行网络中部分节点的大小，以及银行网络连通度的大小与系统性风险的关系。

第六章为银行业系统性风险监管防范的政策建议。首先对部分发达国家的金融监管体系以及危机后的金融监管改革措施进行了概括和总结，以期为我国银行业系统性风险的监管提供经验借鉴；其次，从微观主体和宏观网络结构两个方面提出相应的监管政策及建议，将微观审慎和宏观审慎的监管标准有效结合起来；最后，从金融监管体系、制度环境建设等方面对银行业系统性风险监管防范的政策建议进行了完善。

本书的主要创新点如下：

第一，对系统性风险的相关概念进行了梳理，概括了银行业系统性风险的特征及类别，并基于风险传染的视角，对中国银行业可能面临的系统性风险进行了界定。

第二，基于复杂网络理论，从金融网络的新视角对银行业系统性风险进行了研究，目前国内基于这一视角全面系统地分析银行业系统性风险的研究相对较少。

第三，构建了中国银行网络结构模型，分析了该银行网络结构的特征，并基于网络统计性质探讨了中国银行网络结构的动态演变。

第四，综合考虑了银行间资产的相关性以及银行间债权债务联系，通过构建银行网络模型对中国银行网络系统性风险进行评价分析，尝试为我国银行业提供一种科学有效的系统性风险度量方式。

陈少炜

2018 年 3 月 20 日

目
录
contents

>   >   >   >   >   >

图 表 目 录

绪　　论

从 20 世纪 80 年代开始，发展中国家、新兴市场国家以及部分发达国家爆发了一系列的金融动荡和银行业危机，Caprio 等（2003）[1] 统计发现在 1980～2002 年就有 93 个国家经历了系统性金融危机。系统性风险（Systemic Risk）成为金融研究领域一个常见的名词，这一新概念是金融学者对资本自由化、经济全球化带来的金融动荡和危机的新认识。其实，系统性风险并不是经济学或者金融学的专有概念，它可以用来描述许多不同的社会经济现象，但不管何种系统性风险，溢出性和传染性都是其显著特征。由于金融体系自身的脆弱性，发生系统性风险进而引发危机的概率也就相当高。

20 世纪 80 年代以来，从全球范围来看，一些地区或国家金融危机时有发生，伴随金融危机的出现，大量银行破产倒闭或被兼并。如 80 年代美国发生的储蓄贷款协会危机，导致了约 25% 的储贷协会机构倒闭。1991 年国际商业银行倒闭，1994～1995 年墨西哥爆发了金融危机，导致资金市场利率达到了极高的历史水平，给其国内经济及人民生活造成了严重的不利影响。日本、阿根廷等国家在 20 世纪后 20 年也都出现了较为严重的金融危机，无一例外地影响了所在国家的经济发展。1995 年 2 月，有 233 年历史的英国巴林银行因倒闭而被收购。1997 年 7 月，从泰国开始，又相继爆发东南亚、俄罗斯、巴西、阿根廷金融危机。随着贸易与金融的自由化、创新活动的开展，以及网络技术的发展，经济一体化市场正在快速形成，单一国家的经济和金融全球化进程在外部力量的推动下正日益加快，金融业混业经营的趋势加剧。与此同时，世界范围内的经济失衡、流动性过剩、资产泡沫和证券市场复杂化等因素也导致新的金融脆弱性不断出现。

---

[1]　Caprio G. and D. Klingebiel. Episodes of Systemic and Borderline Financial Crises. World Bank. Photocopy, 2003.

金融服务业的复杂化和日渐发展的经济全球化，使得金融机构更加紧密地相互联系在一起，以期实现更合理的信贷配置和更广泛的风险分散，金融机构间这种更广泛的相互联系促进了经济增长，但是，这种密切的相互联系也增加了金融混乱快速跨市场和跨国蔓延的可能性。尤其是金融衍生品的不断创新，使得金融监管层以及金融机构本身对风险转移情况也不能够有一个充分全面的认识，这也使得对交易对手的评估、风险管理或者政策应对都更为复杂。2007年美国次债危机爆发，金融衍生品价格不断下挫，其银行业隐藏的风险也不断暴露。美国的金融机构，特别是投资银行一个个的破产，仅剩的高盛和摩根士丹利最终也转型为商业银行，美国的投资银行体系彻底崩溃。金融危机的传染性，使得美国金融危机迅速影响到欧洲、亚洲等地区，发达国家和新兴市场国家都被波及。此后，金融危机又从虚拟经济传染到实体经济，导致全球贸易量剧减、失业率上升、经济增长下降，引发了世界经济的衰退。为了缓解金融危机的影响，刺激经济的发展，世界主要经济体在不同程度上都采取了刺激经济和救助金融机构的非常规政策，个别金融机构的风险又进一步演化成部分国家的主权债务危机，为全球经济的复苏又蒙上了一层阴影。美国利用美元基准货币的地位实施量化宽松的货币政策，让世界为其金融危机买单，为刺激其经济恢复而大搞财政赤字政策，在一定程度上又酝酿着一次系统性风险。

从国际形势来看，这场始于美国次债危机的全球金融危机，暴露了银行风险管理的很多弱点，国际银行业正在加强对银行的风险管理和监督。加强宏观审慎管理、防范系统性风险成为危机后主要国际组织和经济体金融改革的共同政策主张。2010 年 12 月 16 日，巴塞尔委员会发布了第三版巴塞尔协议（Basel Ⅲ）的最终文本，其主要内容包括：（1）提高了核心资本充足率的要求；（2）引进杠杆系数；（3）引入新的流动性指标；（4）过渡期安排，为避免新规定对银行乃至经济的影响，巴塞尔委员会制定了一个较长的过渡期。

从国内形势来看，中国的经济和金融体系正处于一个对外开放、对内改革和转型的特殊时期，经济体制改革和政治体制改革逐渐步入深水区，实体经济和金融体系面临的不确定性正在增加。改革开放以来，中国经济快速持续增长，但是与此同时，经济发展所带来的能源问题、产业结构问题等也在日益加剧，受到劳动力要素优势转移、外商直接投资减少、国际购买力下降等因素的影响，出口对经济发展的带动作用下降；而过多的政府主导型投资，挤压了民间资本投资的空间，部分行业产能过剩所导致的经济结构失衡问题也在日益突出，中国经济的发展速度逐步放缓。显然，中国经济发展的原始动力不足，新的动力尚未形成之时，中国实体经济发展的不确定性在增加。与此同时，中国金融体系面临的不确定性也在增加。随着我国金融体系开放和市场化改革步伐的加快，金融体系的复杂性更强。金融体系的对外开放，使得我国金融市场和国际金融市场的联系更加密切和复杂，这种复杂的联系不仅增强了中国金融市场与世界金融市场的联动性，使得国内金融机构和市场更容易受到世界经济外部冲击的影响，也增加了监管部门监管金融市场和金融机构的难度，对货币政策实施部门制定货币政策也提出了新的考验。此外，以银行为主体的我国的金融机构在运营过程中也存在着诸多不稳定因素，如金融杠杆率过高、银行系统间流动性长期积累的问题——信贷资金期限和结构的错配、地方政府债务集中到期等。2013 年 6 月下旬，银行间流动性紧缺，隔夜拆借利率一度达到13.44% 的历史最高点，引起了市场的恐慌，银行"钱荒"这一时点性事件，一定程度上反映了我国商业银行经营过程中业务结构的不合理，体现了监管机构调控政策方向的转变，也反映了我国银行业潜在的系统性风险。

金融危机对经济发展的负向影响巨大，严重制约发生危机的经济体乃至世界经济的平稳发展。银行机构作为金融机构的主要组成部分，是危机传染的重要导体，银行业的系统性风险往往也会进一步转变成金融危机，对一国乃至世界经济的发展产生不利影响。随着金融自由化、经济全球化的发展，金融服务业更加复杂化，银行机构在金融市场中的作用也在逐渐转变，从传统的资金借贷到现在的混业经营，其面临的风险因素也在日益多样化。与此同时，整个银行体系也在不断变化，呈现出不同的结构特征，对于风险的产生和传导产生新的影响。

研究银行业系统性风险的产生、特征及传染机制，探讨银行体系的结构特征等，对于完善银行风险管理具有重要的理论意义。现阶段如何对系统性风险进行有效的评估和测量也是金融监管面临的一大难题，而且银行机构与银行业稳定性之间的关系也变得更加复杂。与此同时，美国金融衍生品的过度创新，以及次债危机的发生，在一定程度上反映了当前国际金融监管存在的一些不足。那么，如何进行金融监管改革，提高银行监管的有效性，有效防范银行业的系统性风险也是当前需要解决的问题。此外，中国的市场化改革逐步进入深水区，金融市场的全面对外开放，利率市场化的逐步推进，银行的高杠杆率、业务结构的不合理性等内外在因素的影响，使得中国金融市场和金融机构面临更大的不确定性。因此，本书选择银行业系统性风险作为研究对象，基于金融网络理论探讨系统性风险在现有的银行结构体系下的产生及传染机制，分析中国银行网络结构所具有的特点，尝试提出系统性风险的有效评估方法，探讨系统重要性银行机构的评估方法和影响因素，以及银行网络结构特征对系统性风险的影响，并对中国银行业系统性风险的防范提出相关政策建议，对于中国银行业的健康发展以及风险控制具有重要的现实意义。

本书基于金融网络的视角，以银行业系统性风险为研究对象，要有效监管和防范银行业系统性风险，必须要了解银行业系统性风险的特征、类别及其产生的原因和传染机制，以及现实经济生活中银行体系的结构特征及其传染效应，探讨科学有效的系统性风险评估方法，此外，还需考虑银行业稳定性的影响因素，进而依据银行体系自身的特点探讨银行业监管的政策完善措施。

因此，本书首先对金融网络和银行业系统性风险的相关理论进行了简单回顾，介绍了网络理论在经济金融领域的应用基础，并界定了银行业系统性风险的相关概念及其产生的原因与生成、传染机制；其次，基于金融网络理论，进一步构建了中国银行网络模型，探讨了中国银行网络结构的特征及演变；在前述研究过程中，发现在中国银行网络中拥有"货币中心"型的银行机构，以及位于中心节点附近的重要银行机构节点，这些银行机构对其他银行机构的违约情形会产生较强的影响作用，因此专门对银行体系中的系统重要性银行进行了分析，探讨了银行机构的系统重要性程度及其影响因素；然后，运用网络结构模型对中国银行间市场的系统性风险进行了理论和实证度量；与此同时，考虑到银行网络结构是随时间不断演变的，在考察了银行微观主体对系统性风险的影响之后，从宏观角度考察了银行网络结构特征对系统性风险的影响作用；最后，借鉴国外部分发达经济体的金融监管经验，结合我国银行业发展和银行监管的现状，将微观审慎和宏观审慎监管有效结合起来，主要从微观主体和宏观网络两个方面提出了完善银行业监管的相关政策建议。

第一章

相关研究及理论综述

第一节　相关研究综述

一、系统性风险的国内外研究现状

系统性风险是一个相对较新的术语，它源于政策讨论之中，而不是专业性的经济和金融文献，对于它还没有一个精准统一的定义。金融危机的演变是由触发事件引起的，然后通过金融系统传递至实体经济。这一金融系统主要指的是金融机构（包括银行、保险公司、养老基金以及证券公司等）、市场、用于执行的支付系统、用于投资渠道的存款以及所需控制的金融风险的集合。在此需要区分特殊的触发事件以及系统的触发事件，当初始冲击仅仅影响金融系统某一组成部分时，这样的冲击是特殊的冲击，比如由于内部欺诈所导致的单一银行的倒闭；系统冲击则指的是初始冲击同时影响大量参与者，在极端情况下会影响整个金融系统的冲击，如汇率制度的崩溃，则为系统的触发事件。触发性事件可能会产生多轮冲击效应，在极端情况下将导致大量机构在冲击结束前倒闭。这样的冲击效应也可能溢出进而影响到实体经济，例如，当冲击引发信用违约或者冲击给家庭和公司参与者造成大量金融损失时。

系统性风险通常指的是能够对实体经济造成破坏的金融冲击。Kaufman（1995）① 认为系统性风险是指某个事件发生后，使得相关机构和市场产生一

---

① Kaufman, George G. Comment on Systemic Risk [C]. In Research in Financial Services: Banking, Financial Markets, and Systemic Risk, 1995a. vol. 7, pp. 47－52.

系列连续损失的可能性。Mico Loretan（1996）① 对金融市场的系统性风险进行了考察，关于系统性风险的大量定义已经出现，他认为当多种多样的冲击会对金融市场功能产生潜在影响时，必须考虑这些冲击下机构的非理性行为，这对于理解系统性事件的动态演变很有必要。十国集团在《金融领域并购报告》中（The G10 Report on Consolidation in the Financial Sector，2001）② 对其给出了一个定义，即系统性金融风险是指某一事件将会引起经济价值或信心方面的损失，并伴随着持续增加的不确定性，使得金融系统的主体部分面临着严峻的形势，可能对实体经济产生重大的负向影响。Kaufman，George G. 和 Kenneth E. Scott（2003）③ 则将系统性风险定义为不严密的术语。系统性风险指的是整个系统崩溃的可能性或者风险，是与单独的组成部分的崩溃相对立的，是通过绝大多数或者所有组成部分的相互关系来证实的。此外，Hendricks，Darryll（2009）④ 从术语起源科学的角度，给出了一个较为理论化的定义，即系统性风险是一种相变从一个均衡向另一个均衡变迁的风险，多重自我增强反馈机制的特征使得它很难得以逆转。Serafín Martínez – Jaramillo 等（2010）⑤ 认为尽管系统性风险很难有一个被广泛接受的定义，人们还是普遍承认，当一个事件的发生威胁到系统的良好功能，有时甚至使系统不能继续运行时，这样的风险就是系统性风险。传统观点认为金融系统性风险就是系统内单个机构风险的总和，然而，2007 年开始的金融危机已经证实这一观点是不适当的。金融机构和市场间的相互关系是系统性风险的决定性因素并推动了金融危机的发生进程。Franklin Allen 和 Elena Carletti（2013）⑥ 认定了四种类型的系统性风险，分别是恐慌——由多重均衡引发的银行业危机、由资产价格下跌引发的银行业危机、金融传染以及银行系统内的外汇汇率错配。

① Mico Loretan. Economic Models of Systemic Risk in Financial Systems [J]. North American Journal of Economics & Finance，1996，7（2）：147－152.

② Group of Ten. Report on Consolidation in the Financial Sector [C]. Basel，Switzerland：Bank for International Settlements，2001.

③ Kaufman，George G.，and Kenneth E. Scott. What is Systemic Risk，and Do Bank Regulators Retard or Contribute to It？[J]. Independent Review 7（Winter），2003，pp. 371－391.

④ Hendricks，Darryll. Defining Systemic Risk. The Pew Financial Reform Project，2009.

⑤ Serafín Martínez – Jaramillo，Omar Pérez Pérez，Fernaado Avila Embriz，Fabrizio López Gallo Dey. Systemic risk，financial contagion and financial fragility [J]. Journal of Economic Dynamics & Control，2010，34：2358－2374.

⑥ Franklin Allen & Elena Carletti. What is Systemic Risk？ [J]. Journal of Money，Credit and Banking. 2013，Vol. 45，No. 1，pp. 121－217.

　　我国学者对系统性风险的概念也进行了一些相关研究，包全永（2005）[①]认为系统性风险应该从广义和狭义两个方面来理解，广义的系统性风险指的是整个金融系统丧失其基本功能的可能性，狭义的系统性风险则是指金融系统中某些单位在冲击下产生的损失，会给系统其他单位带来负向外部性效应，这些负向外部性效应持续累积，最终会导致整个金融系统丧失功能；黄佳和曹雪峰（2006）[②]从支付系统的视角出发，指出由一系列支付违约所导致的流动性不足，也会危及整个金融系统的稳定；陈兵等（2008）[③]从流动性的角度来考虑系统性风险，当一家银行面临着流动性短缺时，它无法满足其债权银行的清偿要求，一家银行的倒闭可能会引起其他关联银行的相继倒闭，进而引发系统性风险；谭洪涛等（2011）[④]将系统性事件定义为由于一个或多个机构的失败而导致整个系统处于风险的事件，或者是其形成的损失足以破坏系统功能的事件，而系统性事件发生时所引发的数量损失则为系统性风险；龚明华等（2010）[⑤]将巨大的破坏性确定为系统性风险的主要特征之一，认为系统性风险产生的根源是微观风险承担行为的"外部效应"，而系统内各主体的相互关联则使得系统性风险具有快速传染的特征。

　　传染效应是系统性风险的核心，它主要指的是冲击效应从金融系统某一部分传递至其他部分，或者从金融系统传递至实体经济的增殖机制或渠道。在此需要区分传染的两个渠道，真实渠道和信息渠道。前者指的是冲击效应对金融系统其他部门的影响，进而使得实体经济面临的直接风险暴露；后者指的是经济主体在应对某一特殊危机事件时所产生的行为改变。[⑥]通过真实渠道的传染效应指的是金融系统其他部门由直接风险暴露（如交易对手风险）以及相互间的联系（如通过支付系统）所产生的直接"连锁效应"。除此之外，当经济主体（包括交易对手、投资者、储蓄者等）改变自身行为以应对某一突发事件时，传染效应将通过信息渠道进行传播。通过真实渠道传播的传染效应，其剧烈程度及方向性大体上是可以事先评估的，而通过信息渠道产生的传染效应

　　① 包全永. 银行业系统性风险的传染模型研究［J］. 金融研究，2005（8）：72-84.
　　② 黄佳，曹雪峰. 银行间支付结算体系的系统性风险研究［J］. 武汉金融，2006（2）：43.
　　③ 陈兵，万阳松. 基于信用链接的银行网络风险传染述评［J］. 上海金融，2008（2）：26.
　　④ 谭洪涛，蔡利，蔡春. 金融稳定监管视角下的系统性风险研究评述［J］. 经济学动态，2011（10）：138.
　　⑤ 龚明华，宋彤. 关于系统性风险识别方法的研究［J］. 国际金融研究，2010（5）：90.
　　⑥ Miquel Dijkman. A Framework for Assessing Systemic Risk［W］. The World Bank，Financial and Private Sector Development，Financial Systems Department，April，2010.

则是很难被预测的①。当某一特定银行宣布面临严重困难时，鉴于类似的业务模型（如内部控制不足）、金融风险暴露（如有毒资产）等，投资者将开始怀疑其他银行也会受到初始冲击的牵连。受到第二轮冲击的机构，其金融前景更容易遭遇恶化，伴随着风险溢价和资本成本的上升，进而在吸引融资方面也将面临更大的困难。

因此，基于现存信息，危机的发生将会引起市场行为的改变，然而，由于信息不对称性的存在，信息重新估计后的金融市场的行为并不总是正确的。对于那些不合理信息的再评价将会具化为各种形式，如羊群效应、信息流瀑效应等。金融市场对某一特定危机的反应也在一定程度上取决于情景因素，包括普遍的金融市场态度（如牛市或熊市）、实体经济的状态、其他金融机构的危机适应性和恢复力，以及权威机构危机应对的质量。这些都表明一个更广泛的观点，即与系统性相关的概念并不是一个静止的概念。就传染效应而言，其通过直接风险暴露以及相互间的联系而产生，进一步通过信息渠道被放大，使得系统性风险被经济状况的恶化所驱动。因此，影响某些金融机构的危机是否是系统性风险，在很大程度上取决于危机发生时的经济状况。

在传染效应方面，Kee – Hong Bae, G 等（2003）② 提出了一种度量金融市场传染效应的新方法，他们的方法考虑了某一地区内或地区之间极端收益冲击的一致性，采用多元 logistic 回归模型描述了传染效应的范围、经济重要性以及影响因素。T. J. Brailsford 等（2006）③ 调查了中国台湾、中国大陆和中国香港三个亚洲市场的银行部门的风险和收益，在控制时间序列效应的条件因子 GARCH 模型的框架下，研究了风险和收益的关系，将因子方法用于整合行业内传染效应，并分析了大银行和小银行之间的溢出效应。Juan Carlos Rodriguez（2007）④ 基于可转换参数的 Copula 进行了建模，以研究金融传染效应，认为

---

① 现有的分析方法正在不断得到改进，包括基于市场数据的网络分析以及投资组合模型，致力于更好地捕捉通过信息渠道传播的传染效应。网络分析通过构建机构总体风险暴露的结构矩阵，进而分析其网络结构的具体特征（节点分布、度的复杂性及密集性等）。投资组合模型则致力于确认通常风险因素，追踪一家机构的危机是如何影响其他机构的，以及度量单个机构对系统范围风险的贡献度。总体风险暴露相关数据的可能性则是进行实际分析时经常会面临的问题。

② Kee – Hong Bae, G. Andrew Karolyi & René M. Stulz. A New Approach to Measuring Financial Contagion [J]. The Review of Financial Studies, 2003, Vol. 16, No. 3, pp. 717 – 763.

③ T. J. Brailsford, Shu Ling Lin, Jack H. W. Penm. Conditional risk, return and contagion in the banking sector in Asia [J]. Research in International Business and Finance, 2006, 20：322 – 339.

④ Juan Carlos Rodriguez. Measuring financial contagion：A Copula approach [J]. Journal of Empirical Finance, 2007, 14：401 – 423.

尾部相关性的结构突变可以作为传染现象的一种度量。Marcel Prokopczuk (2010)[①] 调查了银行部门是否存在传染效应，为了能够做出关于潜在传染效应大小的一个判断，他们比较了银行部门和非银行部门的结果，发现异常收益能够在银行部门引起显著的传染效应，但是在包括保险业在内的非银行部门都没有发现这种效应。而传染的程度随收益异常度的增加而增加，且与小银行的收益异常相比，大银行的异常收益在竞争者银行间会引起更广泛的传染效应。A. Can Inci 等（2011）[②] 将局部相关性分析用于检验金融传染效应，他们分享了前人研究的观点，即从美国股票交易市场到德国和英国股票交易市场存在传染效应，另外，他们的研究结果显示美国的股票交易市场对日本、中国香港的相应市场也存在传染效应。此外，他们还发现了美国期货市场的传染效应。然而，从德国、英国、日本和中国香港的股票或期货交易市场对美国市场的反向传染效应却不存在。Ke Cheng 等（2012）[③] 则基于时间变化的 Copula 概率密度函数，构建了 Copula 传染指数（Copula Contagion Index，CCI）来衡量金融传染，而美国次级债务危机时的危机溢出效应则证实了 CCI 的有效性。Jan Frederik Slijkerman 等（2013）[④] 采用极值分析的方法，检查了危机时期欧洲银行与保险业的部门内和部门间系统的相互依存性。与银行相比，当保险公司略微显示出较高的相互依存性时，两部门间的相互依存性被证明是相当低的。这表明通过金融聚集，经济的下行风险能够被降低。Enrique Batiz – Zuk 等（2013）[⑤] 考察了银行间风险暴露限制的收紧对降低传染效应及聚集损失的作用。他们采用了一种相继违约算法，可以在多轮传染过程中追踪触发银行对其他银行的传染路径。

国内关于系统性风险传染方面的研究还相对较少，包全永（2007）[⑥] 通过

① Marcel Prokopczuk. Intra-industry contagion effects of earning surprise in the banking sector [J]. Applied Financial Economics, 2010, 20：1601 – 1613.

② A. Can Inci, H. C. Li, Joseph McCarthy. Financial contagion：A local correlation analysis [J]. Research in International Business and Finance, 2011, 25：11 – 25.

③ Ke Cheng, Fengbin Lu, Xiaoguang Yang. Copula contagion index and its efficiency [J]. Applied Financial Economics, 2012, 22：989 – 1002.

④ Jan Frederik Slijkerman, Dirk Schonenmaker, Casper G. de Vries. Systemic risk and diversification across European banks and insurers [J]. Journal of Banking & Finance, 2013, 37：773 – 785.

⑤ Enrique Batiz – Zuk, Fabrizio López – Gallo, Serafín, Martínez – Jaramillo, and Juan Pablo Solórzano – Margain. Calibrating limits for large interbank exposures from a system-wide perspective [W]. Working Paper, April, 2013.

⑥ 包全永. 银行业系统性风险的传染模型研究 [J]. 金融研究, 2005 (8)：72 – 84.

构建经济模型，研究了封闭银行系统以及银行间市场的银行业系统性风险的传染机理；万阳松等（2007）① 从银行间信用拆借关系出发，建立了一个银行网络生长模型，发现信用拆借能力相近的银行之间更易于建立信用拆借关系；陈国近和马长峰（2010）② 对于金融危机传染的网络理论进行了概括和总结，从外生流动性冲击与银行危机传染、内生流动性冲击与银行网络传染以及银行资产价格传染三个方面阐述了银行系统危机传染的网络模型，并对金融市场间的危机传染以及支付清算系统中的危机传染的网络模型进行了介绍；童牧和何奕（2012）③ 基于网络结构构建了一个合适于大额实时全额结算的系统性风险传染模型，分析系统性风险的演化过程，并利用传染模型研究了不同流动性救助方式在不同风险场景下的优劣；高国华和潘英丽（2012）④ 对基于资产负债表关联的银行间市场双边传染风险进行了研究，从信用违约和流动性风险的角度估测了传染路径和资本损失，并对系统重要性银行和易被传染银行的微观特征进行了实证检验；巴曙松等（2013）⑤ 介绍了金融传染发生的机制，主要包括了金融机构间的直接传染和间接传染两种作用机制，前者主要是指某一机构的破产会导致与其存在直接连接关系的其他金融机构遭受债务违约损失，进而使得破产的危机蔓延开来，后者则是由于市场信心的缺失以及资产价格的螺旋下降等因素导致的。

2007 年的金融危机刺激了关于金融不稳定性方面的研究，该方向的理论分析、实证分析以及政策分析都显著增加。系统性风险作为金融不稳定性和政策应对研究的基础概念得到了广泛接受，但是迄今为止，绝大多数的研究仅关注了这一风险的某个或某些方面，对于系统性风险总体概念及其不同方面间的联系的理解仍具有一定的局限性，还需要进一步的深入研究。

---

① 万阳松，陈忠，陈晓荣. 复杂银行网络的宏观结构模型及其分析 [J]. 上海交通大学学报，2007（7）：1161–1163.

② 陈国进，马长峰. 金融危机传染的网络理论研究述评 [J]. 经济学动态，2010（2）：116–120.

③ 童牧，何奕. 复杂金融网络中的系统性风险与流动性救助——基于中国大额支付系统的研究 [J]. 金融研究，2012（9）：21.

④ 高国华，潘英丽. 基于资产负债表关联的银行业系统性风险研究 [J]. 管理工程学报，2012（4）：162–168.

⑤ 巴曙松，左伟，朱元倩. 金融网络及传染对金融稳定的影响 [J]. 财经问题研究，2013（2）：3–11.

二、金融网络的国内外研究现状

图论是一门研究图形的科学，采用数学的方法来研究对象之间两两配对的关系，最早出现在数学和计算机科学领域。这里的"图"是由"顶点"或者"节点"以及连接它们的线（被称为边缘）所构成的。一个图可能是无方向的，即相互连接的两个节点是无差别的，连接的边缘没有方向性，也可能边缘是从一个节点指向另一个节点，具有方向性。图论是离散数学的主要研究对象之一，能够被用于物理、生物、化学、社会学及信息系统等多种类型的关系研究。复杂网络理论是图论的重要组成部分，能够表现出金融系统的特征，刻画出各个金融机构之间的联系以及联系的变化，被越来越多地应用于金融领域的研究。

1736 年，瑞士数学家莱昂哈德·欧拉（Leonhard Euler）发表了关于哥尼斯堡七桥问题（Königsberg bridge problem）① 的论文，被公认为是图论和几何拓扑领域的开端。在过去的十几年间，复杂网络的研究方面涌现出了新的研究兴趣和研究趋势，如网络的结构是不规则的、复杂的且会随着时间的推移而发生演变，主要的研究关注点也从小网络的分析转向了包含数千或者数万节点的大型网络系统的分析，以及单位演变过程中网络特性的分析。这一趋势主要是由两篇影响重大的文章所引发的，一篇是 Watts 和 Strogatz 在 1998 年发表于《自然》（Nature）上关于小世界网络的文章，研究了网络模型如何实现在规则拓扑结构和随机拓扑结构之间的转换，发现规则网络可以通过"重连接"增加网络的混乱度。经过重连的网络，既可以像规则网络一样具有很高的聚合度，同时又可以像随机网络一样具有很低的特征路径长度。另一篇是一年之后，Barabási 和 Albert 发表在《科学》（Science）上关于无标度网络的文章，对主要演员的合作网、万维网、手机呼叫网络以及运输网络进行了研究，发现多数复杂网络的节点均服从 Pareto 分布，并把具有幂律度分布的网络称为无标度网络。

---

① 在普鲁士的哥尼斯堡市，有七座桥将普雷格尔河中的两个岛以及岛与河岸连接了起来，一个步行者如何才能不重复不遗漏一次走完七座桥，并最终回到出发点，这就是哥尼斯堡七桥问题，18 世纪著名的数学问题之一。

在金融领域方面，Allen 和 Gale（2000）[①] 证实了传染风险的传播受到银行间连接方式的影响，他们将市场分为完全市场结构和非完全市场结构，完全市场结构里每一个机构都是相互直接联系的，非完全市场结构里部分机构是间接联系在一起的，研究发现完全市场结构较非完全市场结构具有更强的稳健性。Douglas M. Gale 和 Shachar Kariv（2007）[②] 研究了非完全金融网络结构中的交易行为，他们提供了一个简单资产市场的理论模型，并证明当交易行为持续的时间足够短，在交易时间接近于零时，该市场会变成无摩擦市场，市场行为的结果是极为有效的。Prasanna Gai 和 Sujit Kapadia（2010）[③] 提出了一个伴随着金融网络结构变化的传染分析模型，他们探讨了在单独冲击和累积冲击下，在网络结构和资产市场流动性发生变化时，传染效应发生的概率及潜在影响是如何变化的。研究结果显示金融系统呈现出一种"稳健而脆弱"的倾向，金融网络的高连通性可能会降低传染发生的概率，但是当问题发生时，它也能增加传染的范围和速度。Andrew G. Haldane 和 Robert M. May（2011）[④] 探讨了在金融网络简化模型内复杂性和稳定性间的相互作用，并基于模型提出了致力于使系统性风险最小化的相关政策建议。Prasanna Gai 等（2011）[⑤] 构建了一个银行间市场的网络模型，致力于包括足够多的金融系统的关键结构特征，运用这一分析框架生成了流动性风险的变化路径，它与 2007~2008 年的流动性危机有很高的相似度，他们发现网络结构的集中度和复杂性可能是放大银行网络脆弱性的关键。Rama Cont 等（2012）[⑥] 提出了一种量化方法，以分析相互联系的金融机构网络中潜在的传染效应和系统性风险，并采取了一种"传染指数"的度量标准来确定系统重要性金融机构，研究发现网络结构的异质性和交易对手风险的集中性在解释给定机构的系统性重要程度方面贡献明显。这些金

① Franklin Allen, Douglas Gale. Financial Contagion [J]. Journal of Political Economy. February 2000, Vol. 108, No. 1, pp. 1 – 33.

② Douglas M. Gale & Shachar Kariv. Financial Networks [J]. The American Economic Review, May 2007, Vol. 97, No. 2, pp. 99 – 103.

③ Prasanna Gai & Sujit Kapadia. Contagion in financial networks [J]. Mathematical Physical & Engineering Sciences, 2010（466）: 2401 – 2433.

④ Andrew G. Haldane & Robert M. May. Systemic risk in banking ecosystems [J]. Nature. 2011, Vol. 469, pp. 351 – 355.

⑤ Prasanna Gai, Andrew Haldane, Sujit Kapadia. Complexity, concentration and contagion [J]. Journal of Monetary Economics, 2011（58）: 453 – 470.

⑥ Rama Cont, Amal Moussa & Edson B. Santos. Network structure and systemic risk in banking systems [W]. Working Paper, April, 2012.

融机构的资本监管要求应当取决于其风险暴露，而不是累计的资产负债表规模，此外，还需要为系统重要性金融机构规定特殊的标准，加强对其的监控和监管。Monica Billio 等（2012）[①] 基于主成分分析法和格兰杰因果关系检验，提出了一些关于网络连通性的计量方法，并将其应用于共同基金、银行、证券经纪商以及保险公司的月收益。他们的研究结果显示四个部门之间的连通性程度存在不对称性，在冲击传递的过程中，较其他机构而言，银行扮演着一个更为重要的角色。Juan Pablo Solorzano – Margain 等（2013）[②] 采用真实数据对墨西哥金融系统的传染效应进行了研究，其研究不存在数据缺口，信息集也从单独的银行间风险暴露扩展到了墨西哥金融系统大多数的金融中介。研究结果显示，对于银行间风险暴露而言，扩展后的风险暴露网络，其传染风险也会发生改变，这是因为有了更多的金融机构可能会成为传染的源头，其失败产生传染效应的可能性也越大。Daron Acemoglu 等（2013）[③] 将证券投资中相互联系的机构置于网络结构之中，提出了一个相关的理论模型。网络的连通性介绍了基于外部或内部冲击在证券投资机构间产生瀑流效应的可能性。在通常的非对称网络中，一些机构的投资不足会激励其他机构投资过度。内生冲击将刺激额外的过度投资，一家机构更多的投资能够将冲击转移给网络的其他部分。Robert M. May（2013）[④] 发现网络结构和动态性质都会影响到系统对紊乱的容忍能力，他描述了这两者在银行系统内对系统性风险和监管方式所产生的潜在影响，强调了生态系统和金融系统的类似与不同之处。交易对手的风险会引起传染效应，进而产生系统性崩溃和失败的可能性，Daron Acemoglu 等（2013）[⑤] 研究了金融网络构造与这种可能性的关系，他们发现当银行间相互连通的范围增加时，金融传染效应展现出一种阶段性传递的形式，其研究结果强调了金融

① Monica Billio, Mila Getmansky, Andrew W. Lo, Loriana Pelizzon. Econometric measures of connectedness and systemic risk in the finance and insurance sectors [J]. Journal of Financial Economics, 2012 (104): 535 – 559.

② Juan Pablo Solorzano – Margain, Serafin Martinez – Jaramillo, Fabrizio Lopez – Gallo. Financial contagion: extending the exposures network of the Mexican financial system [J]. Comput Manag Sci, 2013 (10): 125 – 155.

③ Daron Acemoglu, Azarakhsh Malekian, Asu Ozdaglar. Network Security and Contagion [W]. Cambridge University Working Paper, June 18, 2013.

④ Robert M. May. Networks and webs in ecosystems and financial systems [J]. Philosophical Transactions of The Royal Society, 2013 (12): 1 – 8.

⑤ Daron Acemoglu, Asuman Ozdaglar, Alireza Tahbaz – Salehi. Systemic Risk and Stability in Financial Networks [W]. Working Paper, December, 2013.

网络"稳健而脆弱"的天性，在一定条件下使系统更稳健的特征也可能成为系统性风险的重要来源，这一研究结论与 Prasanna Gai 等（2010）的判断是一致的。在 2008 年的金融危机之后，金融机构因密切联系而产生的各种关联行为是不易理解且难以预测的。出于对这种情况的讨论，Benjamin M. Tabak 等（2014）[①] 认为在复杂网络中定向的聚类系数可以作为度量系统性风险的一种方法。

国内关于金融网络方面的研究起步较晚，相关研究文献相对不足。章忠志（2006）[②] 从确定性和随机性两方面入手，对小世界网络和无标度网络的演化模型进行了深入研究，通过建立或构造网络模型对真实网络的拓扑和结构性质进行了模拟；万阳松等（2007）[③] 对银行网络结构特征进行了实证研究，发现银行网络具有分段幂律度分布特征，通过构建网络生长模型，解释了银行网络中分段幂律度分布现象产生的机制；侯明扬（2008）[④] 基于复杂网络的银行网络结构模型及分析，介绍了银行网络的构建方式以及银行网络的微观结构特征，并构建了一个与现实中银行网络较为接近的双向选择的无标度权重银行网络；童牧和何奕（2012）[⑤] 针对复杂金融网络中的系统性风险预测和不同场景下的流动性救助策略问题进行了研究，以中国大额支付系统网络为对象，运用数学建模和仿真模拟建立和验证了系统性风险演化模型，其研究发现，在绝大多数系统性风险场景下均衡救助策略要明显优于各种非均衡救助策略；王维红（2012）[⑥] 将世界各国的贸易联系视为一个复杂网络，探讨了金融危机通过国际贸易渠道的跨国传播过程，发现只要本国宏观经济状况运行良好，金融市场保持稳定，国际收支保持基本平衡，金融危机通过国际贸易网络的传播效应就是可以抵消掉的；巴曙松等（2013）[⑦] 从微观角度分析了最优金融网络所具有

[①] Benjamin M. Tabak，Marcelo Takami，Jadson M. C. Rocha，Daniel O. Cajueiro，Sergio R. S. Souza. Directed clustering coefficient as a measure of systemic risk in complex banking networks [J]. Physica A，2014（394）：211 –216.

[②] 章忠志. 复杂网络的演化模型研究 [D]. 大连：大连理工大学管理科学与工程学院，2006.

[③] 万阳松，陈忠，陈晓荣. 复杂银行网络的宏观结构模型及其分析 [J]. 上海交通大学学报，2007（7）：1161 –1163.

[④] 侯明扬. 基于复杂网络的银行危机传染研究 [D]. 青岛：青岛大学自动化工程学院，2008.

[⑤] 童牧，何奕. 复杂金融网络中的系统性风险与流动性救助——基于中国大额支付系统的研究 [J]. 金融研究，2012（9）：21.

[⑥] 王维红. 国际贸易网络中金融危机跨国传播研究：基于复杂网络理论 [D]. 上海：东华大学旭日工商管理学院，2012.

[⑦] 巴曙松，左伟，朱元倩. 金融网络及传染对金融稳定的影响 [J]. 财经问题研究，2013（2）：3 –11.

的一些共同特征，即完全连接、较低的复杂程度、适当偏长的最小路径长度以及较小的聚类系数等，并从宏观角度分析了现实金融网络的拓扑结构，其通常具有小世界网络和无标度网络的典型特点；陈兵（2013）[①]从网络视角，基于银行机构间相互借贷连接形成的银行网络，模拟分析了不同冲击在银行网络中的风险传染效应，通过对跨境银行的网络风险传染进行分析，发现近十年来跨境银行网络密度呈现出全球金融危机前显著上升，危机后适度下降的演变特征，对中国银行的网络传染风险分析则发现大型商业银行、部分股份制银行和国开行处于银行网络的核心；韩华等（2014）[②]将随机矩阵理论与网络构建相结合，研究基于随机矩阵的金融网络模型，对上海证券市场的金融相关系数矩阵以及随机矩阵的特征值统计性质进行了分析，运用网络的关键节点、最小生成树对原始网络、去噪网络以及噪声网络进行了对比分析，发现去噪网络保留了原始网络的关键信息，即保留了上海金融市场的重要信息；邓超和陈学军（2014）[③]基于复杂网络理论，采用模拟方法对金融传染风险模型进行研究，借鉴复杂网络理论的 Watts 级联动力学理论，构建了随机网络的金融传染模型，发现较大的网络连通度水平不仅为传染提供了更多的渠道，也具有抵消风险共享的能力；欧阳红兵和刘晓东（2014）[④]采用最小生成树和平面极大过滤图两种方法来构建和分析金融市场网络，以银行间同业拆借市场数据进行了实证分析，研究结果显示，该方法能够动态识别金融网络中节点的系统重要性，且具有有效性和稳健性，而最小生成树法则能够对系统性风险的传导路径进行有效识别。

金融网络的相关研究，大多采用网络理论，涉及证券市场、银行间市场等多个市场，包含了银行、证券公司以及金融中介等多种金融机构，研究结果显示，银行以及银行间市场在整个金融网络中扮演着重要的角色，对金融系统的稳定具有不可替代的作用。

三、银行网络系统性风险的国内外研究现状

银行网络是金融网络的重要组成部分，对整个金融系统的稳定起着至关重

---

① 陈兵．银行网络视角下的系统性风险传染研究［D］．上海：复旦大学经济学院，2013．

② 韩华，吴翎燕，宋宁宁．基于随机矩阵的金融网络模型［J］．物理学报，2014（13）：1 - 10．

③ 邓超，陈学军．基于复杂网络的金融传染风险模型研究［J］．中国管理科学，2014（11）：11 - 18．

④ 欧阳红兵，刘晓东．基于网络分析的金融机构系统重要性研究［J］．管理世界，2014（8）：171 - 172．

要的作用。银行网络系统性风险的相关研究主要集中在三个方面，首先是关于各个国家银行网络结构特征及系统性风险传染方面的研究，其次是银行网络系统性风险度量及影响因素方面的研究，第三则是银行网络系统性风险传染效应的仿真模拟研究。

（一）银行网络结构特征及系统性风险传染的研究

银行网络结构特征及系统性风险传染方面，Allen 和 Gale（2000）、Freixas 等（2000）以同质网络的视角提出了四种典型的银行间市场结构，Allen 和 Gale（2000）基于银行间的连接方式，提出了银行间市场结构的不同假设［见图 1 - 1（a）、图 1 - 1（b）、图 1 - 1（c）］，将其分为完全市场结构和非完全市场结构，发现完全市场结构较非完全市场结构更具有稳健性，后者更容易发生传染，而不连接的非完全市场结构则不会发生传染。Freixas 等（2000）[1] 则提出了一种货币中心银行结构（见图 1 - 1（d）），市场中的机构都与中心银行相连接，彼此之间不存在连接关系。

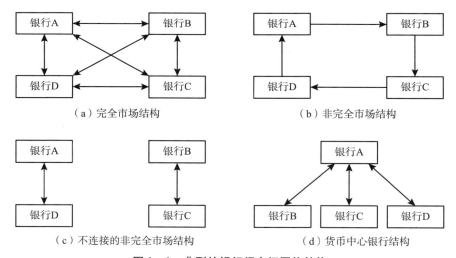

图 1 - 1　典型的银行间市场网络结构

---

① Freixas, X. , Parigi, B. , Rochet, J. C. Systemic risk, Interbank relations and liquidity provision by the Central Bank ［J］. Journal of Money, Credit, and Banking, 2000, 32（3）：611 - 638.

各个国家的银行网络结构具有很大的差异，其系统性风险及传染也呈现出不同的特点。Brenda GonzÃ¡lez – Hermosillo 等（1997）[1] 以墨西哥为例，研究了银行系统脆弱性的影响因素，基于单个银行的脆弱性的指标，他们构造了一个银行系统脆弱指数，发现对墨西哥而言，银行特殊因素变量以及传染效应解释了危机的可能性，但是宏观经济变量在很大程度上决定了银行失败的时点。

Sheldon G. 和 Maurer（1998）[2] 在银行同业贷款结构的基础上，尝试评价银行系统里的一般系统性风险水平。基于已知的贷款分布以及最大熵原则，他们构建了一个瑞士的银行同业贷款矩阵。研究结果显示，1987～1995 年与银行同业贷款结构相关的潜在的系统性风险存在于瑞士银行之间，但是对于瑞士银行系统的稳定性威胁很小。Müller J.（2006）则认为瑞士银行间市场的潜在传染效应还是比较高的，他使用新的银行间双边风险暴露以及信贷额度的数据，也对瑞士银行间的市场潜在传染风险进行了评价，发现传染风险存在实质上的可能性，且银行间的风险暴露以及信贷额度都是对瑞士有实际影响意义的传染渠道，而最后贷款人的介入干预则能够显著减轻溢出效应，此外，银行间市场的结构对于对抗风险溢出效应十分重要，银行间市场的连接结构对于银行间市场的系统稳定性具有显著的影响。

Simon Wells（2004）[3] 使用英国本土银行间的存贷款数据来估计双边风险暴露的分布，研究发现单个银行的失败不足以引发其他银行的完全失败，银行失败的传递效应很难发生，但是单个银行的破产冲击会引起英国银行系统的普遍削弱。Elsinger 等（2005）[4] 主要依靠市场数据提出了一种分析银行系统的系统稳定性的新方法，他们对银行的资产关系和银行借贷市场的相互联系进行建模，其分析测度了系统性风险的两个主要来源，即银行间的相互风险暴露以及相互间借贷关系，这些都可能会引起多米诺骨牌效应。他们将自己的方法应用于英国 10 家主要银行的市场数据，并分析了一年以上时间范围内的破产风险。

---

①　Brenda GonzÃ¡lez – Hermosillo, Ceyla PazarbaÅŸioÄŸlu, Robert Billings. Determinants of Banking System Fragility: A Case Study of Mexico [W]. IMF Staff Papers. 1997, Vol. 44, No. 3, pp. 295 – 314.

②　Sheldon G., Maurer M. Interbank lending and systemic risk: an empirical analysis for Switzerland [J]. Swiss Journal of Economics and Statistics. 1998, 134 (4.2), 685 – 704.

③　Wells S. Financial interlinkages in the United Kingdom's interbank market and the risk of contagion [W]. Bank of England. Working Paper, 2004, No. 230.

④　Elsinger, Helmut and Lehar, Alfred and Summer, Martin. Using Market Information for Banking System Risk Assessment [J]. International Journal of Central Banking, 2005 (8): 137 – 165.

Amundsen 等（2005）[1] 使用丹麦大型支付交易系统的记录计算了关于银行间双边风险暴露的一个独特高频数据集，并使用这一数据集对丹麦银行间市场的传染风险进行了分析，结果发现未预期到的大型银行的失败对金融传染风险的影响十分有限。Ágnes Lublóy（2005）对匈牙利银行间市场的系统风险进行了分析，作为银行间相互借贷的结果，一家银行的倒闭可能会引发其他银行随之倒闭，其他银行间的这种多米诺骨牌效应主要取决于银行同业市场的结构。Iman van Lelyveld 和 Franka Liedorp（2006）[2] 考察了荷兰银行同业市场的相互连接及传染风险，他们对银行同业市场在银行水平上的风险暴露进行了估计，并使用情景分析法对传染风险进行了度量，发现一家大型银行的倒闭会对其他银行带来相当大的负担，但是不会导致银行间市场的完全崩溃。

Degryse H. 和 Nguyen G.（2007）[3] 对比利时银行系统传染风险的演化及影响因素进行了研究，发现银行同业市场的"结构"会影响传染风险，当银行间市场结构从完全市场结构转变为"多重银行中心"结构，这一变化能够减少传染风险及其影响。Paolo Emilio Mistrulli（2011）[4] 使用包含了真实双边风险的特殊数据集，分析了传染效应是如何在意大利银行间市场传播的。基于意大利所有银行真实双边风险信息的有效性，他对最大熵值方法的估计结果和观察到的反映银行同业资产结构的结果进行了比较，发现意大利银行同业市场有助于金融传染的发生。

Mervi Toivanen（2009）[5] 使用最大熵方法估计了 2005～2007 年芬兰银行间市场传染风险的威胁以及芬兰银行危机期间存在的传染效应，发现在当前的芬兰银行间市场下，传染风险发生的概率是比较小的。Canedo 等（2009）[6] 致力于获得冲击或传染过程中金融系统所产生的损失的概率分布，发现对于较小

① Amundsen，Elin；Arnt，Henrik. Contagion risk in the Danish Interbank market ［W］. Danmarks National Bank Working Papers，2005，No. 29.

② Van Lelyveld，I.，Liedorp，F.，Interbank contagion in the Dutch banking sector：a sensitivity analysis ［J］. International Journal of Central Banking，2006，2（2）：99－133.

③ Degryse，H.，Nguyen，G. Interbank exposures：an empirical examination of systemic risk in the Belgian banking system ［J］. International Journal of Central Banking，20007，3（2），123－171.

④ Paolo Emilio Mistrulli. Assessing financial contagion in the interbank market：Maximum entropy versus observed interbank lending patterns ［J］. Journal of Banking & Finance，2011（35）：1114－1127.

⑤ Toivanen，M.，2009. Financial interlinkages and risk of contagion in the Finnish interbank market ［W］. Discussion Paper 6/2009. Bank of Finland.

⑥ Javier Márquez Diez Canedo & Serafín Martínez Jaramillo. A Network Model of Systemic Risk：Stress Testing The Banking System ［J］. Intelligent Systems in Accounting，Finance and Management. 2009，16：87－110.

的银行系统而言，如墨西哥银行系统，采用有效的计算工具列举其各个银行的失败，进而估算其金融系统的损失分布是可以实现的，对于大型银行系统，则应采用蒙特卡洛法进行仿真模拟。

Helmut Elsinger 等（2006）[①] 以实践中可以观测到的一些单个银行的特征数据为基础，采用欧洲公开交易的银行的市场数据为样本，通过实证分析确定了欧洲银行系统中的系统性重要银行。Cont 等（2012）提出了一种量化方法，以分析相互联系的金融机构网络中潜在的传染效应和系统性风险，并采取了一种"传染指数"的度量标准来确定系统重要性金融机构。对巴西的实证分析结果显示，网络结构的异质性和交易对手风险的集中性在解释给定机构的系统重要性程度方面贡献明显。

（二）银行网络系统性风险度量及影响因素的研究

在银行网络系统性风险的度量及影响因素方面，关于银行网络系统性风险的度量，Xin Huang 等（2009）[②] 提出了一个对众多主要金融机构的系统性风险进行衡量和压力测试的框架，系统性风险用逆财务困境的保险价格来衡量，这是一种基于单个银行的违约概率以及预期资产收益关系的事前度量。Chen Chen 等（2013）[③] 通过对系统中机构们在危机等非自然情景下的结果进行同步分析，提出了一个系统性风险度量和管理的原则性框架。满足他们条件的风险度量方法能够进行分散分解，如系统性风险可以被分解为取决于单个机构的风险。

Helmut Elsinger 等（2006）[④] 使用现代风险管理的标准工具并结合银行同业贷款的网络模型，提出了一种估计银行系统金融稳定的新方法。Söhnke M. Bartram 等（2007）[⑤] 提出了三种不同的方法来量化全球银行系统的系统性风险，他们检查了五次全球性金融危机中 8 个国家 334 家银行（代表了全球银

---

① Helmut Elsinger, Alfred Lehar & Martin Summer. Systemically important banks: an analysis for the European banking system [J]. International Economics and Economic Policy, 2006（3）: 73 – 89.

② Xin Huang, Hao Zhou, Haibin Zhu. A framework for assessing the systemic risk of major financial institutions [J]. Journal of Banking & Finance, 2009, 33: 2036 – 2049.

③ Chen Chen, Garud Iyengar & Ciamac C. Moallemi. An Axiomatic Approach to Systemic Risk [J]. Management Science, 2013, Vol. 59, No. 6, pp. 1373 – 1388.

④ Helmut Elsinger, Alfred Lehar and Martin Summer. Risk Assessment for Banking Systems [J]. Management Science, 2006, 52（9）: 1301 – 1314.

⑤ Söhnke M. Bartram, Gregory W. Brown, Jhon E. Hund. Estimating systemic risk in the international financial system [J]. Journal of Financial Economics, 2007, 86: 835 – 869.

行资产的80%）的样本。第一种方法是检查金融危机期间未暴露银行的股票收益，第二种方法基于结构信用风险模型，对系统性风险的可能性进行了精确的点估计，估计银行系统的系统性风险，第三种方法是通过股票期权价格来估计银行违约概率。研究结果显示其在统计上是显著的，但是经济上系统性风险的增加其实很小。Jared Klyman（2011）[①] 介绍了条件风险价值（Conditional Value at Risk，CoVaR）、不良风险价值（Distressed Value at Risk，DistVaR）以及不良预期不足（Distressed Expected Shortfall，DistES）等系统性风险的度量方法，对其原理及内容进行了介绍，并构建金融模型采用相关方法对系统性风险进行了度量。John Sedunov Ⅲ，M. A.（2012）[②] 研究了金融机构的系统性风险暴露，对三种机构水平系统性风险度量方法进行了比较，即 CoVaR、系统性预期不足以及格兰杰因果关系检验。他对 CoVaR 方法进行了调整，使其具备估计和预测的能力，并采用三种方法对系统性危机期间金融机构的表现进行了预测，发现 CoVaR 方法能够对危机期间机构的表现进行预测，并对未来的系统性风险提供了有效的预测，而系统性预期不足和格兰杰因果关系检验则不能预测出危机期间机构的真实表现。Giulio Girardi 等（2013）[③] 采用 ΔCoVaR 作为系统性风险的估计量，发现在金融行业里银行对系统性风险更重要。

Céline Gauthier 等（2012）[④] 认为，当基于单个银行对银行系统整体风险的贡献来设置银行监管的资本要求时，必须考虑到一旦银行资本资产重新组合，银行系统的风险和每家银行的风险贡献将发生变化。他们把宏观审慎的资本要求定义为固定的点，在提议的资本要求下，每个银行的资本要求等于它们对系统性风险的贡献。Xin Huang 等（2012）[⑤] 采用对抗系统性金融混乱的保险价格以及单个银行对系统性风险的边际贡献的评估来度量系统性风险，对美国 19 家银行控股公司的实证分析发现，通常情况下，一家银行对系统性风险的贡献在它的违约概率中大致是呈线性的，但是在机构的规模和资产方面存在

① Jared Klyman. Systemic Risk Measures：DistVaR and Other "Too Big To Fall" Risk Measures ［D］. New Jersey：Princeton University，The Department of Operations Research and Financial Engineering，2011.

② John Sedunov Ⅲ，M. A. Essays in Banking ［D］. The Ohio State University，Business Administration，2012.

③ Giulio Girardi，A. Tolga Ergün. Systemic risk measurement：Multivariate GARCH estimation of CoVaR ［J］. Journal of Banking & Finance，2013，37：3169 – 3180.

④ Céline Gauthier，Alfred Lehar，Moez Souissi. Macroprudential capital requirements and systemic risk ［J］. J. Finan. Intermdeiation，2012，21：594 – 618.

⑤ Xin Huang，Hao Zhou，Haibin Zhu. Systemic Risk Contributions ［J］. J Financ Serv Res，2012 （42）：55 – 83.

高度的非线性相关关系。

Harikumar Sankaran 等（2011）[①] 使用美国商业银行股票收益的平均条件波动率来衡量美国银行业的系统性风险，这种方法将单个银行的风险以及银行截面的累积风险结合到一起。格兰杰因果关系检验表明大型银行的条件波动率会引发中小型银行风险水平上升。Dilip K. Patro 等（2013）[②] 通过分析 1998 ~ 2008 年美国 22 家最大的银行控股公司及投资银行的股票日收益相关性和违约相关性的趋势和波动，发现股票日收益的相关性是一个简洁、稳健、及时且具有前瞻性的系统性风险指标。Francesca Battaglia 等（2013）[③] 检查了凭抵押品发行（资产证券化等）活动对银行风险暴露的影响，以单个预期不足和边际预期不足作为系统性风险的衡量方式。

Stefan Eichler 等（2011）[④] 采用银行股票的日频市场数据，使用基于结构信用风险的混合选项模型来估计美国的银行危机风险。分别提供了关于短期、长期和总的危机风险的信息，代替了莫顿类模型（Merton-type Models）衡量的单一的到期风险。Johannes Hauptmann 等（2011）[⑤] 介绍了一种手段来度量单个机构对系统性风险的影响，这一手段嵌入了现有文献已有的不同方法。他们的方法能够确保将单个机构对系统性风险的贡献加入到累计系统性风险之中，使得监管部门能够确定系统性重要金融机构，并对其设定适当的资本监管要求。Martinez – Jaramillo 等（2014）[⑥] 采用拓扑学的相关方法来分析银行间风险暴露网络以及银行支付系统网络，发现度量互联程度的方法可以用来确定一家银行的重要性。

---

① Harikumar Sankaran, Manish Saxena & Christopher A. Erickson. Average Conditional Volatility：A Measure of Systemic Risk for Commercial Banks［J］. Journal of Business & Economics Research，2011，9（2）：70 – 93.

② Dilip K. Patro, Min Qi, Xian Sun. A simple indicator of systemic risk［J］. Journal of Financial Stability，2013（9）：105 – 116.

③ Francesca Battaglia, Angela Gallo. Securitization and systemic risk：An empirical investigation on Italian banks over the financial crisis［J］. International Review of Financial Analysis，2013.

④ Stefan Eichler, Alexander Karmann, Dominik Maltritz. The term structure of banking crisis risk in the United States：A market data based compound option approach［J］. Journal of Banking & Finance，2011，35：876 – 885.

⑤ Johannes Hauptmann & Rudi Zagst. Systemic Risk［M］// Quantitative Financial Risk Management，Computational Risk Management，2011：321 – 338.

⑥ Martinez – Jaramillo, Serafin, Alexandrova – Kabadjova, Biliana, Bravo – Benitez, Bernardo, Solórzano – Margain, Juan Pablo. An empirical study of the Mexican banking system's network and its implications for systemic risk［J］. Journal of Economic Dynamics & Control. Mar 2014，40：242 – 265.

关于银行网络系统性风险的影响因素，主要体现在网络结构特征、宏观经济因素、监管因素及银行层面的特殊因素对银行网络系统性风险的影响。Andrew G. Haldane 等（2011）[1] 探讨了金融网络简化模型内复杂性和稳定性间的相互作用，并基于模型提出了致力于使系统性风险最小化的相关政策建议。Jianmin He & Shouwei Li（2011）[2] 首先构建了一个银行间市场的层次网络模型，然后基于风险传染的视角，研究了层次网络、随机网络、小世界网络以及无标度网络四种不同的银行间市场网络类型在冲击下的稳健性，在同类银行和异类银行的条件下分析了随机冲击和选择性冲击对银行间市场的影响。Simone Lenzu 等（2012）[3] 构造了一个不同网络结构下签署了贷款互换协议的异质金融机构的银行同业市场，通过流动性冲击考察了随机冲击下，不同银行网络结构对其的适应性，发现如果机构是异质的，那么随机金融网络结构较无标度金融网络结构具有更强的适应性。交易对手的风险会引起传染效应，进而产生系统性崩溃和失败的可能性，Daron Acemoglu 等（2013）[4] 研究了金融网络构造与这种可能性的关系，他们发现当银行间相互连通的范围增加时，金融传染效应展现出一种阶段性传递的形式。借鉴生态食物网和传染病传播网的网络动态变化，Martin Summer（2013）[5] 讨论了传染网络模型背后主要的概念性观点，如金融网络与金融系统脆弱性的关系、金融网络结构的特征、破产传染及流动性不足的相关理论、金融网络的仿真模拟实证分析、金融网络与系统性风险的关联以及基于网络分析的一些政策建议等，并发现了现有模型的一些局限性。Matthew Elliott 等（2014）[6] 通过一个金融相关性网络来表示机构之间的相互联系，并建模考察机构失败的传染和瀑流效应。他们确认了一些失败（如银行破产、违约或其他金融机构的破产）所引发的资产价值的骤变是如何通过网络传

① Andrew G. Haldane & Robert M. May. Systemic risk in banking ecosystems ［J］. Nature. 2011，469：351 – 355.

② Jianmin He & Shouwei Li. Resilience of interbank market networks to shocks ［J/OL］. Discrete Dynamics in Nature and Society. 2011. DOI：http：//dx. doi. org/10. 1155/2011/594945.

③ Simone Lenzu, Gabriele Tedeschi. Systemic Risk on Different Interbank Network Topologies ［J］. Physica A，2012（391）：4331 – 4341.

④ Daron Acemoglu, Asuman Ozdaglar, Alireza Tahbaz – Salehi. Systemic Risk and Stability in Financial Networks ［W］. Working Paper，December，2013.

⑤ Martin Summer. Financial Contagion and Network Analysis ［J］. The Annual Review of Financial Economics，2013（5）：277 – 297.

⑥ Matthew Elliott, Benjamin Golub & Matthew O. Jackson. Financial Networks and Contagion ［W］. Working Paper，January，2014.

播的，并运用这些网络模型来研究一体化（即金融系统里的各个机构越来越依赖于它的交易伙伴）和多元化（即金融系统里的每一个机构都与大量的交易伙伴有相互联系）的相关后果。一体化和多元化在传染范围方面会产生不同的非单调性的影响，网络结构中最初多元化的增加会使得瀑流效应传播得更深入，但是最终，多元化越强，传染过程中任意一对机构对彼此的依赖程度会越低。一体化也面临着类似的情况，对其他机构依赖性的增强也就使得其对自身投资的敏感度相应降低。

Kee - Hong Bae G. 等（2003）提出了一种度量金融市场传染效应的新方法，他们的方法考虑了某一地区内或地区之间极端收益冲击的一致性，采用多元 logistic 回归模型描述了传染效应的范围、经济重要性以及影响因素。采用新兴市场国家 20 世纪 90 年代的日收益数据，他们建模发现传染效应是可以预期的，且受到一个地区的利率、外汇汇率以及股票收益条件波动率的影响。在欧洲地区，快速的信贷增长已经成为近年来中东欧地区最普遍的发展趋势之一，信贷发展以及可用资金数额的增长可能会损害银行业的发展，使不良贷款的状况进一步恶化，这一假设在 Mejra Festic' 等（2011）[1] 的研究中得到支持，其主要归因于欧盟五个新成员国过热的经济发展状况。银行部门的顺周期性表现以及经济活动的高速增长是经济体经济过热的信号，而经济活动的减缓则可能加快不良贷款率的增加，进而加大系统性风险发生的可能性。Vítor Castro（2013）[2] 分析了希腊、爱尔兰、西班牙、葡萄牙和意大利这五国集团，在经济和金融环境不景气的条件下，其宏观经济发展和银行业信用风险的关系，研究发现，银行部门的信用风险显著受到宏观经济环境的影响。当经济增长、股市和房产价格指数下降时，银行信用风险会增加；当失业率、利息率以及欠款增长时，银行部门的信用风险也会上升；真实汇率预期也会对其产生正向影响。

Francesco Vallascas 等（2012）[3] 发现巴萨尔Ⅲ协议中关于银行杠杆率和流动性准备金要求的相关限制，可能会提高银行对系统性事件的适应能力，还证

① Mejra Festic', Alenka Kavkler, Sebastijan Repina. The macroeconomic sources of systemic risk in the banking sectors of five new EU member states ［J］. Journal of Banking & Finance, 2011（35）：310 - 322.

② Vítor Castro. Macroeconomic determinants of the credit risk in the banking system：The case of the GIP-SI ［J］. Economic Modeling, 2013, 31：672 - 683.

③ Francesco Vallascas, Kevin Keasey. Bank resilience to systemic shocks and the stability of banking systems：Small is beautiful ［J］. Journal of International Money and Finance, 2012, 31：1745 - 1776.

实了银行规模、非利息收入活动以及资产增长是影响一家银行风险暴露的关键因素。特别是在其他条件不变的情况下，银行的绝对规模似乎成为减少系统性事件中银行违约风险的最有效的工具。Zhou C.（2013）[①] 检查了强制的资本金要求在系统性风险方面的影响，尽管资本要求能够降低单个风险，但同时也增强了系统内的联系，其研究证实系统性风险在监管系统内比非监管系统要高。A. K. Mansurov（2013）[②] 考察了经济系统的系统性风险累计机制，以及其在国家内和全球层面的传染渠道，讨论了系统性风险不同监管方式的优劣势。他强调对于金融机构的监管采用何种方式，应当取决于该机构的系统重要性程度，以及反周期工具对于稳定金融市场的作用。

Erlend Nier 等（2007）[③] 调查了系统性风险如何受到金融系统结构的影响，发现银行的资本化水平越好，银行系统对抗风险传染的能力越强，而且这一效果是非线性的；网络连通性方面，最初连通性一个较小的增大会增强传染效果，但是在到达某一阈值后，连通性的增加会提高银行系统吸收冲击的能力；而银行间债务的规模容易增加连续违约的风险，且银行系统的集中程度越高，越倾向于引发更大的系统性风险。Jeffrey S. Jones 等（2013）[④] 检查了2000～2006年银行资产收益的同步性以及银行价值的不透明性所产生的影响，不透明性妨碍了金融市场有效约束银行风险发生的能力，会催生系统性风险。如果市场没有充分地把不透明资产隐藏的风险折现，那么银行会获得更高的资产价值作为报酬。这一报酬将会触发反馈效应，刺激其他银行也增加在不确定资产方面的投资，进而在金融系统形成高于市场参与者预期的风险集中。Amelia Pais等（2013）[⑤] 采用 EVT 极值理论对 10 个国家以及欧盟进行分析，探讨了银行规模变化对系统性风险的影响。他们发现银行规模对银行的单边风险影响较小，但是大型银行对系统性风险影响显著。

① Zhou C. The impact of imposing capital requirements on systemic risk [J]. Journal of Financial Stability, 2013.

② A. K. Mansurov. Role of Systemic Risks in the Formation, Transmission, and Exacerbation of Economic Instability [J]. Studies on Russian Economic Development, 2013, 24 (4): 366 – 373.

③ Erlend Nier, Jing Yang, Tanju Yorulmazer, Amadeo Alentorn. Network models and financial stability [J]. Journal of Economic Dynamics & Control, 2007 (31): 2033 – 2060.

④ Jeffrey S. Jones, Wayne Y. Lee, Timothy J. Yeager. Valuation and systemic risk consequences of bank opacity [J]. Journal of Banking & Finance, 2013, 37: 693 – 706.

⑤ Amelia Pais, Philip A. Stork. Bank Size and Systemic Risk [J]. European Financial Management, 2013, 19 (3): 429 – 451.

（三）银行网络系统性风险传染模拟仿真的研究

在银行网络系统性风险传染的模拟仿真研究方面，现有的研究并没有在银行网络中基于单个银行的层面来分析系统性风险，而这恰恰对监控和缓解传染性银行失败是极其重要的。为了这个目标，Daning Hu 等（2012）[①] 采用现代资产组合理论的网络视角来模拟银行业系统性风险，发现系统性风险主要受到市场环境的影响，银行系统能够承受轻微的市场冲击。然而，当市场冲击的大小超过一定界限时，传染性银行失败将会加速发生。其模拟结果显示，在决定一个银行的存亡时，来自银行间支付联系的系统性风险较银行相关资产联系的系统性风险更重要。Hamed Amini 等（2012）[②] 提出了一种仿真模拟框架，基于异质网络结构下违约传染的渐进分析，采用了一个简单的分析标准来度量金融机构对传染的适应力，研究发现当宏观冲击的影响度达到某一界限时，由其所生成的违约传染效应会出现突然的转变。超出这一界限之后，传染风险会传播到金融系统的大部分组成机构。两者的研究结论具有一定程度的一致性。

此外，Andreas Krause 等（2012）[③] 建立了一个银行系统仿真模型，通过资本金额、现金储备以及同时作为借款者和贷款者在银行同业贷款市场上面临的风险来衡量银行的特征。他们通过一个外生的银行失败和调查这一失败在银行系统的传导来触发一个潜在的银行危机，研究发现最初失败的银行的规模大小是能否发生传染的决定性因素，但是在传染范围的影响因素方面，银行同业贷款网络的特征则是最重要的。而 Christian Upper（2011）[④] 则认为研究者逐渐开始转向用与现实不符的基于银行间贷款市场的风险暴露的模拟仿真来估计传染效应的危险，他对仿真所基于的模型假设进行了批评性评价，并且讨论了它们在金融稳定分析中的使用。总体上讲，这些模拟仿真表明传染性违约不太可能发生，但是不能完全排除它发生的可能性，至少在某些国家不能排除。如果传染确实发生了，它可能会导致银行系统的一些实质组成部分崩溃，因此产

① Daning Hu, J. Leon Zhao and Zhimin Hua, Michael C. S. Wong. Network‐Based Modeling and Analysis of Systemic Risk in Banking Systems [J]. MIS Quarterly, 2012, 36 (4): 1269 – 1291.

② Hamed Amini, Rama Cont Andreea Minca. Stress Testing The Resilience Of Financial Networks [J]. International Journal of Theoretical and Applied Finance, 2012, 15 (1), 125506: 1 – 20.

③ Andreas Krause, Simone Giansante. Interbank lending and the spread of bank failures: A network model of systemic risk [J]. Journal of Economic Behavior & Organization, 2012, 83: 583 – 608.

④ Christian Upper. Simulation methods to assess the danger of contagion in interbank markets [J]. Journal of Financial Stability, 2011 (7): 111 – 125.

生高昂的社会成本。与此同时，国外很多学者对各国银行系统的传染效应进行了模拟仿真研究，表1-1给出了相关研究的简单汇总。

表1-1 各国银行系统风险传染的模拟仿真分析

作者	国家	数据来源/估计方法	模拟方法	冲击	研究扩展
Sheldon & Maurer (1998)	瑞士	国内银行间贷款，ME，依据银行类型加总	Sequential	AE	触发银行失败的概率以及因此引发传染的概率
Blavarg & Nimander (2002)	瑞典	4家最大银行的15笔最大风险暴露的监管报告，包括金融衍生品及浮动汇率结算	Sequential	IE	流动性冲击的影响
Furfine (2003)	美国	联邦基金市场的隔夜贷款，依据支付数据计算	Sequential	IE	无力资助导致的流动性不足
Upper & Worms (2004)	德国	国内银行间贷款，ME 不同到期种类和银行类型分开使用	Sequential	IE	(i) 双边净额结算 (ii) 安全网的影响
Wells (2004)	英国	(i) 国内银行贷款，ME (ii) 对内及对外的风险暴露超过其核心一级资本10%的银行的监管报告，其他银行采用ME估计	Sequential	IE, AE	采用ME和监管报告估计货币中心结构，假设小银行持有其与大型银行的全部存款
Guerrero-Gómez & Lopez-Gallo (2004)	墨西哥	银行间风险暴露的监管报告（包括证券、衍生品和支付系统的信用额度）	Sequential	IE	无力资助导致的流动性不足
Amundsen & Arnt (2005)	丹麦	国内隔夜贷款，依据支付数据计算	Sequential	IE	
Lublóy (2005)	匈牙利	所有国内银行间贷款的监管报告	Sequential	IE, AE	银行间市场的拓扑结构
Müller (2006)	瑞士	瑞士银行10笔（两家大银行间20笔）最大的银行间风险暴露及负债（包括表外项目）的监管报告	EN	IE	(i) 银行间市场的拓扑结构 (ii) 无力资助导致的流动性不足

作者	国家	数据来源/估计方法	模拟方法	冲击	研究扩展
Van Lelyveld & Liedorp（2006）	荷兰	（i）国内银行间贷款，ME （ii）大于资本3%的银行间风险暴露的监管报告（包括表外项目） （iii）关于10家最大银行与国内所有银行及15家国外银行的银行间风险暴露的调查	Sequential	IE，AE	
Elsinger et al.（2006a）	奥地利	国内银行间存贷款，ME，用等式约束补充	EN	MC	（i）单个银行的信贷及市场风险的风险管理模型 （ii）破产成本 （iii）双边净额结算
Elsinger et al.（2006b）	英国	国内银行间存贷款，ME	EN	MC	由多重莫顿模型得到的资产相关性
Degryse & Nguyen（2007）	比利时	比利时银行的国内银行间存贷款，ME. 外国风险暴露数据来自超过资本10%的银行间暴露的监管报告	Sequential		（i）内生因子 θ （ii）将银行间市场的集中性及国际化与传染相联系
Mistrulli（2007）	意大利	所有国内银行间贷款的监管报告	Sequential	IE	（i）组内担保的效应 （ii）检查 ME 的无偏性
Frisell et al.（2007）	瑞典	4家最大银行的15笔最大风险暴露的监管报告（不包括回购）	Sequential	IE，AE	银行失败的概率（与高斯 copula 相关的莫顿 KMV 模型估算）以及因此引发传染的概率
Toivanen（2009）	芬兰	6家最大银行的最大10笔银行间风险暴露的监管报告（不包括回购），剩余风险暴露用 ME 估计	Sequential	IE	

注：Sequential 指的是相继违约，EN 指的是由系统性事件引发的共同违约；ME 指的是依据资产负债表进行的最大熵估计；IE 指的是特质外生破产（单个银行）；AE 指的是总体外生破产（一组银行）；MC 指的是蒙特卡洛模拟（内生破产）。

资料来源：Christian Upper（2011）。

（四）国内银行网络系统性风险的相关研究

我国关于银行网络系统性风险方面的研究虽然起步较晚，但在银行网络结构、银行业系统性风险度量和影响因素以及银行业系统性风险传染等方面也出现了一系列研究成果。

银行网络结构方面，万阳松（2007）[①] 构建了基于网络理论的银行间市场结构模型，对随机银行网络模型、小世界银行网络模型及无标度银行网络模型等进行了介绍，并进一步提出了双幂律银行网络结构模型，其经济含义在于信用拆借能力相近的银行之间更容易建立信用拆借关系。此外，他还发现银行网络的宏观结构特征不同，其微观 Motif 结构的类型和数量也会存在很大的差异；马君潞等（2007）[②] 采用中国 170 家银行的同业拆借数据来考察中国银行同业市场的双边传染风险，发现中国同业拆借市场的流动性结构是以中国银行为中心，以建设银行为次中心的网络结构，其他银行间的相互联系不决定银行间同业市场的流动性结构；侯明扬（2008）[③] 基于复杂网络的银行网络结构模型及分析，构建了一个与现实中银行网络较为接近的双向选择的无标度权重银行网络；房艳君（2010）[④] 在网络静态内生形成模型的基础上，分析了新节点加入网络时所形成的动态稳定网络和动态有效网络结构，对于解释社会经济系统的动态变化性具有较强的现实意义；黄聪和贾彦东（2010）[⑤] 利用银行间支付结算数据进行网络模型实证分析，证明了银行网络稳定状态的存在性和唯一性，发现中国银行间网络表现出明显的重要节点以及局部团状结构共存的结构特征，且网络稳定性表现出一定条件与范围内的均衡；贾彦东（2011）[⑥] 基于金融网络模型风险扩散机制的分析，在中国 2007～2010 年银行间支付结算数据的基础上，采用"直接贡献"和"间接参与"两种方式对金融机构系统重要

---

① 万阳松．银行间市场风险传染机制与免疫策略研究［D］．上海：上海交通大学安泰经济与管理学院，2007．

② 马君潞，范小云，曹元涛．中国银行间市场双边传染的风险估测及其系统性特征分析［J］．经济研究，2007（1）：68－78，142．

③ 侯明扬．基于复杂网络的银行危机传染研究［D］．青岛：青岛大学自动化工程学院，2008．

④ 房艳君．一般复杂网络及经济网络的动态模型与稳定性研究［D］．济南：山东师范大学管理科学与工程学院，2010．

⑤ 黄聪，贾彦东．金融网络视角下的宏观审慎管理——基于银行间支付结算数据的实证分析［J］．金融研究，2010（4）：1－14．

⑥ 贾彦东．金融机构的系统重要性分析——金融网络中的系统风险衡量与成本分担［J］．金融研究，2011（10）：17－33．

性进行了分析和评价，发现以"直接贡献"来度量，四大国有银行的系统重要性最强，其直接贡献排序处于前四位；陈忠阳等（2013）[①] 采用中国上市银行股票收益率的数据对银行业的系统性风险贡献度进行了测量，发现在相关性分析方面，股份制商业银行及城市商业银行的平均相关性比国有大型商业银行高，在系统性风险贡献度方面，股份制商业银行也高于国有大型商业银行；陈兵（2013）[②] 则从网络视角，基于银行机构间相互借贷连接形成的银行网络，模拟分析了不同冲击在银行网络中的风险传染效应，发现大型商业银行、部分股份制银行和国开行处于中国银行网络的核心。

　　银行业系统性风险度量和影响因素方面，刘春航等（2011）[③] 尝试构建了适合中国银行业系统性风险的度量框架，构建了宏观风险指数、经营风险指数以及银行传染指数，在此基础上构建了多层次系统性风险矩阵，为宏观审慎监管提供了支持和分析框架；刘吕科等（2012）[④] 对国际上系统性风险衡量的相关研究成果进行了回顾，比较分析了基于财务报表数据、基于资产相关性、在险价值和宏观压力测试等系统性风险度量方法，认为基于历史数据揭示行为关系的模型，无法很好地反映出市场结构的变化和创新，而这些"创新"往往会导致金融市场不均衡的累积，进而产生金融紊乱。与此同时，不需要历史数据的压力测试法虽然有助于了解新产品的特性及潜在的系统性风险，但是其相关的行为假定往往与现实不符，存在一定的潜在风险；而郑振龙等（2014）[⑤] 则探讨了平均相关系数与系统性风险的关系，拓展了 Pollet 和 Wilson（2010）的模型，找到了资产预期收益率与股票、债券平均相关系数的关系，发现股票与债券市场的平均相关系数能够反映系统性风险，但仅仅以股票市场的波动是不能有效反映系统性风险的；此外，蒋涛等（2014）[⑥] 基于尾部依赖，从时间和空间两个维度对银行业、证券业及保险业的系统性风险进行了动态度量，发现系统性风险确实存在，而商业银行、证券公司及保险公司不仅能引发系统性

　　① 陈忠阳，刘志洋. 国有大型商业银行业系统性风险贡献度真的高吗——来自中国上市银行股票收益率的证据 [J]. 财贸经济，2013（9）：57－66.
　　② 陈兵. 银行网络视角下的系统性风险传染研究 [D]. 上海：复旦大学经济学院，2013.
　　③ 刘春航，朱元倩. 银行业系统性风险度量框架的研究 [J]. 金融研究，2011（12）：85－99.
　　④ 刘吕科，张定胜，邹恒甫. 金融系统性风险衡量研究最新进展述评 [J]. 金融研究，2012（11）：31－43.
　　⑤ 郑振龙，王为宁，刘杨树. 平均相关系数与系统性风险——来自中国市场的证据 [J]. 经济学季刊，2014，13（3）：1047－1064.
　　⑥ 蒋涛，吴卫星，王天一，沈涛. 金融业系统性风险度量——基于尾部依赖视角 [J]. 系统工程理论与实践，2014，34（6）：40－47.

风险，且是系统性风险传播中的重要环节。

关于银行业系统性风险的度量方法，国内一些学者采用 CoVaR 法对银行业系统性风险及其风险溢价以及银行机构的系统性风险贡献度进行了测量。李志辉等（2011）[①]、郭卫东（2013）[②] 基于 CoVaR 方法和分位数回归技术对中国商业银行的系统性风险价值和风险溢出价值进行了度量，发现国有银行的系统性风险溢价大于股份制商业银行，一般来说，规模大的银行的系统性风险溢出价值较大，而无条件风险价值和条件风险价值间不存在必然关联；高国华等（2011）[③] 基于动态 CoVaR 的方法，测算分析了中国 14 家上市银行的系统性风险贡献度及影响因素，发现四大国有银行是主要的系统重要性银行，其中建设银行、中国银行及工商银行的系统性影响最为显著，而银行的溢出风险、自身风险水平、不良贷款率以及宏观经济波动则对于预测银行业系统性风险的边际贡献度影响显著；白雪梅等（2014）[④] 基于 CoVaR 的方法，采用中国 27 家上市金融机构 2008～2013 年的数据，对其系统性风险进行了度量，发现银行业金融机构的系统性风险贡献度大于证券期货业的金融机构，且财务杠杆率高、规模小、盈利能力好的金融机构的系统性风险贡献度也更高；沈悦等（2014）[⑤] 则对 CoVaR 方法进行了拓展，构建了 GARCH - Copula - CoVaR 模型对中国金融业系统性风险进行了测度，他们对银行、保险、证券及信托四个子市场的系统性风险贡献度及彼此间的风险溢出程度进行了分析，发现不同子市场的系统性风险贡献度是存在差异的，其中银行业的系统性风险贡献度最大，而且银行业和证券业之间的风险溢出效应也远远大于其他子市场。

关于银行网络结构和系统性风险的关系，李守伟等（2011）[⑥] 从银行同业拆借关系的角度出发，采用阈值法构建银行有向网络模型，发现银行网络对随机性攻击具有较高的稳定性，对于选择性冲击则稳定性较低，且两种攻击方式

① 李志辉，樊莉．中国商业银行业系统性风险溢价实证研究 [J]．当代经济科学，2011，33（6）：13 - 20，122.

② 郭卫东．中国上市银行的系统性风险价值及溢出——基于 CoVar 方法的实证分析 [J]．北京工商大学学报，2013，28（4）：89 - 95，115.

③ 高国华，潘英丽．银行业系统性风险的度量——基于 CoVar 方法的分析 [J]．上海交通大学学报，2011，45（12）：1753 - 1759.

④ 白雪梅，石大龙．中国金融体系的系统性风险度量 [J]．国际金融研究，2014（6）：75 - 85.

⑤ 沈悦，戴士伟，罗希．中国金融业系统性风险溢出效应测度——基于 GARCH - Copula - CoVaR 模型的研究 [J]．当代财经科学，2014，36（6）：30 - 38，123.

⑥ 李守伟，何建敏，庄亚明，施亚明．基于复杂网络的银行同业拆借市场稳定性研究 [J]．管理工程学报，2011，25（2）：195 - 199.

对银行网络影响的差异大小会受到阈值的影响；范宏（2014）[①] 通过构建带有宏观经济趋势及多期清算的动态银行网络系统模型，计算得到了动态银行网络系统中系统性风险随时间变化的曲线，发现银行网络系统风险累积与银行网络的拓扑连接及投资收益率特点有关，银行网络的拓扑连接度强，能够使得银行网络系统的系统风险爆发时间延迟，但增强了系统的风险累积强度，而投资收益率越低，越容易引发银行网络系统风险的累积；陈冀等（2014）[②] 建立了异质性的银行网络结构，对银行系统网络连通性、同业拆借敞口规模、银行资本充足率、外部冲击以及流动性强度对危机时期银行系统性损失的影响进行了分析，发现银行间敞口在风险扩散中起着两种截然不同的作用，部分银行在整个银行系统中处于结构上极度重要的位置，一旦其首先发生违约，会对整个系统带来巨大的损失，银行间敞口规模的大小对系统性损失的影响是非单调关系。

中国银行业系统性风险主要受到宏观经济因素及银行微观层面因素的影响，巴曙松等（2010）[③] 考察了银行存款对风险状况变动的敏感程度，发现中国银行业存款余额增长率对风险状况变动不敏感，市场约束效应较为微弱；吴恒煜等（2013）[④] 基于拓展的 CCA 方法研究了中国商业银行的系统性风险，采用 2007 年第四季度至 2012 年第三季度的上市银行股票市场数据与财务报表数据，构建了系统性风险日频指标序列，对中国银行业系统性风险的动态演变特征进行了分析，发现银行体系的系统性风险会受到国内外金融形势的影响，且从微观主体层面来看，股份制商业银行的风险要小于大型银行；林琳等（2013）[⑤] 构建了包括影子银行体系风险压力、银行业、资本市场、外市场、宏观经济形势及政策环境的系统性风险压力指数，分析发现银行业及影子银行体系对系统性风险压力的影响较为直接；刘晓星等（2014）[⑥] 构建了反映系统

---

① 范宏．动态银行网络系统中系统性风险定量计算方法研究 [J]．物理学报，2014，63（3）：1 – 8．

② 陈冀，陈典发，宋敏．复杂网络结构下异质性银行系统稳定性研究 [J]．系统工程学报，2014，29（2）：171 – 181．

③ 巴曙松，张阿斌，朱元倩．中国银行业市场约束状况研究 [J]．财经研究，2010，36（12）：49 – 61．

④ 吴恒煜，胡锡亮，吕江林．我国银行业系统性风险研究——基于拓展的未定权益分析法 [J]．国际金融研究，2013（7）：85 – 96．

⑤ 林琳，曹勇．中国影子银行体系与系统性风险压力指数构建 [J]．上海金融，2013（9）：64 – 68，117．

⑥ 刘晓星，方琳．系统性风险与宏观经济稳定：影响机制及实证检验 [J]．北京工商大学学报，2014，29（5）：65 – 77．

性风险与宏观经济稳定的指标体系，采用面板数据的向量自回归法探讨系统性风险与宏观经济稳定间的影响机制，发现在系统性风险指标中，股票指数波动率对宏观经济稳定的正向影响最为明显；吕江林等（2011）[①] 与冯超等（2014）[②] 则构建了系统性风险预警指标体系，前者以金融系统性风险的同步指标构建而成的金融压力指数作为金融系统性风险的测度指标，探讨了 GDP 增长率、广义货币增长率、信贷余额、贸易差额、原油价格变化率等宏观经济变量、货币信贷变量及资产价格变量对金融系统性风险的影响，后者采用宏观经济指标、银行业脆弱性指标及系统性风险传染指标，从这三个方面构建了风险预警指标体系，进而应用 KLR 模型进行中国银行业系统性风险的预警研究，认为从风险来源的角度，应重视银行资本充足率、存款利率、银行业景气指数及不良贷款率、拨备率等指标的监控。

银行业系统性风险传染方面，翟金林（2001）[③] 以金融体系脆弱性学派、信息经济学派及风险溢出与传染学派的观点，探讨了银行业系统性风险的成因，他认为"内生性"原因是银行机制本身的问题，而外在原因则表现为投机性冲击、风险的溢出与传染；吴忱（2003）[④] 发现金融危机具有群生性、传染性、连锁性等特点，金融传染性主要取决于金融市场的主要变量和经济基本面，但真正促成传染的则是微观市场主体及其行为、态度、心理等因素，而从银行的角度来看，银行业恐慌和危机的传染是危机通过银行之间的资本关联由债务人银行向债权人银行的蔓延；包全永（2005）认为"银行系统性风险具有传染与扩散效应，这种传染与扩散效应具有自扩大性，并最终可能使银行系统失去基本功能"[⑤]；董青马（2008）[⑥] 分析了中国商业银行风险生成与传染的特殊机制，认为经济大幅衰退、净出口大幅降低、资金流动突然逆转、投资过度机制以及房地产泡沫崩溃等情况都可能导致银行风险的急剧扩大与显性化，而银行的同质性、资本关联与金融脆弱性则可能会导致风险在银行体系内的进

---

① 吕江林，赖娟. 我国金融系统性风险预警指标体系的构建与应用 [J]. 江西财经大学学报，2011（2）：5 – 11.

② 冯超，肖兰. 基于 KLR 模型的中国银行业系统性风险预警研究 [J]. 上海金融，2014（12）：59 – 62，37.

③ 翟金林. 银行业系统性风险的成因及防范研究 [J]. 南开学报，2001（4）：83 – 89.

④ 吴忱. 开发经济条件下金融传染微观机理研究 [D]. 上海：复旦大学经济学院，2003.

⑤ 包全永. 银行业系统性风险的传染模型研究 [J]. 金融研究，2005（8）：72 – 84

⑥ 董青马. 开发条件下银行业系统性风险生成机制研究 [D]. 成都：西南财经大学金融学院，2008.

一步传染，最终生成严重的银行业系统性风险；赵丽琴（2009）[1] 针对美国金融危机，采用 Copula 方法对"金砖四国"的受传染效应进行了检验，对比危机发生前后的相关程度和相关模式，发现巴西是受传染程度最深的国家，而中国受传染的迹象则不是很明显；巴曙松等（2010）[2] 对压力测试的优缺点进行了归纳分析，探讨了压力测试过程中的实际操作细节，以及发展中国家在数据缺乏的情况下如何有效地进行压力测试，该方法在银行业风险管理中的应用正在逐步推广，其情景分析法的特殊情景假设对于反映银行业系统性风险及传染具有重要的现实意义；李喆（2010）[3] 基于非线性动力学模型的金融危机模型，使用非线性相互依赖性来描述动力学系统之间的耦合关系，以此来刻画金融危机传染的非线性特征；王书斌（2011）[4] 对银行业系统性风险的传染机制进行了实证和模拟，发现银行业系统性风险存在跨区域和跨市场传染的现象，而且前者比后者的传染效应更明显，而系统性风险传染会导致银行资产产生大量损失，系统性冲击越大，造成的银行资产损失越大，银行破产数量的增速也会越快；高国华等（2013）[5] 采用银行股票收益率的动态相关性作为银行业系统性风险传染的市场度量指标，采用 GARCH – BEKK 模型对中国上市银行 1999～2010 年的动态相关系数进行了测算，发现其可以作为银行业系统性风险监测的有效市场指标；张英奎等（2013）[6] 对银行之间的风险交易进行建模，对随机网络、规则网络、小世界网络及无标度网络四种经典网络结构进行了模拟，对比分析不同网络结构下巴塞尔协议参数、外部风险比例及网络规模对银行业系统性风险传染的影响，发现巴塞尔协议参数和银行网络的连接集中度对银行业系统性风险传染有较大的影响。

综上所述，中国银行网络结构及其系统性风险的研究较国际上的相关研究而言，还有待进一步完善，构建真实的中国银行网络结构模型，探讨科学的中国银行业系统性风险度量方法，进一步确认中国银行系统中系统重要性银行及

① 赵丽琴. 基于 Copula 函数的金融风险度量研究 [D]. 厦门：厦门大学经济学院，2009.
② 巴曙松，朱元倩. 压力测试在银行风险管理中的应用 [J]. 经济学家，2010（2）：70 – 79.
③ 李喆. 基于非线性相互依赖性的金融危机传染机制研究 [D]. 哈尔滨：哈尔滨工业大学经济与管理学院，2010.
④ 王书斌. 银行业系统性风险传染的机制研究 [D]. 广州：暨南大学经济学院，2011.
⑤ 高国华，潘英丽. 基于动态相关性的我国银行业系统性风险度量研究 [J]. 管理评论，2013，25（1）：9 – 15.
⑥ 张英奎，马茜，姚水洪. 基于复杂网络结构的银行业系统性风险传染与防范 [J]. 统计与决策，2013（10）：149 – 153.

其风险贡献度并提出相关政策建议是当前的重要研究内容和研究方向。

第二节　金融网络相关理论

一、网络的定义及相关概念

网络是图论的重要组成部分，图论是对网络进行精确数学描述的合适框架，而且一个网络在数学形式上可以用一个二元组的图（graph）来代表。一个有向（或无向）的图 $G=(N, L)$ 包含 N 和 L 两个集合，其中，$N\neq\phi$，$N\cap L=\phi$，且 $N\subseteq[L]^2$，即 N 的元素是 L 的 2－元子集。集合 $N\equiv\{n_1, n_2, \cdots, n_N\}$ 的元素称为图 G 的节点（nodes）[或顶点（vertices）、点（points）]，而集合 $L\equiv\{l_1, l_2, \cdots, l_K\}$ 的元素称为边（edges）[或线（lines）]，集合 N 和 L 的元素数目可以分别用 N 和 K 来表示。一个图可以用 $G(N, K)=(N, L)$ 来表示，进一步可简写为 $G(N, K)$ 或 $G_{N,K}$，任何时候都需要强调图节点的数目和边的数目，其中节点数目的多少代表了图的规模大小。

一个节点通常与它在集合 N 中的阶有关，这里的阶（order）指的是顶点的个数。在一个无向图中，每一条边是通过一对节点 i 和 j 来定义的，可以被表示为 (i, j) 或 l_{ij}。通常认为边是节点 i 和 j 的关联（incident），或者说它连接（join）了这两个节点；节点 i 和 j 可以作为顶端节点通过边 (i, j) 连接起来。两个节点通过一条边连接，则称这两个节点是相邻的（adjacent）或邻点（neighbors）。在一个有向图中，两个节点的阶很重要。l_{ij} 表示的是从节点 i 到 j 的边，这里的边具有方向性，所以 $l_{ij}\neq l_{ji}$。在图的绘制中，通常画一个点来代表每个节点，如果两个节点通过边相联系，则画一条线将两个点连接起来。如何画这些点和线并不重要，唯一重要的是区分哪对节点通过一条边连接，哪些节点不是。图 1－2 中的（a）和（b）分别展示了 7 个节点 14 条边（$N=7$，$K=14$）的无向图和有向图。这里需要注意，图 1－2 的示意图中既不包含循环（loops）① 也不包含多重边（multiple edges）②，包含这两种要素中任意一种的

---

① 环，英文名 loops，一种图论术语，指的是网络中的边从同一个顶点开始并最终在该点结束的情况。
② 多重边，英文名 multiple edges，一种图论术语，指的是一对节点被不止一条边连接的情况。

图被称为"多重图"。

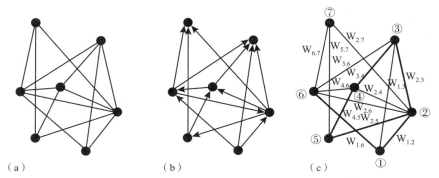

图 1 - 2　基准无向、有向及含权（N = 7，K = 14）

资料来源：S. Boccaletti 等（2006）①。

注：N = 7，K = 14 表示图有 7 个节点 14 条边；在有向图中，相邻节点通过箭头相连，表明边的方向；在含权图中，每一条边上所标注的 $w_{i,j}$ 的值表示边的权重，在图形上以边的粗细度来显示。

对一个大小为 N 的图 G 而言，当所有的节点都是成对的邻点时，其边的数目 K 最小为 0 最大为 N(N - 1)/2。如果 $K < < N^2$，则认为图 G 是稀疏的，如果 $K = O(N^2)$，则认为图是紧密的。如果 K = N(N - 1)/2，则图 $G_{N, K}$ 被称为是 N 个端点的完全图。

在此，可以采用上述图的正式定义来表示网络，网络（N，g）由节点 N = {1，2，…，n} 的集合以及 n × n 的实数矩阵 g 构成。g_{ij} 表示的是节点 i 和 j 的关系，这里的矩阵 g 通常被认为是邻接矩阵，因为它列出了哪些节点彼此相连，换言之，即哪些节点与其他节点是相邻的。当矩阵 g 的元素有两个以上的值，且能够追踪关系水平的强度大小时，该网络可以被归结为含权网络。如果 g 的元素仅仅采用标准值 0 或 1 时，则该网络是非含权的。针对所有的节点 i 和 j，如果 $g_{ij} \neq g_{ji}$，那么网络是有向网络；如果 $g_{ij} = g_{ji}$，则网络是无向网络。例如，如果 N = {1，2，3}，则：

$$g = \begin{pmatrix} 0 & 1 & 0 \\ 1 & 0 & 1 \\ 0 & 1 & 0 \end{pmatrix} \qquad (1 - 1)$$

① S. Boccaletti, V. Latora, Y. Moreno, M. Chavez, D. U. Hwang. Complex networks：Structure and dynamics [J]. Physics Reports, 2006 (424)：180.

那么，这里的 g 是一个无向非含权网络，节点1和节点2以及节点2和节点3间各有一条边，而节点1和节点3之间则没有边存在（如图1－3所示）。网络中的节点通常被归结为顶点，节点间的连接则被认为是边，在有向网络中则类似于弧。在网络中环（loops）通常没有实际意义或结果，因而不管是否将 $g_{ii}=1$ 或 $g_{ii}=0$ 设定为违约，其实大多数情况下都是不相关的。除非在其他多重网络中，赋予其特殊的实际意义，需要针对所有的节点 i 假设 $g_{ii}=0$。

图1－3　一个两条边的网络

此外，现实中还有一些其他等同的方式来表示网络。除了将 g 看作一个 $n \times n$ 矩阵之外，有时通过罗列一个网络的节点和边更容易直观地描述一个网络。因而可以将网络看作节点和边的组合 (N, g)，这里的 g 可以看作是边的集合，且能够以 N 的子集的形式罗列出来。例如，式（1－1）表示的网络 g 就可以被等同地写为 $g=\{\{1, 2\}, \{2, 3\}\}$，或简化地记为 $g=\{12, 23\}$。在此，用 ij 来表示节点 i 和 j 之间的边，进而可以用 $ij \in g$ 来说明节点 i 和 j 在网络 g 中是连接的，也就是说 $ij \in g$ 等同于 $g_{ij}=1$。交替采用不同的表达方式可以使表达更加简便，如：

$$g' \subset g \text{ 即可表示 } \{ij: ij \in g'\} \subset \{ij: ij \in g\}$$

而 $g+ij$ 的缩写形式则表示给一个现存的网络 g 添加边 ij 进而获得的一个新网络，$g-ij$ 则表示删除现存网络 g 的一条边 ij 进而得到的新网络。可以采取类似的习惯来表达一个有向网络，将边 ij 视为一个有向连接，且对边 ij 和 ji 加以区分。以 $G(N)$ 表示在 N 个节点上所有无向及非含权网络的集合。

在一些情况下，对网络中某些节点所处的位置感兴趣，在其他情况下，可能仅仅关注的是网络的具体结构。用"同构"这一概念来形容两个网络拥有相同结构的情况，如果存在一对一函数，$f: N \to N'$，使得 $ij \in g$，且 $f(i)f(j) \in g'$ 时，则认为网络 (N, g) 和网络 (N, g') 是同构的。因此，f 仅仅是对节点的重新确认，而网络则是由这种重新确认来决定的。

给定一个节点的子集 $S \subset N$ 和一个网络 g，可以用 $g|s$ 来表示网络 g 是受节点 S 约束的集合，可以写为：

$$[g|s]_{ij} = \begin{cases} 1 & (i \in S, j \in S, g_{ij}=1) \\ 0 & (otherwise) \end{cases}$$

因此，$g \mid s$ 指的就是删除了除 S 之外其他节点所有的边而获得的网络，图 1-4 给出了示例。对于任何网络 g，$N(g)$ 表示的是网络 g 中至少有一条边的所有的节点的集合，即 $N(g) = \{i \mid \exists j s. t. ij \in g, \ or \ ji \in g\}$。

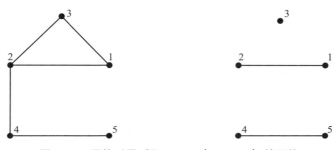

图 1-4　网络以及受限于 $S = \{1, 2, 5\}$ 的网络

在现实的金融网络中，每一个金融机构代表一个节点，机构和机构之间的联系则表现为边。由于机构间的联系主要是债权债务的借贷关系，则其边是具有方向性的。不同机构间债权债务的规模不同，故各边的权重大小也相应不同。因此，金融网络是一种含权有向网络。如果某些机构破产倒闭了，则机构间的网络关系也会随之发生变化。

网络中节点的关系，除了直接连接外，还存在很多的间接联系，节点的间接联系是网络连接的重要内容，路径（path）、途径（walk）和圈（cycle）等概念则描述了网络中的这种间接相互作用。

网络 $g \in G(N)$ 中节点 i 和 j 之间的路径是一连串边 $i_1 i_2$，…，$i_{K-1} i_K$ 的序列，其中，$i_1 = i$ 且 $i_K = j$。那么，对于每一个 $k \in \{1, …, K-1\}$ 而言，都有 $i_k i_{k+1} \in g$，即所有边 $i_k i_{k+1}$ 都属于网络 g，而且序列 i_1，…，i_K 中的每个节点都是完全不同的。途径的概念与路径基本相同，唯一的区别在于途径里所包含的节点不需要是完全不同的。一个途径可能会经过某个给定的节点不止一次，而路径则不能通过同一个节点两次。圈则是起始且结束于同一个节点的途径，即 $i_1 = i_K$，但是其他所有的节点都是完全不同的。在有向网络中，关于路径、途径和圈，其定义的描述与前述无向网络中的基本一致，但是在方向很重要的情况下，每一条边上节点的顺序则开始起到重要作用。例如，在图 1-5 中，从节点 2 到节点 4 的一个有向路径，就是从节点 2 开始，经由节点 1 和节点 3，最终到达节点 4；从节点 1 开始，依次经过节点 3 和节点 2，最终返回节点 1

就是一个有向圈；从节点 3 开始，依次到节点 2 和节点 1，返回节点 3 后又抵达节点 4，这样就形成了一个有向途径。

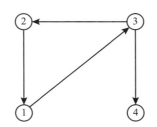

图 1 – 5　有向网络的简单示意图

一个节点 i 的度，指的是那个节点所关联的边数，也等于节点 i 的邻点的个数。网络 g 中节点 i 的度可以用 $d_i(g)$ 来表示，那么，$d_i(g) = \#\{j: g_{ji} = 1\} = \#N_i(g)$。在有向网络的情况下，该公式计算出来的是节点 i 的入度（in-degree），节点 i 的出度（out-degree）相应的计算则是 $\#\{j: g_{ij} = 1\}$；在无向网络中，度的计算方式也是一致的。网络的密度（density）描述的是各个节点间关联的紧密程度，对现有关联的相对分布进行汇总，可以通过平均度来进行简单的度量。

金融网络中，机构之间除了直接联系，更多的是通过间接方式联系在一起。机构 i 和 j 之间的路径描述了机构 i 如何影响到机构 j 的过程，途径和圈则体现了机构 i 对其他机构的影响如何最终反作用于自身的过程。由于受到债权债务方向的影响，选择的起始机构不同，其影响过程也会不同。此外，机构 i 的度体现的则是该机构直接关联的其他机构数目，度越大，则与其拥有直接债权债务关系的机构数越多。

二、金融网络的统计性质

金融网络的统计性质从不同角度对网络的特征进行了描述，度量网络的统计性质，了解统计性质所刻画的特点，对于理解金融网络的构成，以及网络行为的刻画和预测都具有重要意义。

（一）度分布（Degree distribution）

度分布是一个网络的基本特征，描述的是拥有不同度的节点出现的相对频率，可以用 $P(d)$ 来表示，指的是在度分布 P[①] 下度为 d 的节点在所有节点中所占的比例，也就等于网络中拥有 d 条边的节点个数与网络中所有节点数目的比值。

金融网络的结构不同，其度分布特征也存在较大的差异。对于规则金融网络而言，所有的节点拥有相同的度，度为 k 的规则金融网络，其度分布为 $P(k)=1$，且 $P(d)=0$，如果 $d\neq k$，故其度分布是单点分布；而无标度金融网络的度分布则满足 $P(d)=cd^{-\gamma}$，这里的 c 是一个标量且 $c>0$，故其度分布服从幂律规则；此外，在随机金融网络和小世界金融网络中，许多节点伴随着极大或极小的度，其度分布基本服从泊松分布。

（二）直径和平均路径长度（Diameter & The average path length）

网络的另一个重要特征——直径（diameter），指的是网络中任意两个节点间的最大距离。其中，长度（length）是两个节点间的边数，而两个节点 i 和 j 之间的距离（distance）则指的是它们之间最短路径的长度。直径提供了路径长度的一个上限，另一个度量网络关联性质的指标则是节点间的平均路径长度（average path length）。对于金融网络而言，金融机构 i 和 j 之间的距离指的是连接机构 i 和 j 所需的最少边数，在此用 l_{ij} 来表示。那么金融网络平均路径长度即为网络中连接每对节点所需经过的平均边数，也就是 l_{ij} 的均值：

$$L = \frac{2}{N(N-1)}\sum_{i\neq j} l_{ij}$$

（三）聚类系数（Clustering coefficient）

网络另一个重要特色是其节点如何紧密聚集在一起，即网络的群集性、集团性特征。对于金融网络而言，则体现为网络的紧密程度，即各金融机构之间联系的密切程度，单个节点的聚类系数则在一定程度上体现了单个金融机构的凝聚力和辐射力。从同一个节点出发的边，如距离 ij 和 ik 都包含了节点 i，那么节点 i 的聚类系数为：

---

① 如果描述的是数据，那么 P 可以是频率分布；如果研究的是随机网络，那么 P 则是概率分布。

$$Cl_i(g) = \frac{\#\{jk \in g \mid k \neq j, j \in N_i(g), k \in N_i(g)\}}{\#\{jk \mid k \neq j, j \in N_i(g), k \in N_i(g)\}} = \frac{\sum_{j \neq i; k \neq j; k \neq i} g_{ij} g_{ik} g_{jk}}{\sum_{j \neq i; k \neq j; k \neq i} g_{ij} g_{ik}}$$

因此，$Cl_i(g)$ 查看了所有与节点 i 相关联的节点对，然后考察这些节点对之间相互关联的数目。单个节点的聚类系数可以另写为：

$$Cl_i(g) = \frac{\#\{jk \in g \mid k \neq j, j \in N_i(g), k \in N_i(g)\}}{d_i(g)(d_i(g) - 1)/2}$$

那么，考察整个金融网络聚集程度的平均聚类系数可表示为：

$$Cl^{Avg}(g) = \sum_i Cl_i(g)/n$$

金融网络的聚类系数 $Cl^{Avg}(g)$ 就是金融网络中所有单个机构的聚类系数的平均值，其中 n 表示金融网络中机构的个数。只有当金融网络是全连通网络（每个节点都与其他节点相关联）时，聚类系数才会等于 1，一般情况下 $Cl^{Avg}(g)$ 均小于 1。现实的金融网络中，小型金融机构对大型金融机构具有一定的依赖性，机构节点倾向于聚集在一起，因此，真实的金融网络并不是随机的。

（四）中心度（Centrality）

之前的统计性质主要是网络总体特征的宏观度量，很多情况下，需要关注网络特征的微观度量，如节点之间的比较，以及给定节点与整体网络的关系等。中心度（centrality）、则从度（degree）、紧密性（closeness）以及介数（betweenness）等方面对节点的中心性和重要程度进行了度量。其中，度考察一个节点的关联程度，紧密性考察给定节点到达其他节点的难易程度，介数则考察在连接其他节点的过程中给定节点的重要性。

在节点数目为 n 的网络中，度为 $n-1$ 的给定节点 i 与其他所有节点直接连接，对网络而言，无疑是很中心的，另一个仅连接两个节点的节点 j，其中心度则要差一些。节点 i 的度中心度（degree centrality）可以用 $d_i(g)/(n-1)$ 来度量，取值范围在 $0 \sim 1$ 之间，值越大其中心度越强。紧密中心度（closeness centrality）考察的是其他节点到给定节点的总距离，用 $(n-1)/\sum_{j \neq i} l_{ij}$ 来度量，其中 l_{ij} 是节点 i 和 j 间最短路径的边数。总距离越小则该点的中心度越强，如果总距离最小，那么它就是网络的拓扑中心。介数指的是经过某给定节点的测地线（最短路径）的条数，以 $P_i(kj)$ 表示节点 k 和 j 之间经过节点 i 的测地线的条数，以 $P(kj)$ 表示节点 k 和 j 之间测地线的总条数，那么节点 i

在连接节点 k 和 j 的过程中的重要性可以用 $P_i(kj)/P(kj)$ 的比值来考察。如果比值接近于 1，那么节点 i 经过了节点 k 和 j 之间的大多数最短路径，对连接 k 和 j 的重要性越大。对所有节点对的该比值进行平均，即可得到节点 i 的介数中心度（betweenness centrality），其计算方式如下：

$$Ce_i^B(g) = \sum_{k \neq j; i \notin \{k,j\}} \frac{P_i(kj)/P(kj)}{(n-1)(n-2)/2}$$

在金融网络中，一个机构的度中心度越大，它与其他机构的关联性越强，即其在整个网络中影响范围越大；紧密中心度越大，则它所遭受的冲击传递到其他机构的速度越快；介数中心度越大，则它在连接其他机构的过程中发挥的作用越强。如果一个金融机构在金融网络中各中心度都很大，那么它在整个网络中处于中心位置，很可能是网络的系统重要性机构，对整个网络的稳定性具有重要影响。

（五）含权有向网络的相关统计性质

由于引入了权重，含权有向网络的相关统计性质与不含权的无向网络有所不同，需要考虑边权以及有向边的影响。在现实生活中，金融网络是一种含权有向网络，不含权的无向网络的统计性质不能真实地反映其网络特征。关于含权有向网络的相关统计性质，学界还存在一定的争议。基于经济学意义上的度量需要，在现有研究的基础上，我们将含权有向的金融网络的相关统计性质定义如下：

1. 节点的点强度，即含权的节点度为：

$$S_i = \sum_{j \in N_i} w_{ij}$$

其中，w_{ij} 为节点 i 和 j 的边权，N_i 是节点 i 邻点的集合。在此基础上可进一步考察节点的含权入度和出度。

2. 节点的度中心度：

$$d_{wi}^c(g) = \frac{S_i}{N-1}$$

3. 平均路径长度为：

$$L_w = \frac{2}{N(N-1)} \sum_{i \neq j} w_{ij} \sum_{i \neq j} w_{ji}$$

4. 聚类系数为：

$$Cl_{wi}(g) = \frac{1}{S_i(d_i(g)-1)} \sum_{j,k \in g} \frac{w_{ij}+w_{jk}}{2} \frac{w_{ji}+w_{kj}}{2} \alpha_{ij}\alpha_{jk}\alpha_{ki}$$

$$Cl_w^{Avg}(g) = \sum_i Cl_{wi}(g)/N$$

其中，$Cl_{wi}(g)$ 和 $Cl_w^{Avg}(g)$ 分别指的是单个节点的聚类系数和整个网络的平均聚类系数，α_{ij}，α_{jk} 及 α_{ki} 则指的是节点 i，j 及 k 之间是否存在连接关系。

5. 中心化程度：

$$Hub = \frac{\sum_{i \in g}(d_w^{c*}(g) - d_{wi}^c(g))}{(N-1)\max(d_w^{c*}(g) - d_{wi}^c(g))}$$

其中，g 表示网络，N 是网络中节点的个数，$d_w^{c*}(g) = \max d_{wi}^c(g)$ 则指的是中心度最大的节点的中心度值。

三、金融网络的宏观拓扑结构

在现代图论理论中，网络的宏观拓扑结构主要包括规则网络、随机网络、小世界网络以及无标度网络四种。其中，规则网络和随机网络是理论研究中两种比较特殊的情况。在现实生活中，真实的金融网络往往具有小世界网络和无标度网络的特征。Michael Boss 等（2004）、Soramäki 等（2007）以及 Bech 和 Atalay（2010）就分别发现奥地利银行间网络、Fedwire 银行间支付网络以及美国联邦基金网络均具有小世界网络的特征；而 Inaoka 等（2004）和 Cont 等（2010）则发现日本银行网络和巴西银行网络均为无标度网络。

一个简单的规则网络模型中，N 个节点排列成环形，每个节点与其最邻近的 m 个节点连边，其度分布是 δ 函数，平均度与 N 无关，最大距离和平均距离与 N 成正比。随机网络模型中，具有代表性的是 ER 随机网络模型，在该网络中，两个节点之间不论是否存在共同的邻点，均以概率 p 相连接，在此，

$$p = \frac{2n}{N(N-1)}$$

其中，n 是给定的总边数，$N(N-1)/2$ 是最大可能连边数，当边数达到 n 时停止演化。ER 随机网络的度分布是泊松的，平均度与 N 成正比，平均聚类系数与 N 成反比，平均距离与 $\ln N$ 成正比。

小世界网络模型则把规则网络和随机网络恰当地结合了起来，位于两者之间，如图 1-6 所示。它从规则网络模型开始，以概率 p 随机地"重连"每条

边，同时保证没有自连接和重复边。它同时满足了较小的平均路径长度以及较大的聚类系数两个特征，较好地刻画了真实金融网络中平均路径长度和聚类系数的特点，但其节点的度分布仍然是泊松的。在现实生活中，真实的金融网络的节点度以幂律分布进行描述往往是更为准确的，其聚类系数相对更大，能较好地体现出金融机构网络中集团性的特征，其中心节点往往体现为金融网络中"太大而不能倒"（too big to fall）的机构，这也与很多国家现实中的金融网络状况相符。

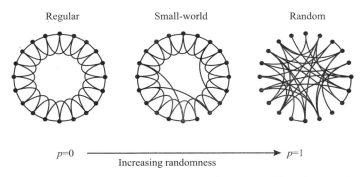

图 1 - 6　规则网络、小世界网络及随机网络示意

资料来源：Watts 和 Strogatz（1998）。①

以上四类网络结构的结构特征存在一定的差异，这也就导致了金融危机发生时，其传染路径是完全不同的，表 1 - 2 给出了四类金融网络的主要指标以及传染性大小的简单比较。

表 1 - 2　　　　　　　　四类金融网络的指标及传染性比较

网络类型	节点度分布	聚类系数	平均最短路径	传染性比较
规则网络	所有节点的度均相同	$C = 3(k-2)/4(k-3)$，当 $k \to \infty$，$C \to 3/4$	非完全连接时，路径长度很长	风险传染和风险分担都较好

①　Duncan J. Watts & Steven H. Strogatz. Collective dynamics of 'small world' network ［J］. Nature. 1998，393：440 - 442.

网络类型	节点度分布	聚类系数	平均最短路径	传染性比较
随机网络	相对均匀，近似服从泊松分布	$C = p \approx k/n$，聚类系数较小	路径长度较长	其他网络的比较标杆，相对稳定
小世界网络	相对均匀，近似服从泊松分布	聚类系数较大	路径长度较短	传染更容易、更快；传染速度仅与边相关，而与网络结构无关
无标度网络	常用幂律分布描述，绝大多数节点度很低，少数度很高的节点称为中心节点	相比同规模的随机网络，聚类系数更大	相比同规模的随机网络，路径长度更短	中心节点对网络的风险传染起到至关重要的作用

资料来源：巴曙松等（2013）。

从表 1－2 中可以看出，金融网络的结构不同，其网络特征存在较大差异。在系统性风险发生时，不同金融网络模型对风险的适应度不同，风险传染的速度及路径不同，机构节点在整个网络中的影响作用亦不同。因此，探讨金融网络的系统性风险时，有必要对金融网络的结构特征进行分析，进而了解系统性风险在金融网络中的传导过程，以及网络结构特征在应对系统性风险时所发挥的作用。

第三节　银行业系统性风险相关理论

一、银行业系统性风险的概念

系统风险（Systematic Risk）和系统性风险（Systemic Risk）是两个不同的概念，在一些研究文献中两者被有所混淆，有必要先对这两个概念进行简单的区分。在金融和经济学领域，系统风险通常又被称为总风险或不可分散风险，它的产生主要源于市场结构或生产冲击的演变以及市场中全部机构所面临的不确定性。而系统性风险的准确含义在当前是模棱两可的，对于不同的人意味着不同的内容。通过对现有文献的搜集整理和归纳，可以发现三种常用的概念。第一种通常指的是一种大型冲击或者宏观冲击，它能够同时对本国大部分或者全部的国民经济系统产生巨大的负向影响。这里，"系统性指的是某一事件对整个银行业、金融业或者经济系统产生影响，而不仅仅是对某一或某些机构产生影响"①。同样地，Frederic Mishkin（1995）将系统性风险定义为"一种突然、通常预期不到的事件发生的可能性，这一事件将会扰乱金融市场的信息，使其不能对那些最具有效益的投资机会的参与者提供有效的资金引导"②。宏观冲击的影响是如何传送到单独的个体，或者说传染效应是如何发生的，哪些个体单位会受到影响？这些都是尚未明确的。Franklin Allen & Douglas Gale（1998）③ 则通过模型模拟了宏观冲击引起银行挤兑的过程。

另外两种定义更加关注于微观层面，关注冲击的传递以及从某一单位到其他单位的潜在溢出效应。例如，通过第二种定义来看，"系统性风险是累积损失的可能性，某一事件将会导致沿着机构链条或者市场链条的一系列连续损失，这一可能性会随着事件的发酵而增加，即系统性风险就是相互联系的多米诺骨牌开始连续倾倒时所带来的一系列风险"④。这一定义与美国联邦储备银行的定义相一致，在支付系统中，如果一家机构参与了私有的大额支付网络系统，但是没有能力或者不愿意去清偿它的净债务，这将可能导致系统性风险。如果这样的清偿失败发生了，那么在支付网络系统中，这家机构的债权人也将有可能没有能力去实现自己的债务承诺。这种危急的影响将会传播至大额支付网络中的其他参与者，以及没有参与这一支付网络的其他存储机构，进而波及一般的非金融经济体。⑤

同样地，国际清算银行（The Bank for International Settlements，BIS）将系统性风险定义为，"当市场参与者不能实现其契约债务时，将可能反过来导致其他市场参与者也违约的连锁反应，进而产生更大范围的金融困难，这样的风

---

① Bartholomew, Philip, and Gary Whalen. Fundamentals of Systemic Risk [C]. In research in Financial Services: Banking, Financial Markets, and Systemic Risk, 1995, 7: 3 – 17.

② Mishkin, Frederic. Comment on Systemic Risk [C]. In Research in Financial Services: Banking, Financial Markets, and Systemic Risk, 1995, 7: 31 – 45.

③ Allen, Franklin, and Douglas Gale. Optimal Financial Crises [J]. Journal of Finance, (August) 1998: 1245 – 1284.

④ Kaufman, George G. Comment on Systemic Risk [C]. In Research in Financial Services: Banking, Financial Markets, and Systemic Risk, 1995a, 7: 47 – 52.

⑤ Board of Governors of the Federal Reserve System. Policy Statement on Payments System Risk [W]. Docket No. R – 1107, 1 – 13. Washington, D. C., May 30, 2001.

险则为系统性风险。^①" 这些定义强调相互的因果联系，而且它们要求机构或市场间存在紧密且直接的联系。当第一块多米诺骨牌倒下时，它倒向了其他的牌，引起它们一连串的撞击倾倒，即"多米诺效应"。英格兰银行的管理者 E. A. J. George 曾经生动地描述过这种效应的发生，"通过直接的金融风险暴露，金融市场上的公司们像登山运动员一样被绑在一起，所以，当一个人从岩壁上掉下去的时候，其他人也会被拉得掉下去"^②。对于银行而言，这一效应也可能产生，当银行 A 因任何原因，违约了其对银行 B 的一项贷款、存款或者其他支付项目，进而导致银行 B 的损失高于其资本额度，并被迫对银行 C 的支付项目产生违约，从而使得银行 C 的损失也高于其资本额度，如此这般继续下去的连锁反应即为"多米诺效应"。^③ 银行尤其是一个国家内的银行，通过银行间的存贷款，往往都存在着密切的联系。经过对比可以注意到，第二个定义与第一个宏观冲击类型的定义不同，仅仅需要一家银行直接暴露在初始冲击之下，传染链上的其他银行可能都没有直接受到这一冲击，初始银行的失败开启了这一系列的连锁反应或者说"多米诺效应"。

一个银行的资本对资产比率越低，其杠杆作用越大，在传染链上那些破产较早的银行越容易导致它破产，它也将会把损失传递给那些处于传染链条较后位置上的银行。直接在金融部门爆发的系统性风险之所以尤为可怕，原因不仅仅在于其发生时闪电般的速度，也在于它不仅会影响那些无力清偿债务的劣质市场主体，也会波及经济上具有债务清偿能力的优质市场主体，所以几乎没有任何有效的方式能够防止它的破坏性。

系统性风险的第三种定义仍然关注的是由初始内外部冲击而产生的溢出效应，但是它不涉及直接的因果联系，而是依赖于较弱以及更间接的联系。它强调的是风险涉及的单位之间第三方风险暴露的共性。当一家单位经历了冲击的负向影响时，其他单位存在受到同一冲击负向影响的潜在可能性，这些潜在影响对象的价值量将会形成大型金融公司或非金融公司失败的不确定性，而大型公司的失败破产则会产生严重的损失。为了将额外的损失最小化，市场参与者将会检查其他单位，比如说银行，它们就有检查自身是否存在风险以及存在多

---

① Bank for International Settlements (BIS). 64th Annual Report [C]. Basel, Switzerland: BIS, 1994.

② George, E. A. J. The New Lady of Threadneedle Street. Governor's Speech, Bank of England, London, February 24, 1998. Available at http://www.bankofengland.co.uk/Links/setframe.html.

③ Crockett, Andrew. Why Is Financial Stability a Goal of Public Policy? [J]. Economic Review, 1997, 82: 5–22.

大程度风险的经济利益冲动。与初始冲击单位在经济、政治以及其他方面的风险暴露敞口越接近，其产生损失的概率越高，其他市场参与者尽快撤回对其资金的可能性也会越大。这样的反应可能会引发流动性问题，甚至引发更重要的大型公司破产倒闭问题。这种形式可能会被归于"共同冲击"或者"重新估计冲击"效应，它代表了没有直接因果关系的联系类型。

不管是关于初始冲击的原因或者重大程度的信息，还是关于每个单位风险暴露以及潜在风险的信息，通常情况下，它们都不是能够立刻并准确获得的，而且并非是没有成本的。因为信息的分析不是即刻或免费的，市场参与者需要时间和资源来对其他单位的风险特性以及潜在损失的大小进行分类。而且，在银行业领域，当信用市场恶化，私人和公共信息质量也恶化时，获取准确信息的成本增加了，未来的不确定性也进一步增加了。由于很多的市场参与者都是风险规避型，他们会迅速地把资金转移到那些公认的比较安全的单位或者至少比原来更安全的单位，最起码也会在市场困惑以及市场信息分类的时期暂时转走，而不是等待最终的分析结果。此外，在巨大的不确定性和市场压力时期，市场参与者对资产组合的调整会倾向于量的增加而不是资产价格的提高。在银行业领域，则表现为不管利率的高低而进行挤兑。这也就是说，至少在暂时情况下，在任何利率条件下他们都不会把钱借给银行。因此，这就像是一个即刻的溃败，或者说是为了逃离存在潜在风险的所有单位，而不管深入和全面的分析结果可能鉴定其仅仅是在过去有类似的风险暴露而已，就这样实际上将其置于破产的风险之中。在这一阶段，共同冲击的传染效应是不分好坏的，或多或少地潜在影响着整个市场，反映出所有单位信心的普遍损失，有偿付能力的单位或机构与破产者无法有效区分。因为这样的挤兑同时发生并且广泛传播，这样的行为通常被投资者们称为"羊群效应"。

挤兑效应会对受冲击影响的金融机构和金融市场的证券价格产生巨大的下行压力，对银行利率产生巨大的上行压力。任何流动性问题都可能是对银行产生了暂时性的溢出效应，而不是受到了初始冲击的直接影响。因此，最初倒下的那个多米诺骨牌并没有直接倒向其他的多米诺骨牌，但是由于它的倾倒，引发了游戏者去检查相邻的多米诺骨牌，去看最初倒下的那张骨牌所带来的破坏稳定的力量是否影响了它们。大范围的传染效应往往就出现在这一信息分类整理和重新估计的时期。在随后的一段时期，当信息分类整理完成之后，那些具有偿付能力的银行，曾经影响其经营的一些或全部现金流都会得到纠正或者产生与之前相反的流动。尽管如此，但是在信息分类整理阶段，由于变化不定的潜在损失以及因此而加剧的流动性问题，火爆的销售驱动所带来的金融交易量和交易价格的变化很可能超过了其最基本的均衡水平，尤其是对那些更脆弱的机构而言。[①] 然而，银行危机发生的越频繁，市场参与者越有可能变得有更好的准备和更好的信息通知，市场的信息分类整理和流动性不足的时间段也会变得越短，任何夸张的交易量和交易价格的持续期也会越短暂。

以上三种定义从宏观冲击以及微观传染层面对系统性风险进行了界定，国内一些学者也对银行业系统性风险的概念进行了相关探析。翟金林（2001）引进了银行系统性事件和银行系统性危机两个概念，将银行业系统性风险界定为"由于银行系统性事件的大规模冲击导致了大量的银行机构或市场的逆效应诱发银行系统性危机的可能性。这种风险在时间上是延续的，在空间上是广泛的，并深入影响到系统的每个层面，是对整个银行体系稳定的潜在威胁"[②]。董满章（2005）则认为"银行业系统性风险是对银行业中存在的风险状态的一种描述，是指银行业内外部条件共同作用所导致的，对整体银行业带来负面影响，这种负面影响可以是潜在的或现实的"[③]。而麦强盛（2011）[④] 倾向于采用金融稳定委员会（Financial Stability Board，FSB）给出的定义，即系统性风险是指由经济周期、国家宏观经济政策变动、外部金融冲击等风险因素引起的一国金融体系发生激烈动荡的可能性，此类风险具有很强的隐匿性、积累性和传染性，对国际金融体系和全球实体经济都会产生巨大的负外部性效应，且系统性风险不能通过一般的风险管理手段相互抵消或削弱。邓晶等（2013）则认为"银行业系统性风险指的是银行系统中单个银行遭遇危机倒闭后，其风险和损失通过银行之间的关联传染到了其他银行，导致大规模银行接连倒闭的现象，即微观层面的银行危机通过风险传染到宏观层面的银行系统性崩溃的涌现过程"[⑤]。此外，张怡（2014）[⑥] 将系统性风险定义为金融体系受到外部因素冲击后，通过资产负债、流动性、风险溢价或信息渠道，使金融体系受到严重影响引起的系统性事件的风险传染到整个金融系统的风险。

---

① Kaminsky, Graciela, and Sergio Schmukler. What Triggers Market Jitters: A Chronicle of the Asian Crises [J]. Journal of International Money and Finance (December), 1999: 537 – 60.

② 翟金林. 银行业系统性风险研究 [D]. 天津：南开大学经济学院，2001.

③ 董满章. 中国银行业系统性风险防范研究 [D]. 南京：南京农业大学经济管理学院，2005.

④ 麦强盛. 基于宏观审慎监管的银行业系统性风险研究 [D]. 广州：暨南大学管理学院，2011.

⑤ 邓晶，张加发，李红刚. 银行业系统性风险研究综述 [J]. 系统科学学报，2013，21（2）：34 – 38.

⑥ 张怡. 金融体系系统性风险研究——基于 SIFIs 的视角 [D]. 沈阳：辽宁大学经济学院，2014.

系统性风险通常会被加以区分，如理性的或者有信息准备的系统性风险与非理性的或者无信息准备的系统性风险，以及直接或间接引起的系统性风险与随机或纯传染性的系统性风险。理性的或者有信息准备的传染效应一般假设投资者或储蓄者能够基于必要的原理对各方进行辨别。随机传染效应是在对机构情况不明的基础上所采取的行为，它之所以被认为是更可怕和更危险的，其原因在于它无法对市场上的各方进行辨别，无法区分有清偿能力和无清偿能力的市场主体，进而使得传染效应的范围更广更难进行抑制。英格兰银行的管理者George 认为系统性风险往往伴随着异常的高昂代价，其原因在于某一金融交易的失败会影响到其他健康有效的金融交易，这样的危险性是不容忽视的①。当冲击开始传递到传染链上其他有清偿能力以及无清偿能力的银行时，直接传染或者多米诺效应就会被发觉。共同冲击类型的系统性风险，在信息分类整理时期，其传染效应会立即影响到有清偿能力的银行，尽管随着时间的推移，投资者和储蓄者会把有清偿能力的银行与没有清偿能力的银行区分开来。因此，理性和非理性传染效应的实证界限是模糊的，而且部分依赖于分析时所选取的时间范围。同样地，有清偿能力和无清偿能力的定义也并不总是清楚和明确的。具有清偿能力的主体通常被定义为那些经济行为表现良好的单位，比如那些经济健康没有高杠杆效应的银行。相反地，没有清偿能力的银行则是被察觉无力偿还债务或者有偿还能力但是接近破产或存在高杠杆效应的银行。

综上所述，银行业系统性风险主要来自于宏观冲击以及银行微观层面的风险传染，然而，中国经济发展较为平稳，在银行高储蓄率以及超额外汇储备等条件下，外部宏观冲击直接导致大量银行破产的可能性相对较小。因此，基于风险传染的视角，本书将中国可能面临的银行业系统性风险界定为，由宏观经济冲击或系统性事件引发的某个或某些银行的破产倒闭，其产生的违约风险和损失通过银行间资产或负责等直接关联方式以及信息渠道、风险溢价等间接关联方式传递至其他具有清偿能力的银行，进而导致健康银行相继违约破产，最终威胁到整个银行系统稳定性的风险。

二、银行业系统性风险的特征与分类

银行业系统性风险的破坏性极大，对其进行防范的必要前提是系统性风险

---

① George, E. A. J. The New Lady of Threadneedle Street. Governor's Speech, Bank of England, London, February 24, 1998. Available at http: //www. bankofengland. co. uk/Links /setframe. html.

的有效识别，把握银行业系统性风险的特征并对其进行类别区分，有助于识别银行业系统性风险，了解风险的发生过程，对于银行业系统性风险的监管和防范具有较强的现实指导意义。

范小云等（2006）① 将系统性风险的特征概括为"外部性"特征、风险与收益不对称性特征、传染性特征、损害实体经济以及与投资者信心直接相关五大特征。麦强盛（2011）认为"系统性风险的特征主要表现为具有广泛性和普遍性、明显的负外部性、极度的传染性、风险和收益的不对称性、长期隐匿性和积累性以及较大的监管难度"②。而赖娟（2008）③ 则从系统性风险防范的角度出发，在此基础上提出了金融系统性风险的五大核心特征。本书则结合银行体系的特点，进一步提出银行业系统性风险五个方面的特征：

（1）"负的外部性"特征。"外部性"是系统性风险导致经济或金融危机发生时最典型的特征，也被认为是系统性风险最基本的特征。"外部性"可分为"正的外部性"和"负的外部性"两种，前者指的是单个消费者或厂商的某项经济行为能够使社会或他人受益，但自己却不能因此获得回报；后者则指的是单个消费者或厂商的某项经济行为会使社会或他人受损，而自己并不需要承担足以弥补这些损失的相应成本，即个人为其行为所付出的私人成本小于该行为所产生的社会成本。银行业系统性风险"负的外部性"特征则指的是：银行业系统性风险主要是银行系统中的某些单位在冲击下产生的损失，会给其他单位带来负向的外部性效应，是单个银行机构的风险溢出，这种负的外部性效应的持续累积会最终导致银行系统的崩溃，但是在银行系统崩溃之前，单个银行机构不需要为这种风险承担相应的成本。

（2）损失累积性特征。银行业系统性风险的损失累积性特征具体体现在单个银行机构以及整个银行体系两个方面。就单个银行机构而言，损失的累积性指的是其他银行机构或市场的溢出风险通过各个渠道传递至该银行机构，进而造成损失，损失的不断累积最终导致该银行机构破产倒闭，而该银行破产的风险也会外溢累积到其他相关银行。就整个银行体系而言，银行业系统性风险的累积主要指的是银行系统崩溃之前，系统性风险随着单个银行机构风险暴露

---

① 范小云，曹元涛，胡博．银行业系统性风险测度最新比较研究［J］．金融博览，2006（3）：32 – 33.

② 麦强盛．基于宏观审慎监管的银行业系统性风险研究［D］．广州：暨南大学管理学院，2011.

③ 赖娟．我国金融系统性风险及其防范研究［D］．南昌：江西财经大学财税与公共管理学院，2011.

的增加以及银行破产数量的增加而带来的风险及损失的累积，当风险和损失累积到一定程度之后，就会引发整个银行系统的崩溃。

（3）溢出性和传染性特征。溢出性和传染性是银行业系统性风险的核心特征，它主要指的是风险和损失从银行系统的某一部分传递至其他部分，或者从银行系统传递至实体经济的增殖机制或渠道。风险和损失主要通过银行间资产或负责等直接关联方式以及信息渠道、风险溢价等间接关联方式进行传递，某一或某些银行的破产失败将可能会导致其他银行的相继破产，进而产生银行系统性危机。此外，银行的相继破产会直接影响企业和家庭消费者的资金储备和现金流，对整个实体经济产生不可估量的破坏性影响。

（4）与银行间市场的结构相关。按照银行间连接方式，银行间市场可分为完全市场结构和非完全市场结构，完全市场结构里每一个机构都是相互直接联系的，非完全市场结构里部分机构是间接联系在一起的。相关实证研究表明，完全市场结构较非完全市场结构具有更强的稳健性，完全市场结构下的银行体系产生系统性风险的概率相对较小，而非完全市场结构下的银行体系产生系统性风险的概率相对较大。但是与此同时，银行系统也呈现出一种"稳健而脆弱"的倾向，银行网络的高连通性可能会降低传染发生的概率，但是当问题发生时，它也会增加传染的范围的和速度。此外，网络结构的集中度和复杂性可能是放大银行网络脆弱性的关键。

（5）与投资者信心有关。有学者将系统性金融风险定义为某一事件将会引起经济价值或信心方面的损失，并伴随着持续增加的不确定性，最终使得金融系统的主体部分面临着严峻的形势，并可能对实体经济产生重大的负向影响。此外，银行机构间的风险传染主要通过直接传染和间接传染两种机制来实现，其中的间接传染就是由于市场信心的缺失以及资产价格的螺旋下降等因素引发的。当投资者的信心普遍受损时，无法有效区分有偿付能力的银行与即将破产的银行，纷纷到银行提前支取存款，这样的挤兑同时发生并且广泛传播时，就会引发银行业的挤兑危机。与此同时，如果投资者丧失投资信心，纷纷集中抛售所持资产，这样的"羊群效应"将会引发资产价格暴跌，进而导致市场流动性不足。由此可见，投资者的信心对银行业系统性风险的发生和传染都会产生影响。

银行业系统性风险的类别主要从风险来源和传染渠道两个方面进行简单的划分，从风险来源来看，可分为共同同质冲击下的银行业系统性风险以及单独特质冲击下的银行业系统性风险；从传染渠道来看，可分为直接传染的银行业系统性风险以及间接传染的银行业系统性风险。

共同同质冲击下的银行业系统性风险主要指的是能够对一国大部分或者全部的国民经济系统产生巨大负向影响的宏观冲击或系统性事件，其对所有银行产生无差别的共同冲击，引发部分或所有银行破产倒闭，进而导致整个银行系统崩溃的风险；单独特质冲击下的银行业系统性风险则是指信用风险暴露、外汇汇率错配、自身操作风险或流动性不足等特质冲击对某一或某些银行产生冲击，引发这一或这些银行的信用违约或破产倒闭，进而引起与其关联的其他银行相继违约或倒闭，最终影响整个银行系统稳定性的风险。

首先，直接传染的银行业系统性风险指的是受到共同冲击或单独冲击的某些银行机构，其违约风险或损失通过银行间资产或负责以及相互间的联系（如支付系统等）等直接关联方式传递至银行系统的其他部分，产生直接的"连锁效应"，使得风险和损失不断累积，最终威胁银行系统稳定性的风险；间接传染的银行业系统性风险则是指受到共同冲击或单独冲击的某些银行机构，其违约风险或损失通过信息渠道、风险溢价等间接关联方式传递至其他健康银行，进而产生其他银行相继违约破产的"多米诺骨牌效应"，最终危及整个银行系统稳定性的风险。

三、银行业系统性风险的生成与传染

银行体系在整个国民经济中起着至关重要的作用，银行业系统性风险一旦爆发，往往会进一步演变为银行业危机，进而对整个国民经济体系产生巨大的破坏性影响。了解银行业系统性风险的生成和传染机制，有助于对其进行有效识别和监管防范，进而及时采取应对措施，避免银行业危机的发生。

（一）银行业系统性风险的生成机制

外部冲击及其传导是银行业系统性风险产生的必要条件，外部冲击是随机产生的，但其传导则与系统结构和特点有关，银行体系具有天生的脆弱性，银行系统之所以容易产生系统性风险，其原因主要在于以下几个方面：

首先，银行的经济行为具有顺周期性。Minsky（1982）[①] 提出了"金融脆弱性假说"，对金融体系的内在脆弱性问题进行了系统地阐述，其分析以经济

---

① Minsky, H. The Financial Instability Hypothesis：Capitalist Process and the Behavior of the Economy, in Financial Crisis：Ttheory, History and Policy ［M］. Cambridge：Cambridge University Press, 1982.

周期理论为基础，强调了经济周期对金融脆弱性的影响。他将借款企业分为三类，按其风险高低排序分别是旁氏企业、投机型企业以及抵补型企业。银行的信贷决策往往存在顺周期性。当经济处于衰退紧缩阶段时，银行倾向于紧缩信贷，只有部分抵补型企业能够满足银行的信贷要求。随着经济的恢复和发展，经济逐步进入繁荣扩张阶段，企业的预期收入普遍上升，银行则倾向于扩张信贷规模，旁氏企业和投机型企业也成为其借款企业，进而使得中高风险企业在借款企业中的比重不断增加。一旦经济发生较大波动或经济形势逆转，高风险企业受其影响可能会出现违约情形，而银行收紧银根、提高利率等应对措施，会进一步影响其他企业的生产能力，降低其预期收入，进而导致更多的企业出现违约。随着违约企业数量的增加，银行的不良贷款也不断增加，最终将导致银行的破产，而银行破产的蔓延则会产生系统性风险，进而引发银行业危机。

其次，银行与企业及投资者之间存在信息不对称。Kregel（1997）[①] 提出了"安全边界"这一概念，以此来解释信贷市场的脆弱性。银行在为企业提供贷款时，为了防范企业贷款违约带来的损失，会采取一些手段来确保银行在一定范围内不会遭受损失，而这个范围就是安全边界。由于银行和企业之间存在信息不对称，银行对于企业申请贷款所提供的项目预期收入和潜在风险状况并不信任，但是又无法对该领域的未来市场状况有更好地把握，其信贷决策一般是根据企业的历史信用记录来确定贷款风险的大小。在经济扩张时期，企业的信用纪录得到了改善，过去无法获得贷款或安全边界要求很高的企业也逐渐能够获得贷款，银行的安全边界逐渐被侵蚀，滋生了银行的潜在风险，产生了银行体系的脆弱性。当经济开始衰退时，银行安全边界的提高，将迫使企业改变原有投资计划以完成项目预期收入的承诺，实现对银行的还本付息，但投资行为的改变往往会导致延期支付或变卖投资资产，对企业的财务状况带来负担，加剧了企业违约破产的风险。与此同时，银行和投资者之间的信息不对称则是产生银行挤兑和羊群效应的重要原因。当单个银行倒闭时，由于信息不对称的存在，投资者无法有效判断其他银行是否是具有清偿能力的健康银行，为了保证其存款安全，一些投资者会前往银行提前支取存款，当其他投资者纷纷效仿都去银行提前支取存款时，就产生了"羊群效应"，继而催生了银行的挤兑危机。

再次，银行体系拥有庞大的支付系统，银行间联系密切。银行间支付结算

---

① Kregel, J. A. Margins of Safety and Weight of The Argument in Generating Financial Fragility [J]. Journal of Economics Issues, 1997, 31（2）: 543 – 548.

系统是银行体系的重要组成部分，它使得银行间的资金清算更加便捷，但也为系统性风险的传播提供了新的渠道。银行之间存在紧密的业务往来，相互之间持有风险头寸。单个银行的损失会通过支付结算系统迅速传递至其他银行，进而扩散到整个银行体系。某一或某些银行的债务违约通过支付结算系统会直接影响其他具有清偿能力的健康银行，进而引起相继违约的连锁反应，最终威胁整个银行体系的稳定性。

最后，单个银行机构扭曲的激励机制及高杠杆率经营、期限错配、金融安全网等导致的道德风险，以及银行机构之间的同质性和风险暴露的相关性等因素也是导致系统性风险产生的重要内部因素。

（二）银行网络结构下系统性风险的传染机制

银行机构会受到多种表现形式的共同同质冲击或单独异质冲击，这些冲击在银行体系内的传播和增殖是导致系统性风险爆发的重要环节，有必要探讨外部冲击在银行体系内的增殖方式，即银行业系统性风险的传染机制。在此，主要基于银行网络结构的视角，探讨银行间市场的系统性风险传染机制。

在 Nier 等（2007）[1] 及 Gai 和 Kapadia（2010）[2] 的研究基础上，Andrew 等（2011）[3] 以图形的形式对一家银行或者说一个节点进行了阐释（见图 1 - 7）。在这样一个简化的图形中，一家银行的经济活动可以被分为四个类别。其中两类代表资产，分别是银行间贷款（interbank loans，l_i）和外部资产（external assets，e_i）；另外两类代表负债，主要是指银行间借款（interbank borrowings，b_i）和储蓄存款（deposits，d_i），下标 i 主要表示不同的银行（$i = 1$，2，$\cdots$，N，共 N 家银行）。一家银行具有偿付能力主要表现为它的资产和负债的差是正的，即资本储备或资产净值（net worth，r_i）为正，也就是说 $r_i \equiv (l_i + e_i) - (b_i + d_i) \geqslant 0$。

假设这些银行处于 ER 随机网络中且是随机联系在一起的，N 家银行中的任意一家银行可能是其他任意一家银行的贷款者或者借款者，或者既是借款者

① Nier E., Yang J., Yorulmazer T. & Alentorn A. Network models and financial stability [J]. J. Econ. Dyn. Control, 2007 (31)：2033 - 2060.

② Gai P. & Kapadia S. Contagion in financial networks [J]. Proc. R. Soc. A, 2010 (466)：2401 - 2423.

③ Andrew G. Haldane & Robert M. May. Systemic risk in banking ecosystems [J]. Nature, 2011, 469：351 - 355.

又是贷款者，每种可能性的概率均为 p。那么，与一家银行有借贷联系的其他银行的平均数目为 $z = p(N-1)$。

现有研究提出了各种进一步的假设，采用英格兰银行或纽约联邦储备银行作为模型对单个银行失败的敲击效应进行模拟仿真研究。当每一家银行都有准确的平均行为时，通过"平均场"近似法[①]，这些研究大多数的关键发现都能被获得，且会变得更加显而易见。这也就意味着所有的银行都是相同的规模，每一家银行都与其他 z 家银行相联系，所有的贷款都是相同的规模 w，资本准备 r 以及贷款占总资产的比率 θ 亦是如此。

如图 1-7 所示，研究一个冲击对单个银行的初始冲击结果的这些模型，其研究结果发现冲击对该银行的外部资产造成了一部分损失，这部分损失的外部资产可以用 f 来表示。如果冲击的大小超过了资本储备，即 $f(1-\theta) > r$，则银行破产。这是一种有意的过度简化，主要是为了清楚地理解一家银行的初始失败如何在银行系统内传导冲击。

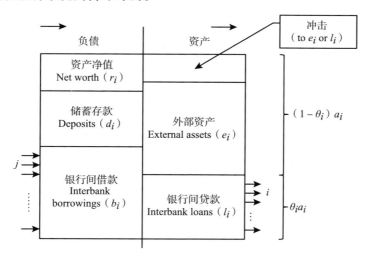

图 1-7　银行间网络中单个银行机构示意模型

资料来源：Andrew 等（2011）。

---

① 平均场理论是基于物理考虑，认为系统中某个自旋所受到的相邻自旋的作用以系统中所有其余的自旋对它的平均作用来代替，这个平均等效于作用在该自旋上的一个外场，故称平均场。平均场近似法认为，某一阵点上的自旋取某一方向的几率同近邻阵点上的自旋取向无关，只同自旋在该方向的数目成正比。那么，银行网络中，单个银行借贷方向的概率与其他银行的借贷方向无关，只与该银行的借款银行数目或贷款银行数目成比例。

这种初始失败的直接效应主要是该银行的 z 个债权银行将会损失一部分贷款，如果这部分贷款损失超过了 r，这些银行也将依次失败破产。对那些余下的银行机构而言，冲击传染将进入第三阶段，并不断继续。然而，需要注意的是，一家失败银行的损失实际上被分配于它的 z 个债权者之间，因此，随后每一阶段的冲击都是不断减弱的。

图 1-8 传达了这一简化模型所传递的试验性信息，展示了在关键参数 r（与银行规模相对应的资本准备）和 θ（银行间贷款作为总资产的一部分）方面的失败机制。在三角形（0，1，f）区域内，遭受初始冲击的银行失败倒闭了；在三角形（0，1，A）中，处于冲击的第二阶段，z 家银行的贷款无法收回导致其失败破产；三角形（1，0，B）描述的是冲击的第三阶段，大致上会有 z^2 家银行失败倒闭；依此类推。需要注意的是，当初始冲击主要作用于银行的外部资产时，银行系统的脆弱性是最大的（r 值相对较大的银行机构也会失败倒闭），就 θ 而言，其值处于 0~1，在某种程度上与银行的实际大致相符合，

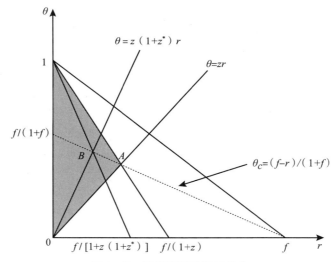

图 1-8　银行间贷款的域分布

资料来源：Andrew 等（2011）。

注：域是由总资产的一部分 θ 以及资本储备或资产净值来表达的，这两者引发了银行间贷款冲击的进一步传播。三角形（1，0，f）定义的是一家银行损失了外部资产的一部分 f，而这将导致其失败破产。三角形（1，0，A）描述的是初始失败银行的债权者们将受到第二阶段的冲击，而这一冲击也将导致他们的失败倒闭。区域（1，0，B）展示的则是第三阶段冲击引发的失败范围。

大体上保证了银行的零售和投资活动。正如前文所述，在图 1-7 中，银行系统的连通度 z 的增加，能够使得不稳定的有色区域有所收缩，高连通度有助于损失的分摊，进而使风险减弱。然而，另一方面，当后一阶段的失败确实发生时，它也将牵扯到更多的银行。

银行业系统性风险传染的第二种机制，也是更为重要的一种，冲击传导的来源主要发生在银行外部资产价值的损失，而这一损失主要是由市场价格的普遍下跌所引发的，这些损失会增加银行违约的预期，也会迫使部分银行对其资产进行减价出售。这样的流动性市场冲击通常是以贴现因素为代表，对于给定的资产类型，所需的贴现是面临失败倒闭的银行所持资产的一部分。在此，有必要对通常意义上的强流动性冲击和弱流动性冲击进行区分，强流动性冲击主要与特定资产类型的贴现相关，弱流动性冲击则主要是由对未来进一步违约的预期或者投资信心的普遍损失引发的。在各种冲击类型中，流动性冲击与银行间贷款冲击不断衰减的效果形成了显著对比，当更多银行失败破产时，它的冲击效果是不断增强的。因此，即使是相对较小的初始流动性冲击，也有导致系统性风险发生的潜在可能性。

银行业系统性风险的第三种传导机制——"资金流动性冲击"，被很多研究者认为是最重要的一种传染机制。它有一个显著的特点，在最近一次发生的金融危机中就表现了出来，即减少了银行间贷款的可得性。这一冲击通常以银行间资金市场流动性储备的形式表现出来，与银行间贷款违约冲击不断减弱的效应特点不同，通过银行网络的传播，此种冲击可能会导致灾难性的后果。当一家银行收回银行间贷款或缩短贷款期限时，受影响的银行倾向于依次采取同样的做法，这样的行为结果将产生流动性储备冲击。

所有三种传导机制都能在图 1-8 所定义的分析框架中得到，这一模型还可应用于不同规模的银行，包括那种比较极端但是在现实中存在的情况，即少数规模巨大的银行，它们同很多小型银行相联系；此外，真实的银行网络结构也不是随机网络结构模型，通常伴有度的厚尾分布；银行间的联系也是非团体性的，大银行与小银行的联系是非均匀对称分布的，一家大银行通常与很多小银行都有业务联系，但反过来并不是如此，一家小银行往往只与某一或某几家大银行业务联系较为密切。这样的银行系统结构能够使大量银行同时共存，也使得银行网络在面对随机冲击时更为稳健。

第四节　本章小结

　　本章主要从金融网络和银行业系统性风险两个方面对相关理论进行阐述。金融网络方面，介绍了网络的定义及相关概念，如节点、边、环以及途径等，并简单阐述了相关概念在金融网络中的现实意义。此外，对金融网络的相关统计性质进行了介绍，如节点度、入度、出度、聚类系数、平均最短路径等，并对规则网络、随机网络、小世界网络以及无标度网络以上四类金融网络的宏观拓扑结构进行了简单比较。

　　银行业系统性风险方面，首先对银行业系统性风险这一概念进行了梳理，并基于风险传染的视角，将中国可能面临的银行业系统性风险界定为：首先，由宏观经济冲击或系统性事件引发的某个或某些银行的破产倒闭，其产生的违约风险和损失通过银行间资产或负责等直接关联方式以及信息渠道、风险溢价等间接关联方式传递至其他具有清偿能力的银行，进而导致健康银行相继违约破产，最终威胁到整个银行系统稳定性的风险；其次，概括了银行业系统性风险所具有的五个特征，分别是"负的外部性"、损失累积性、溢出性和传染性、与银行间市场的结构相关以及与投资者的信心相关，并从风险来源和传染渠道两个方面，对银行业系统性风险的类别进行了简单划分；最后，简单阐述了银行业系统性风险的生成机制以及银行网络结构下系统性风险的传染机制。

第二章

银行体系的网络模型构建及分析

第一节　国外部分经济体的银行网络结构概述

国外很多学者对不同国家的银行网络结构进行了探讨，Michael Boss 等（2004）、Upper 和 Worms（2004）、Ágnes Lublóy（2005）、Müller J.（2006）、Degryse H. 和 Nguyen G.（2007）、Mervi Toivanen（2009）、Giulia Iori 等（2008）、Moussa（2011）和 Cont 等（2012）、Prasanna Gai 等（2011）以及 Solorzano - Margain 等（2013）分别对奥地利、德国、匈牙利、瑞士、比利时、芬兰、意大利、巴西、英国以及墨西哥的银行网络结构特征进行了分析。

Michael Boss 等（2004）[①] 对奥地利银行网络结构进行了实证分析，发现银行间网络的度分布遵循幂律度准则，且较其他众多真实世界的复杂网络而言，奥地利银行网络具有典型的结构性特征，即一个较低的聚集系数和一个较短的平均路径长度。

Upper 和 Worms（2004）[②] 则发现德国的银行间市场呈现出上下两层的双层网络结构，下层银行包括了大多数储蓄银行以及所有的合作性银行，这些银行除了吸收其他银行的存款之外，很少和其他种类的银行发生直接连接，而上层银行主要是由商业性银行、10 家左右的储蓄银行、合作性中心银行以及其

---

① Michael Boss, Helmut Elsinger, Martin Summer & Stefan Thurner. Network topology of the interbank market [J]. Quantitative Finance, 2004, 4 (6): 677 – 684.

② Christian Upper, Andreas Worms. Estimating bilateral exposures in the German interbank market: Is there a danger of contagion? [J]. European Economic Review, 2004 (48): 827 – 849.

他各类银行组成的。下层银行主要与少数的旗舰银行保持联系，而上层银行则会与各种不同种类的银行发生借贷关系，因此，上层银行网络结构较下层更接近于完全市场结构。芬兰的银行市场结构与德国类似，银行间市场呈三层结构：最上层为三家大型银行（Sampo、Nordea 和 Pohjola），它们能够进入国际资本市场，减少了对国内银行间市场的依赖，且相互之间存在借贷关系；第二层主要是由中等规模的金融机构组成，能够从更大的银行获得融资，也能够进入国际资本市场；第三层则主要是由小型地方性银行构成。其银行市场包括了大约 360 家单独的信贷机构，银行部门高度集聚，三家主要的银行占总市场的比重大于 90%（Mervi Toivanen，2009）。

Müller J.（2006）[①] 对瑞士银行系统进行了分类，对银行的市场结构进行了分析，其中，州银行以及区域银行构成了两个具有不同特征的子网络，前者是同密度的均质子网络，后者是高度集中的子网络，集中度高的银行网络较均质网络而言，传染风险也更大。

Ágnes Lublóy（2005）[②] 认为匈牙利银行间市场结构类似于多重货币中心结构，其银行系统主要由 39 家银行构成，15 家大型匈牙利银行扮演着货币中心的角色，其相互之间联系密切，并与其他的银行机构相连接。而随着时间的推移，比利时的银行间市场结构则由完全市场结构转变为了多重货币中心结构，四家大型银行占有了银行业总资产的 85%，且银行间市场交易基本上都会涉及这四家大型银行（Degryse H. & Nguyen G.，2007）。

Giulia Iori 等（2008）[③] 发现以度分布（degree distribution）来衡量网络结构特征的话，意大利银行网络结构不是无标度网络，是相对随机的网络结构，但是较纯随机网络结构而言，其存在明显的厚尾分布。Moussa（2011）[④] 和 Cont 等（2012）[⑤] 采用巴西 2007~2008 年金融机构相互风险暴露及资本水平的相关数据，发现巴西金融机构间的连通度和风险暴露规模具有异质性，巴西

① Müller, J. Interbank Credit Lines as a Channel of Contagion [J]. Journal of Financial Services Research, 2006, 29 (1), 37–60.

② Ágnes Lublóy. Domino effect in the Hungarian interbank market [M]. Mimeo, 2005.

③ Giulia Iori, Giulia De Masi, Ovidiu Vasile Precup, Giampaolo Gabbi, Guido Caldarelli. A network analysis of the Italian overnight money market [J]. Journal of Economic Dynamics & Control, 2008 (32): 259–278.

④ Amal Moussa. Contagion and Systemic Risk in Financial Networks [D]. Manhattan: Columbia University, Graduate School of Arts and Sciences, 2011.

⑤ Rama Cont, Amal Moussa & Edson B. Santos. Network structure and systemic risk in banking systems [W]. Working Paper, April, 2012.

的银行网络可以用直接的无标度网络来度量。

　　Prasanna Gai 等（2011）以 2008 年一季度银行间的风险暴露数据构建了英国的银行网络结构，由 24 家银行组成，其中五家中大型银行处于网络的核心，彼此联系密切，并与其他的银行相互连接，余下的中小型银行位于外围，且不存在直接连接。Solorzano – Margain 等（2013）① 对墨西哥的金融系统进行了研究，构造了银行间网络以及包括了金融中介在内的墨西哥金融网络结构，142 家金融机构中有 40 家银行、32 家证券经纪公司、32 家投资基金、17 家养老基金以及 21 家国际银行。其银行间网络接近于随机网络结构，而金融网络则呈现出层次性的特征，银行处于网络的中心，国内金融机构围绕着银行，而国际银行则散布于网络的外围且彼此之间没有直接连接。图 2 – 1 给出了以上各国的银行网络结构。

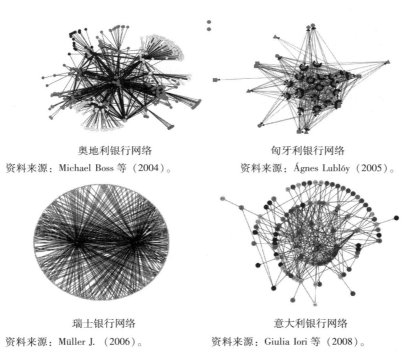

奥地利银行网络
资料来源：Michael Boss 等（2004）。

匈牙利银行网络
资料来源：Ágnes Lublóy（2005）。

瑞士银行网络
资料来源：Müller J.（2006）。

意大利银行网络
资料来源：Giulia Iori 等（2008）。

---

　　① Juan Pablo Solorzano – Margain，Serafin Martinez – Jaramillo，Fabrizio Lopez – Gallo. Financial contagion：extending the exposures network of the Mexican financial system［J］. Comput Manag Sci，2013（10）：125 – 155.

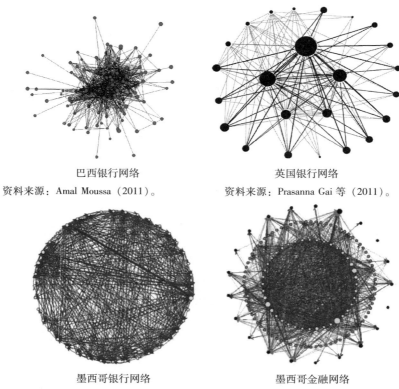

巴西银行网络

资料来源：Amal Moussa（2011）。

英国银行网络

资料来源：Prasanna Gai 等（2011）。

墨西哥银行网络

墨西哥金融网络

资料来源：Solorzano – Margain 等（2013）。

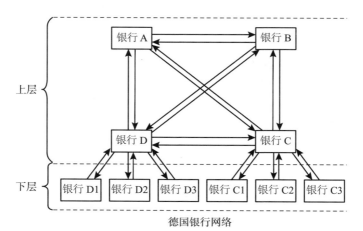

德国银行网络

资料来源：Upper & Worms（2004）。

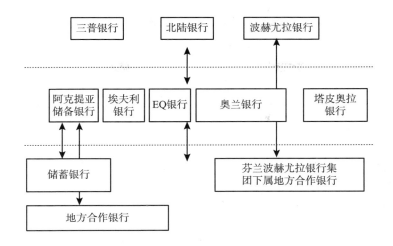

芬兰银行网络

资料来源：Mervi Toivanen（2009）。

图 2 – 1 各国银行网络结构

综上可以发现，以上各经济体的银行网络结构具有明显的差异性。奥地利银行均具有小世界网络的结构特征，巴西银行网络在一定程度上服从无标度网络的幂律分布特征，瑞士银行网络呈现出稀疏和集中的网络结构特点，匈牙利、比利时和英国的银行网络拥有多个货币中心，德国和芬兰的银行网络则分别呈现双层和三层的结构特征，而意大利银行网络和墨西哥金融网络结构则接近于随机网络。一国的银行网络结构与其银行业发展状况密切相关，还会受到银行机构规模、数目以及经营业务范围等因素的影响。因此，有必要依据中国银行业发展的实际状况探讨我国的银行网络结构。

第二节 中国银行系统网络模型的构建

一、中国银行系统的发展现状

银行体系在整个国民经济中发挥着重要作用，过去十年间，我国银行系统发展迅速，组织体系不断健全，资产负责规模稳定增长。

2006 年，中国共有国有商业银行 5 家、政策性银行 3 家、股份制商业银行 12 家、城市商业银行 113 家、城市信用社 78 家、农村信用社 19348 家、农村商业银行 13 家、农村合作银行 80 家。在经历了国有商业银行股份制改革，以及信用合作社的整合调整之后。截至 2013 年底，共有大型商业银行 5 家、政策性银行 3 家、股份制商业银行 12 家、城市商业银行 145 家、农村信用社 1803 家、农村商业银行 468 家、农村合作银行 122 家、村镇银行 987 家。农村金融机构得到了长足的发展，此外，中小银行业金融机构资产规模的市场份额达到了 22.57%，银行业的组织体系较以前更加完善。[①]

2006 年，中国银行业金融机构资产总额 43.95 万亿元，负债总额 41.71 万亿元。其中，国有商业银行资产及负债分别占比 51.3% 和 51%，股份制商业银行则分别占比 16.2% 和 16.5%，而城市商业银行的资产及负债的占比均是 5.9%。随着中国经济的快速平稳发展，银行业的资产负债规模有了巨大的增长。截至 2014 年，中国银行业金融机构资产总额 134.79 万亿元，负债总额 125.09 万亿元，较 2006 年分别增长了 206.68% 和 199.90%，年均增长率分别高达 10.09% 和 9.26%。其中，大型商业银行资产及负债分别占比 41.21% 和 41.07%，股份制商业银行则分别占比 18.21% 和 18.41%，而城市商业银行的资产及负债占比分别是 10.49% 和 10.52%，农村金融机构的资产及负债分别占比 12.83% 和 12.80%。大型商业银行的资产负债占比有了明显下降，市场竞争度有所提高。[②]

与此同时，中国的银行间市场也在快速发展，银行间市场规模也在不断增长，仅 2015 年 5 月，银行间同业拆借市场的成交额就高达 115986.95 亿元（见图 2 - 2）。通常意义上的银行间市场主要指的是银行间同业市场以及银行间拆借市场，银行机构通过银行间市场连接在一起，构成了一个复杂的银行网络。

中国的银行间市场一般指的是全国银行间同业拆借中心，主要包括银行间外汇市场、货币市场、债券市场以及汇率和利率衍生品市场。其中，货币市场和债券市场构成了银行间本币市场，其主要通过质押式回购、买断式回购、现

---

① 相关统计数据来自《中国金融稳定报告 2007》及《中国金融稳定报告 2014》。

② 相关数据依据中国银行业监督管理委员会网站（http://www.cbrc.gov.cn/index.html）公布的统计信息整理计算得出。

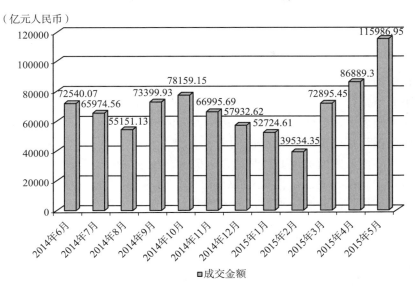

图 2 - 2 中国银行间同业拆借成交额（2014 年 6 月～2015 年 5 月）

资料来源：依据中国货币网相关统计数据整理计算得出。

券买卖、利率互换、债券远期等方式对央行票据、国债、金融债、企业债等进行交易。银行间市场是当前中国交易量巨大的金融市场之一，成交金额逐年稳步增长（见图 2 - 3）。其市场成员规模也在不断增长，截至 2014 年底，本币市场共有市场成员 7369 家，其中商业银行 336 家，政策性银行 3 家，农村金融机构 873 家，基本包含了我国所有的银行机构。鉴于银行间市场的重要性，以及银行间市场的网络结构特征，中国银行系统的网络构建以及银行网络系统性风险的分析均在其基础上进行。

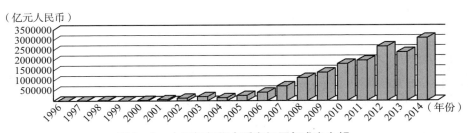

图 2 - 3 中国银行间本币市场历年成交金额

资料来源：中国货币网（http：//www.chinamoney.com.cn/fe/Channel/2360），2015 年 6 月 22 日。

二、数据

在中国银行系统的网络构建中，每一个银行机构即为一个节点，节点之间的边则表示银行间的债权债务关系。节点的大小用该机构的资产规模来度量，边的权重则表示债权债务的规模，边的方向体现的是银行间的借贷关系。银行间债权用银行资产负债表中存放同业和其他金融机构款项以及拆出资金来代表，银行间债务则通过同业和其他金融机构存放款项以及拆入资金来代表。

鉴于中国银行业的金融机构数量过多，而非银行类金融机构大多规模较小，且具有很强的地域局限性，因此网络样本限定于银行机构。选取 25 家银行作为样本代表①，进而构建中国 2008 年、2011 年和 2014 年的网络结构模型②。网络样本包括了大型商业银行、股份制商业银行、政策性银行以及部分城市商业银行，样本银行占银行业全部资产的份额较大（见表 2 - 1），具有较强的代表性。未入选样本的其他银行，对其相关指标进行汇总整理，与所有外资银行一起单独作为网络中的两个机构节点。

25 家样本银行的数据主要来自 Wind 数据库、中国金融统计年鉴以及各银行相应年份的年报及相关财务报表，样本银行各年的资产、负债、银行间债权和银行间债务数据见附表 1 ~ 附表 3。其他银行的相关财务指标，通过银行业监督管理委员会公布的统计数据整理计算得出，外资银行的资产及负债数据则来自于中国国家统计局网站③。需要说明的是，中国邮政储蓄银行未公布 2014 年相关指标数据，以 2013 年的数据加以替代。

---

① 样本银行具体包括大型商业银行（5 家）——中国银行、中国建设银行、中国工商银行、中国农业银行、交通银行；股份制商业银行（14 家）——中国民生银行、华夏银行、招商银行、中信银行、兴业银行、中国光大银行、上海浦东发展银行、广发银行、渤海银行、浙商银行、恒丰银行、平安银行、深圳发展银行、中国邮政储蓄银行；政策性银行（3 家）——国家开发银行、中国进出口银行、中国农业发展银行；城市商业银行（3 家）——北京银行、南京银行、宁波银行。

② 截至 2008 年，除农业银行外，其他国有商业银行均已完成股份制改革，银行体系得到较大改善，选取 2008 年构建银行网络能够体现出股份制改革对我国银行体系的影响；经历了金融危机的洗礼之后，选取 2011 年构建银行网络能够将金融危机对我国银行体系的影响纳入考虑；选取 2014 年构建银行网络则是为了体现我国银行体系目前的发展状况。

③ 其他银行的银行间债权债务无法直接获得，本书用 25 家样本银行的银行间债权债务与其资产负债的平均占比来进行估算，外资银行的业务主要在中国境内发生，其银行间债权债务直接用其资产负债来表示。

表 2 – 1 网络样本银行占比统计

银行分布	资产			负债		
	2008 年	2011 年	2014 年	2008 年	2011 年	2014 年
样本银行（%）	69.32	65.76	75.03	69.59	65.96	75.55
其他银行（%）	28.47	32.18	23.53	28.07	31.83	22.90
外资银行（%）	2.20	2.06	1.44	2.34	2.20	1.55
全部银行（亿元）	623912.9	1132873	1723355	586015.6	1060779	1600222

2008 年，中国银行业金融机构的总资产为 623912.9 亿元，样本银行所占比重为 69.32%，2014 年的中国银行业金融机构总资产增长到 1723355 亿元，样本银行所占比重也上升到 75.03%。伴随着资产规模的增加，2008 ~ 2014 年，中国银行业总负债从 586015.6 亿元增至 1600222 亿元，样本银行所占比重也从 69.59% 上升到 75.55%。与此同时，其他银行和外资银行的占比则有所下降①。

三、方法

在现实的经济生活中，银行通常不公布其双边借贷数据，而且各国中央银行除奥地利央行和墨西哥央行外，其他中央银行也均未做相关的统计。因此，银行间真实的双边借贷数据通常无法从公开渠道获得，银行间市场的真实结构一般是不知道的。在此，本书采用 Martin Summer 等（2005）所用的方法，对银行间双边借贷的分布提出假设②，进而采用最大熵和最小相对熵估计的方法对银行间双边借贷数据进行估算。

银行间的借贷关系可以用矩阵 L 来表示，由于银行不会直接与自身发生借贷关系，故其借贷矩阵的主对角线上的元素应为 0，矩阵需要进行相应的调整，调整后的银行间借贷矩阵可用 L^* 来表示，如图 2 – 4 所示。

---

① 需要注意的是，其他银行是除样本银行外其他国内银行的加总，而外资银行则包括了中国境内的所有外资银行，故在银行网络中，两者的银行间债权债务的权重较其他银行机构明显偏高。将其他所有的银行和所有的外资银行单独视为两个机构节点，可以在一定程度上反映中小银行机构和外资银行的整体发展变化，但是，忽视这两个节点内部各银行机构间的连接以及它们与样本银行间的连接，会导致构建的中国银行网络结构和真实的银行网络结构存在一定的差异。不过就我国现阶段的银行信息发布状况而言，尚不能从技术上有效解决这一问题。

② 由于无法获得银行间双边借贷的真实数据，在此，银行间双边借贷的分布以先验矩阵 U 进行假设。

$$
L^* = \begin{bmatrix} 0 & \cdots & l_{1j} & \cdots & l_{1N} \\ \vdots & \ddots & \vdots & \ddots & \vdots \\ l_{i1} & \cdots & 0 & \cdots & l_{iN} \\ \vdots & \ddots & \vdots & \ddots & \vdots \\ l_{N1} & \cdots & l_{Nj} & \cdots & 0 \end{bmatrix} \begin{matrix} e_1 \\ \vdots \\ e_i \\ \vdots \\ e_N \end{matrix}
$$

$$
\begin{matrix} d_1 & \cdots & d_j & \cdots & d_N & \sum i \sum j \end{matrix}
$$

图 2 - 4　银行间借贷矩阵

其中，N 表示市场中银行机构的数目，元素 l_{ij} 表示银行 i 贷款给银行 j 的数额，元素 l_{ji} 则表示银行 i 从银行 j 借款的数额。$e_i = \sum_j l_{ij}$ 表示的是银行 i 为其他所有银行提供的贷款，$d_j = \sum_i l_{ij}$ 则表示的是银行 j 从其他所有银行所获得的借款，$\sum_i e_i = E$，$\sum_j d_j = D$，且 $E = D$。由于只能得到 e_i 和 d_j 的值，l_{ij} 的值无法观察获得，那么矩阵 L 中有 $N^2 - 2N$ 个元素无法得知，其不能够被识别。因此，需要对银行间双边借贷分布提出假设，进而估算银行间双边暴露 l_{ji}。

本书采用 RAS 算法和最大熵方法来进行估算，假设总共有 K 个约束条件，这些约束条件包括了对矩阵行之和、列之和以及特定元素值的所有约束，可以将这些约束条件写为：

$$
\sum_{i=1}^{N} \sum_{j=1}^{N} a_{kij} l_{ij} = b_k \tag{2-1}
$$

其中，$k = 1$，$\cdots$，K，且 $a_{kij} \in \{0, 1\}$。

由于先验信息很少，假设先验矩阵 U 除主对角元素为 0 外，其他元素全部为 1，主对角元素为 0 是因为银行不会直接与自身产生债权债务关系。然后采用交叉熵方法，设法使借贷矩阵 L 与先验矩阵 U 的差异最小化。交叉熵方法可进一步表示为：

$$
C(L, U) = \sum_{i=1}^{N} \sum_{j=1}^{N} l_{ij} \ln\left(\frac{l_{ij}}{u_{ij}}\right) \tag{2-2}
$$

其中，所有的矩阵均满足式（2-1），为了符合数学含义，当 $l_{ij} = 0$，且 $u_{ij} = 0$ 时，将 $0\ln\left(\frac{0}{0}\right)$ 定义为 0。关于借贷矩阵 L 的估计结果，其约束条件并不总是一致的。由于银行间债权债务关系发生在所有银行之间，因此，样本中所有银行的银行间债务之和并不等于其银行间债权之和，在此，则采用归一化处理来解决这一问题。本书的目标是使 $C(L, U)$ 最小化①以满足式（2-1）中的约束条件。银行间双边借贷矩阵的估计结果见附表4~附表6。

四、中国银行网络的构建

按照前述的估算方法，分别求出2008年、2011~2014年的银行间双边借贷矩阵 L（共27家，包括其他银行和外资银行），在此矩阵的基础上，对其进行归一化处理，然后使用 Gephi 软件绘制出各年的中国银行网络结构图。

银行网络结构图中的节点大小依据银行资产规模进行等比缩放设定，以观察银行规模的大小与银行间连接强度是否存在相关关系，节点越大则表明银行资产规模越大；节点间的边依据银行间债权债务数据进行加权设定，边越粗，则表明银行间债权债务规模越大，连接强度越强；边箭头指向债权方，如果两个银行间的边均有箭头指向对方，则表明两者之间相互存在债权债务关系，如果只有一个箭头，则表示仅有一方对另一方有债权关系。

从图2-5~图2-7的中国银行网络结构图中可以发现，中国银行网络呈现出一定的层次性特征，中心层是重要节点，第二层是比较重要的节点，第三层则是外围节点。2008年和2011年，该网络有27个节点，702条边；2014年，该网络有26个节点②，650条边。从网络中的节点大小和连接强度来看，可以发现节点规模越大则连接强度往往也越强，即资产规模越大的银行，通常与其他银行的债权债务关系越密切。

2008年，外资银行虽然资产规模较小，但是处于中国银行网络的中心，这是因为外资银行节点包括了多家外资银行机构，其债权债务的规模比重明显偏高，中国银行、工商银行、建设银行、农业银行和交通银行则分散在外资银行的周围，是网络的重要节点；民生银行、招商银行、光大银行、兴业银行等处于网络的第二层，是比较重要的网络节点；渤海银行、浙商银行、恒丰银行、南京银行等则处于网络的外围，是网络的外围节点，主要与中心层及第二层的银行节点相连接，彼此之间的连接强度较弱。这里需要注意的是，其他银

---

① 借贷矩阵 L 与真实的双边借贷矩阵存在差异，$C(L, U)$ 最小化主要是为了减小这种差异。

② 2014年，深圳发展银行和平安银行进行了合并和整合，合并后统称平安银行，故2014年银行网络节点数减少1个。

行节点虽然资产规模较大，但仍处于网络的外围，主要是因为其包含的数量众多的银行机构发展还不够充分，在银行网络中仍处于次要地位。

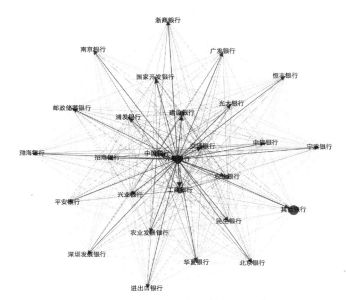

图 2 - 5　中国银行网络结构（2008 年）

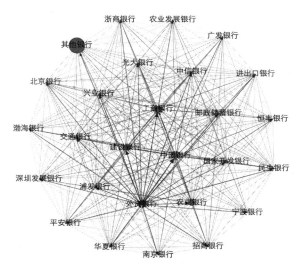

图 2 - 6　中国银行网络结构（2011 年）

2011 年，工商银行、中国银行和建设银行处于网络的中心层，是网络中的重要节点；农业银行、交通银行、浦发银行、兴业银行、中信银行以及外资银行等处于网络的第二层，是比较重要的网络节点；广发银行、招商银行、宁波银行、南京银行等则处于网络的外围，是网络的外围节点。农业银行和交通银行进入网络的第二层，在一定程度上表明，经历了国有银行的股份制改革以后，我国银行体系内的竞争性有所提高，不再是完全以五大国有商业银行为中心。与此同时，外资银行节点的债权债务比重虽仍较高，但其不再是网络的中心，而其他银行节点虽然仍处于网络的外围，但其节点规模显著增加，连接强度也有所增强。这反映了中国银行业的快速发展，其整体规模和实力均明显提高。

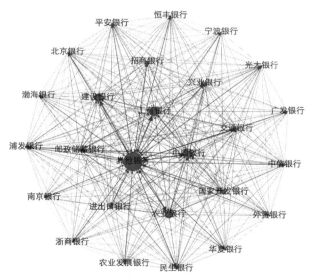

图 2 - 7 中国银行网络结构（2014 年）

2014 年，工商银行、中国银行以及其他银行处于网络的中心层，建设银行、农业银行、交通银行、招商银行等位于网络的第二层，外资银行、华夏银行、光大银行、平安银行等则处于网络的外围。其他银行节点进入网络的中心层，外资银行节点进入网络的外围，进一步表明了中国银行业强势的发展势头。伴随着民营资本的进入以及金融业的快速发展，银行机构数量和规模快速增加，中小型银行在银行体系中的地位不断提高，其他银行节点规模及连接强度的显著增大则体现了这方面的变化。

2008 年、2011 年和 2014 年中国银行网络结构的变化，体现了中国银行业快速发展的趋势，也表明中国银行系统的组织体系在不断完善，银行体系内的竞争业态在不断优化。

第三节　中国银行网络的统计性质分析

从 2008 年、2011 年和 2014 年的中国银行网络结构图中可以观察到，中国银行网络呈现出一种层次性和复杂性的结构特征，一些连接强度高的银行机构在网络中扮演着"中心"的角色，其他的银行机构则处于"中心"的周围以及网络的外围。在此，本书从网络的统计性质方面，对中国银行网络结构的特征进行分析。

一、节点的度分布

节点的度，这里主要指含权度，在一定程度上体现了银行机构间的这种地位差异，机构节点的含权度越大，越可能处于网络的中心，含权度越小，则越可能处于网络的外围。表 2 - 2 给出了银行网络节点度、入度及出度的描述性统计，这里的度均指的是含权度。节点的度表示的是该银行机构债权债务规模占总体的比重，入度表示的是债务规模占总体的比重，出度则表示的是债权规模占总体的比重。

从描述性统计的结果中可以看出，2008 ~ 2014 年，机构节点度、入度及出度的最小值和 5% 分位数基本不变，中位数则有所增大，分别从 2.7、1.4 和 1.3 增至 3.4、1.6 和 1.4，在一定程度上表明银行间市场的整体规模在逐步扩大；与此同时，机构节点度、入度及出度的 95% 分位数相对比较稳定，而最大值和标准差均明显减小，分别平均减小了 50.43% 和 48.85%，表明单个大型银行机构债权债务规模占比过大的情况有所改善，银行机构间债权债务规模的整体差异度有所减弱。为了进一步研究银行机构节点的度分布，图 2 - 8 给出了节点度、入度及出度与其互补累积分布（complementary cumulative distribution)① 的双对数图，从图中可以看出节点度、入度及出度在对数刻度下呈现出一定的线性衰减趋势，表明其在一定程度上服从幂律分布。

表 2 - 2　　中国银行网络节点度、入度及出度的描述性统计

节点度（含权）	2008 年	2011 年	2014 年
均值	4	4	4
标准差	4.793805	2.96357	2.373338
中位数	2.737	3.084	3.443
5% 分位数	2.035889	2.169514	2.195714
95% 分位数	7.569766	7.861416	7.265211
最小值	2.014	2.055	2.029
最大值	26.9	16.85	13.37
入度（含权）	2008 年	2011 年	2014 年
均值	2	2	2
标准差	2.080199	1.403918	1.056344
中位数	1.4	1.459	1.649
5% 分位数	1.00517	1.04537	1.074155
95% 分位数	4.001081	4.266559	3.788796
最小值	1.002	1.035	1.024
最大值	11.55	7.518	5.555
出度（含权）	2008 年	2011 年	2014 年
均值	2	2	2
标准差	2.743615	1.633779	1.457927
中位数	1.337	1.543	1.4
5% 分位数	1.014231	1.076986	1.053214
95% 分位数	3.641426	3.852691	3.637692
最小值	1.003	1.014	1.006
最大值	15.35	9.328	7.818

---

① 互补累积分布函数通常被定义为 $\overline{F}(x) = P(X > x) = 1 - F(x)$。

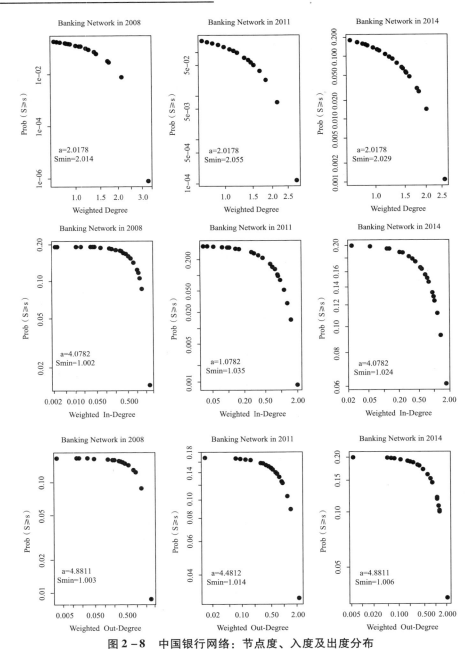

图 2－8　中国银行网络：节点度、入度及出度分布

注：Weighted Out－Degree 为出度；Weighted in－Degree 为入度；Bank Network 为银行网络。

二、聚类系数

聚类系数体现的是网络的聚集特征，银行网络中某一银行机构节点 i 的聚类系数，则在一定程度上体现了该机构的凝聚力和辐射力。机构节点的聚类系数越大，则以该机构为核心，越容易形成小集团结构。现有研究显示，如果节点聚类系数服从节点度的幂律分布，则网络存在层次结构，即网络节点聚合成很多小群体，而这些小群体又在某一个层次上聚合成较大的群体，如此形成一个个分层次的群体结构[1]。

图 2-9 给出了中国银行网络节点聚类系数与节点度关系的双对数图，从图中可以看出，在对数刻度下，两者呈现出明显的线性相关关系，表明节点聚类系数服从节点度的幂律分布，这也就解释了中国银行网络图中为何会呈现出明显的层次性特征。此外，从图中还可以发现，机构节点的度越大，其对应的聚类系数越小，表明节点度越小的银行机构，其交易对手之间联系越紧密，节点度越大的银行机构，其交易对手之间联系越稀疏，在中国银行网络图中即表现为中心层和第二层的机构节点之间联系相对紧密，外围的机构节点之间的联系则相对较弱。

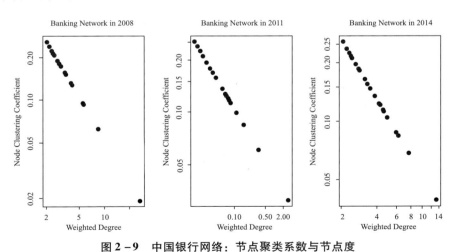

图 2-9 中国银行网络：节点聚类系数与节点度

注：Node Clustering Coefficient 为节点聚类系数；Bank Network 为银行网络；Weighted Degree 为节点度。

---

① 何大韧等．复杂系统与复杂网络［M］．北京：高等教育出版社，2012：128.

三、中心度

中心度主要是从度、紧密性以及介数等方面对节点的中心性和重要程度进行度量，在此，本书主要考察节点的度中心度，其取值范围在 0～1。机构节点的度中心度越大，则其中心度越强，越可能处于网络的中心位置。

表 2－3 为 2008 年、2011 年及 2014 年中国银行网络的节点度中心度，其给出了各节点所对应的具体银行。从表中可以发现，2008 年外资银行的节点度中心度最大，为 1.0347，故其当时处于银行网络的中心，2014 年时则下降至 0.0987，进入了银行网络的外围。与此同时，其他银行节点的度中心度则从 2008 年的 0.0936 上升至 2014 年的 0.5349，其网络位置也由外围进入了中心层。因此，节点的度中心度的变化解释了各银行机构节点在银行网络中位置的变化，图 2－10 中直观地显示了各银行节点度中心度的具体变化。从图中可以发现，除外资银行和农业发展银行的节点度中心度下降之外，余下样本银行的节点度中心度整体呈上升的变化态势。其中，外资银行和其他银行的节点度中心度变化极为显著，农业银行、中信银行、国家开发银行、邮政储蓄银行的节点度中心度均有较明显的提高，而工商银行和中国银行的节点度中心度则始终在高位保持相对稳定，处于银行网络的中心层，在一定程度上扮演着系统重要性银行的角色。

表 2－3　　　　　　　　　　　中国银行网络的节点度中心度

银行	节点	2008 年	2011 年	2014 年
平安银行	1	0.0908	0.0956	0.1125
宁波银行	2	0.0789	0.0832	0.0886
浦发银行	3	0.1302	0.1579	0.1412
华夏银行	4	0.0960	0.1033	0.1055
民生银行	5	0.1064	0.1274	0.1538
招商银行	6	0.1277	0.1186	0.1410
南京银行	7	0.0791	0.0840	0.0876
兴业银行	8	0.1334	0.1623	0.1693
北京银行	9	0.0896	0.1138	0.1149
农业银行	10	0.1514	0.1713	0.2384

续表

银行	节点	2008 年	2011 年	2014 年
交通银行	11	0.2111	0.1677	0.1833
工商银行	12	0.2171	0.2383	0.2486
光大银行	13	0.1149	0.1197	0.1264
建设银行	14	0.1592	0.2022	0.1993
中国银行	15	0.3229	0.3298	0.3046
中信银行	16	0.1053	0.1786	0.1345
广发银行	17	0.0909	0.0895	0.0812
国家开发银行	18	0.1145	0.1474	0.1725
恒丰银行	19	0.0808	0.0888	0.0978
浙商银行	20	0.0781	0.0839	0.0953
进出口银行	21	0.0825	0.1126	0.1548
农业发展银行	22	0.1111	0.0790	0.0959
邮政储蓄银行	23	0.0925	0.1673	0.1865
渤海银行	24	0.0775	0.0841	0.0928
深圳发展银行	25	0.0838	0.0956	NA
其他银行	26	0.0936	0.1037	0.5349
外资银行	27	1.0347	0.6479	0.0987

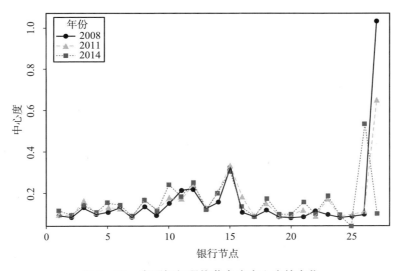

图 2 - 10 中国银行网络节点度中心度的变化

四、其他统计性质

前述介绍的网络相关统计性质还包括平均聚类系数、平均路径长度以及中心化程度，表 2 - 4 给出了其相关统计结果。平均路径长度度量的是连接任意两个机构节点所需的平均距离，中心化程度体现的则是节点度中心度的差异性，在全连通的含权有向网络中，两项指标的值主要受到网络节点数目的影响，模糊了原有的经济学意义，在此不做过多分析。平均聚类系数体现的是网络整体的聚集性特征，取值范围值在 0 ~ 1，值越大则网络的聚集性越强，集团性的特征也越明显。2008 年，中国银行网络的平均聚类系数为 0.1828，到 2014 年则下降至 0.1580，表明中国银行网络的整体聚集性有所下降，集团性特征有所减弱，这也与中国银行业的现实发展状况相符。

表 2 - 4　　　　　　　　　中国银行网络的其他统计性质

统计性质	2008 年	2011 年	2014 年
平均聚类系数（Cl_w^{Avg}（g））	0.1828	0.1640	0.1580
平均路径长度（L_w）	0.0769	0.0769	0.0800
中心化程度（Hub）	0.0385	0.0385	0.0400

结合前述分析可以发现，中国银行网络的各项主要统计性质在不同程度上遵循幂律规则，符合无标度网络结构的特征，且网络结构具有少数的货币中心以及明显的层次性。因此，从宏观拓扑结构来看，中国银行网络是一个具有层次性特征的无标度网络。与同规模的随机网络相比，中国银行网络的聚类系数更大，平均最短路径的长度更短；较同规模小世界网络而言，中国银行网络的"货币中心"型节点在网络风险传染的过程中的作用更为重要。

第四节　本章小结

本章首先对国外部分经济体的银行网络结构进行了概述，简单介绍了奥地利、德国、匈牙利、瑞士、比利时、芬兰、意大利、巴西、英国以及墨西哥的银行网络结构特征，发现以上各经济体的银行网络结构具有明显的差异性。主要体现为小世界网络、无标度网络和随机网络的结构特点，且部分经济体的银行网络拥有"货币中心"型的银行机构，或具有分层的结构特征。

其次，采用最大熵和最小相对熵估计的方法，选取了25家样本银行，分别构建了2008年、2011年以及2014年的中国银行网络结构图，发现中国银行网络呈现出一种层次性和复杂性的结构特征，一些连接强度高的银行机构在网络中扮演着"中心"的角色，其他的银行机构则处于"中心"的周围以及网络的外围。

最后，从网络的统计性质出发，分别对中国银行网络的节点度（入度及出度）分布、聚类系数以及度中心度等进行了分析。发现在中国银行网络节点度、入度及出度与其互补累积分布的双对数图中，节点度、入度及出度在对数刻度下呈现出一定的线性衰减趋势，且节点聚类系数与节点度在对数刻度下也呈现出明显的线性相关关系。这表明中国银行网络的各项主要统计性质在不同程度上遵循幂律规则，符合无标度网络结构的特征，是一个拥有少数货币中心且具有三层结构特征的银行网络。

第 三 章

银行网络的"系统重要性银行"分析

伴随着系统性风险等相关概念的出现，2008 年的金融危机再次引发了关于金融监管的讨论，监管思路也从以往的微观审慎监管进一步扩展到宏观审慎监管。在系统性风险的监管方面，对于监管者而言，一个关键的问题是如何确认那些所谓的"系统重要性金融机构"（Systemically Important Financial Institution，SIFIs）。金融稳定委员会（Financial Stability Aboard，2010）将系统重要性金融机构定义为"那些受到资产规模、业务复杂性以及系统连通度等因素的影响，其失败破产将导致金融系统和实体经济活动大范围失衡的金融机构"[①]。鉴于系统重要性金融机构可能产生较强的"负外部性效应"，依据巴塞尔协议Ⅲ，这些机构需要面对一项 1% 的附加资本要求，在中国该附加资本要求体现为风险加权资产的 1%，通过核心一级资本来满足[②]。对于银行系统而言，"系统重要性银行"（Systemically Important Banks，SIBs）即为"那些因自身倒闭破产无法向债权人履行义务，并将对整个银行体系和实体经济产生显著负向影响的银行机构"。

那么，如何确认这些系统重要性银行，则是实行银行业宏观审慎监管框架的核心问题之一。现有的研究主要从两个不同视角出发，一类是基于资产和负债的角度来考虑，主要关注银行资产负债头寸的结构模型（如 Greenwood et al.，2012[③]；Gouriéroux et al.，2012[④]），然而，这一研究视角所需的相关数据

[①] Recommendations F，Lines T. Reducing the Moral Hazard Posed by Systemically Important Financial Institutions [W]. Financial Stability Board，2010.

[②] 详见中国《商业银行资本管理办法》第二章第三节第二十五条。

[③] Greenwood R.，Landier A.，Thesmar D. Vulnerable Banks [W]. Working Paper，2012.

[④] Gouriéroux C.，Héam J. – C.，Monfort A. Bilateral exposures and systemic solvency risk [J]. Canadian Journal of Economics，2012，45（4）：1273 – 1309.

往往是不能公开获得的，如果监管者采用这一方法来确认系统重要性银行，则无法向市场有效传递其决策背后的依据；另一类则主要依赖于公开市场数据（如市场收益、总资产收益、最优价格或信用违约掉期等），其基本思路是以这些市场数据来揭示银行间的金融相关性，这些基于市场数据的方法主要先考察整个银行系统累计风险的度量，然后量化各个银行机构对系统整体风险的贡献度。这种情况下，系统性风险分析方法就与投资组合风险分析方法密切相关，两者的思路是一致的，即考察某一给定资产（单个银行机构）对投资组合（整个银行系统）风险的贡献度。

系统重要性银行对整个银行系统的稳定性极为重要，确认系统性重要银行是实施宏观审慎监管框架的必要组成部分。文章第二章采用银行机构的度中心度进行了初步探讨，其关于系统重要性银行的分析结果在不同年度具有一定的差异性，在一定程度上表明银行的系统重要性程度具有动态演变的特征。因此，有必要对系统重要性银行进行针对性分析。除对银行的系统重要性程度进行确认之外，还应探讨系统重要性银行的影响因素，从银行自身经营因素、监管因素及宏观经济因素等多个方面出发，把握银行机构系统重要性程度的动态演变规律，进而为宏观审慎监管框架的制定和监管政策的实施提供必要的参考依据。

第一节 银行机构的系统重要性程度分析

银行的系统重要性程度一般通过单个机构对银行体系的风险贡献度来度量。现有的研究方法主要分为两种，一种是基于财务数据和银行间交易数据，主要包括指标法和网络模型法；另一种则是基于市场收益率数据，其中以 MES、$SRISK$ 和 $\Delta CoVaR$ 的使用频率最高，此外，Jacob Kleinow 等（2014）[①]提出一种系统性风险指数法（Systemic Risk Index，SRI），能够相对有效地刻画风险传染机制下银行的系统重要性程度。由于银行的表外数据和银行间真实交易数据无法获得，在此，本章主要采用 $\Delta CoVaR$ 和 SRI 来分析中国银行网络中上市银行的系统重要性程度。

①　Jacob Kleinow，Andreas Horsch，Mario Garcia Molina. Determinants of Systemically Important Banks in Latin America［C］. 27th Australasian Finance and Banking Conference 2014 paper，May 5，2014.

一、$\Delta CoVaR$

VaR（the value at risk）是金融机构通常采用的风险度量方式，主要关注单个机构的风险水平。但是，单个机构的风险度量不能有效反映系统性风险水平，即整个金融系统稳定性受到威胁的风险概率水平。Tobias Adrian & Markus K. Brunnermeier（2011）[①] 提出了一种系统性风险的度量方式——$CoVaR$，即部分机构处于困境的条件下整个金融系统的 VaR 水平。他们将单个机构对系统性风险的贡献定义为单个机构处于困境时的 $CoVaR$ 值与它处于中间状态时 $CoVaR$ 值间的差异，用 $\Delta CoVaR$ 来表示。该度量方式具有两大优势，首先，传统的风险度量主要关注的是单个机构的风险水平，而 $\Delta CoVaR$ 关注的则是单个机构对整个系统风险水平的贡献度，如果只基于单个机构的风险来进行监管，则会导致系统性风险水平被低估；其次，对整个金融网络而言，$\Delta CoVaR$ 可以有效度量金融机构间的风险溢出效应，如 $\Delta CoVaR^{i \mid j}$ 就能够刻画出机构 i 陷入困境时机构 j 风险水平的增加。采用 $\Delta CoVaR$ 可以评估单个银行机构对银行业系统性风险水平的贡献度，在宏观审慎的监管政策方面具有较强的实用性。

（一）$\Delta CoVaR$ 的定义

$CoVaR$ 指的是其他银行机构陷入困境时部分银行机构的在险价值（VaR），换言之，$CoVaR$ 即为一个条件 VaR，是机构 j 在 $X^i = VaR^i_q$ 条件下的 VaR。VaR^i_q 通常被定义为 q 分位数，即：

$$\Pr(X^i \leqslant VaR^i_q) = q$$

其中，X^i 表示银行机构 i 的收益。需要注意的是，通常情况下计算出的 VaR^i_q 是负值，在实际应用中符号会被转换，但在 $CoVaR$ 的计算中这一符号转换不被采用。因此，$CoVaR^{j \mid i}$ 可以被定义为一个条件概率分布的 q 分位数，即：

$$\Pr(X^j \leqslant CoVaR^{j \mid i} \mid X^i \leqslant VaR^i_q) = q$$

那么，银行机构 i 对银行机构 j 的风险的贡献可以被定义为：

$$\Delta CoVaR^{j \mid i} = CoVaR^{j \mid X^i = VaR^i_q} - CoVaR^{j \mid X^i = Median^i}$$

如果把银行机构 j 假设为整个银行系统，那么，特定的银行机构 i 对银行系统的系统性风险贡献度即为：

---

① Tobias Adrian & Markus K. Brunnermeier. $CoVaR$ ［W］. NBER Working Paper No. 17454，September，2011.

$$\Delta CoVaR^{system\,|\,i} = CoVaR^{system\,|\,X^i = VaR_q^i} - CoVaR^{system\,|\,X^i = Median^i}$$

（二）$\Delta CoVaR$ 的估计方法

本章采用分位数回归来估计 $CoVaR$，首先，在给定银行机构 i 的分位数 q 的条件下来估算银行系统的预期收益：

$$\hat{X}_q^{system,i} = \hat{a}_q^i + \hat{\beta}_q^i X^i \qquad (3-1)$$

其中，$\hat{X}_q^{system,i}$ 表示整个银行系统在分位数 q 水平下的预期收益，X^i 表示银行机构 i 的收益。在方程（3-1）中，通过 q 分位数回归得到的银行系统的预期收益（$\hat{X}_q^{system,i}$），即为整个银行系统在银行机构 i 收益的条件下的 VaR。因此，银行系统收益在 $X^i = VaR_q^i$ 条件下的预期值即为 $CoVaR^{system\,|\,X^i = VaR_q^i}$，是整个银行系统在事件 $\{X^i = VaR_q^i\}$ 下的条件 VaR_q，可以表示为：

$$CoVaR^{system\,|\,X^i = VaR_q^i} := VaR^{system}\,|\,VaR_q^i = \hat{a}_q^i + \hat{\beta}_q^i VaR_q^i \qquad (3-2)$$

那么，单个银行机构 i 在分位数 q 水平下对整个银行系统的系统性风险贡献度可以通过下述方程（3-3）得到：

$$\Delta CoVaR^{system\,|\,i}$$
$$= CoVaR^{system\,|\,X^i = VaR_q^i} - CoVaR^{system\,|\,X^i = VaR_{50\%}^i}$$
$$= (\hat{a}_q^i + \hat{\beta}_q^i VaR_q^i) - (\hat{a}_q^i + \hat{\beta}_q^i VaR_{50\%}^i)$$
$$= \hat{\beta}_q^i (VaR_q^i - VaR_{50\%}^i) \qquad (3-3)$$

此外，通过引入一个控制变量函数，可以进一步刻画单个银行机构收益 X^i 和银行系统收益 X^{system} 的联合概率分布的时间变化，即考察随时间变化的 $\Delta CoVaR$。首先，对控制变量进行分位数回归分析：

$$X_i = \alpha^i + \gamma^i M_{t-1} + \varepsilon_t^i \qquad (3-4)$$
$$X_t^{system} = \alpha^{system\,|\,i} + \beta^{system\,|\,i} X_t^i + \gamma^{system\,|\,i} M_{t-1} + \varepsilon_t^{system\,|\,i} \qquad (3-5)$$

其中，X^i 表示银行机构 i 的收益，M_{t-1} 则表示滞后一期的控制变量向量。然后，通过方程（3-4）和方程（3-5）的预测值进一步获得 VaR_t 和 $CoVaR_t$：

$$VaR_t^i(q) = \hat{\alpha}_q^i + \hat{\gamma}_q^i M_{t-1} \qquad (3-6)$$
$$CoVaR_t^i(q) = \hat{\alpha}^{system\,|\,i} + \hat{\beta}^{system\,|\,i} VaR_t^i(q) + \gamma^{system\,|\,i} M_{t-1} \qquad (3-7)$$

最后，单个银行机构的 $\Delta CoVaR_t^{system\,|\,i}$ 则可以通过方程（3-8）得到：

$$\Delta CoVaR_t^{system\,|\,i}(q)$$
$$= CoVaR_t^i(q) - CoVaR_t^i(50\%)$$
$$= \hat{\beta}^{system\,|\,i}(VaR_t^i(q) - VaR_t^i(50\%)) \qquad (3-8)$$

通过方程（3-4）～方程（3-8）的回归分析，可以得到各银行机构 $\Delta CoVaR_t^{system\,|\,i}$ 的时间序列，进而观测各银行对银行系统系统性风险贡献度的时间变化趋势。

二、SRI

Jacob Kleinow 等（2014）在 *MES* 和 *CoVaR* 的基础上，采用银行股票日收益数据，提出了一种新的系统性风险度量方法——系统性风险指数（Systemic Risk Index，SRI）。这一方法综合考虑了单个银行机构和整个银行系统尾部风险间的关联效应，采用系统性风险贡献度（Systemic Risk Contribution，SRC）来反映单个银行机构陷入困境时对银行系统整体收益水平的平均影响，采用系统性风险敏感度（Systemic Risk Sensitivity，SRS）来反映单个银行机构对银行系统整体面临冲击时的敏感程度，然后依据此两种效应进一步确定单个银行机构在银行系统整体中的重要性程度。

（一）系统性风险贡献度（SRC）

银行机构 i 每日的收益率可以用 r^i 来表示，其市场风险水平用 VaR_q^i 的 q 分位数来度量。那么，系统性风险贡献度 SRC_q^i 可以被定义为一个条件期望，即银行机构 i 的收益率 r^i 小于其风险水平 VaR_q^i 时，整个银行系统相对于银行机构 i 的平均收益率水平，刻画的是当银行机构 i 处于压力状态时整个银行系统的相对表现状况，进而反映单个银行机构陷入困境时银行系统整体收益水平所受的平均影响，可以表示为：

$$SRC_q^i = E\left[\frac{r^{system}}{r^i}\,\Big|\,r^i \leqslant VaR_q^i\right] \tag{3-9}$$

（二）系统性风险敏感度（SRS）

系统性风险敏感度 SRS 与 MES 类似，均考察整个银行系统受到冲击，处于压力状态时各银行机构的相对表现状况，但是 SRS 采用收益率的比值考察了两者之间的尾部依赖关系，进而刻画单个银行机构对银行系统整体面临冲击时的敏感程度。系统性风险敏感度 SRS_q^i 也是一个条件期望，即整个银行系统的收益率 r^{system} 小于其风险水平 VaR_q^{system} 时，单个银行机构 i 相对于银行系统的平均收益率水平，可以表示为：

$$SRS_q^i = E\left[\frac{r^i}{r^{system}} \mid r^{system} \leqslant VaR_q^{system}\right] \qquad (3-10)$$

（三）系统性风险指数（*SRI*）

传染性风险是系统性风险的重要组成部分，在风险的传染机制中，银行机构面临着传染和被传染两种可能性，对于银行系统性重要性程度的度量需要综合考虑这两方面的效应。因此，*SRI* 被定义为 *SRC* 和 *SRS* 两者的均值，进而考察银行机构和银行系统的尾部依赖性，以及压力状态下的响应信息，具有无量纲化和经济意义容易理解的特点，是对 MES 和 $\Delta CoVaR$ 等方法的有效补充，SRI_q^i 可以进一步表示为：

$$SRI_q^i = \frac{SRC_q^i + SRS_q^i}{2} \qquad (3-11)$$

三、变量选取和数据描述

本书选取 2008～2014 年中国 16 家上市银行作为样本来分析银行的系统重要性程度，单个银行机构的收益水平和整个银行系统的收益水平分别采用各银行的股票收益率和中信银行指数的收益率来度量。

为了估算随时间变化的 $CoVaR_t$ 和 VaR_t，本书参照 Tobias Adrian & Markus K. Brunnermeier（2011）选取对应的变量来构成控制变量向量 M_t。其中，市场波动性指数（Volatility Index，VIX）用以刻画股票市场的隐含波动率，由于中国波动率指数（iVIX）于 2015 年 6 月 26 日刚刚发布，样本数据过少，无法进行有效分析，故该变量在此不予考虑；短期项目的流动性利差用以考察短期项目的流动性风险，在此采用 3 月期银行间质押式回购利率与国债发行利率的差异来度量，以 *Liqs* 来表示；由于 3 月期国债利率的变化对于金融部门市价资产收益的拖尾效应有显著的解释效果，本章采用 3 月期固定利率国债的发行利率来度量，以 *Rate* 来表示；此外，他们采用了两个固定收入因素来刻画资产回报随时间变化的尾部效应，分别是收益率曲线斜率的变化和信贷利差的变化，在此分别采用 10 年期国债到期收益率与 1 年期央行票据到期收益率的收益率价差，以及 10 年期的国债到期收益率与 10 年期 AAA 级商业银行普通债到期收益率的收益率价差来度量，分别以 *Yiesc* 和 *Cresc* 来表示；关于股票市场的收益，本章采用上证指数的收益率来度量，以 R_{Market} 来表示。相关变量的时间序列窗口为 2008~2014 年证券市场的交易日期，变量数据均来自于 Wind 数据库，表 3-1 和表 3-2 分别给出了相关控制变量的描述性统计与相关系数矩阵。

表 3-1　　　　　　　　　　　控制变量的描述性统计

变量	均值	标准差	最小值	最大值	偏离值	峰度
$Liqs$	0.0123	0.0110	-0.0180	0.0671	0.8376	1.1137
$Rate$	0.0267	0.0103	0.0080	0.0480	0.3892	-0.1897
$Yiesc$	0.0071	0.0059	-0.0057	0.0212	0.7099	-0.5425
$Cresc$	0.0057	0.0249	-0.0222	0.0460	0.5616	-1.5819
R_{Market}	0.0002	0.0174	-0.0884	0.0945	-0.2441	3.4543

表 3-2　　　　　　　　　　　控制变量的相关系数矩阵

变量	Liqs	Rate	Yiesc	Cresc	Rm
$Liqs$	1.0000 ***	-0.0292	-0.4992 ***	-0.2264 ***	-0.0400 *
$Rate$	-0.0292	1.0000 ***	-0.6310 ***	-0.3261 ***	-0.0247 **
$Yiesc$	-0.4992 ***	-0.6310 ***	1.0000 ***	0.2790 ***	0.0545 **
$Cresc$	-0.2264 ***	-0.3261 ***	0.2790 ***	1.0000 ***	0.0035
R_{Market}	-0.0400 *	-0.0247 **	0.0545 **	0.0035	1.0000 ***

注：***、**、* 分别表示在 1%、5%、10% 的水平上统计显著。

四、实证结果

　　基于 $\Delta CoVaR$ 和 SRI 两种方法，本章估算了单个银行对整个银行系统金融稳定性的贡献。表 3-3 给出了 2008~2014 年，依据 1% 和 5% 水平下的 $\Delta CoVaR$ 及 SRI 值所获得的中国上市银行系统重要性程度及排名。从中估计结果中可以发现，采用 $\Delta CoVaR$ 进行评估时，银行 2、银行 15、银行 14 及银行 7 对银行系统稳定性的贡献度最大，但是不同分位数水平下各银行的贡献度及排名存在一定的差异；在采用 SRI 进行评估时，则是银行 13、银行 16、银行 1 及银行 4 对银行系统稳定性的贡献度最大，且不同分位数水平下各银行的贡献度及排名是一致的。两种方法的估计结果差异较大，主要是由于评估方法的不同，SRI 法综合考虑了银行机构和银行系统的尾部相关性，这也在一定程度上反映出银行系统重要性程度的复杂性，体现了分析其影响因素的必要性。

表 3 - 3　　　　　2008 ~ 2014 年中国上市银行系统重要性程度及排名

银行	1% $\Delta CoVaR$	排名	5% $\Delta CoVaR$	排名	1% SRI	排名	5% SRI	排名
1	- 0.0663	5	- 0.0441	9	3.1696	3	3.1690	3
2	- 0.0698	1	- 0.0469	1	2.2517	6	2.2472	6
3	- 0.0622	12	- 0.0422	10	1.9913	8	1.9888	8
4	- 0.0639	9	- 0.0441	8	2.6692	4	2.6626	4
5	- 0.0617	13	- 0.0409	13	0.6459	14	0.6439	14
6	- 0.0602	14	- 0.0410	12	2.2809	5	2.2764	5
7	- 0.0673	4	- 0.0467	3	1.7451	11	1.7438	11
8	- 0.0633	10	- 0.0403	14	1.9731	9	1.9717	9
9	- 0.0650	8	- 0.0446	7	1.8898	10	1.8893	10
10	- 0.0473	15	- 0.0325	15	0.2078	15	0.2065	15
11	- 0.0625	11	- 0.0422	11	2.1986	7	2.2006	7
12	- 0.0652	7	- 0.0458	6	- 0.2740	16	- 0.2696	16
13	- 0.0458	16	- 0.0319	16	3.9408	1	3.9399	1
14	- 0.0685	3	- 0.0465	4	1.4340	12	1.4383	12
15	- 0.0687	2	- 0.0467	2	1.0228	13	1.0281	13
16	- 0.0659	6	- 0.0459	5	3.1731	2	3.1740	2

注：银行 1 ~ 16 分别指的是平安银行、宁波银行、浦发银行、华夏银行、民生银行、招商银行、南京银行、兴业银行、北京银行、农业银行、交通银行、工商银行、光大银行、建设银行、中国银行和中信银行。

此外，由于表 3 - 3 中的估计结果是各年度 $\Delta CoVaR$ 和 SRI 值的简单平均，易造成额外的信息损失，有必要对所有银行各年度的估计结果和排名（见附表7）进行比较分析。

图 3 - 1 和图 3 - 2 分别给出了 1% 和 5% 水平下，2008 ~ 2014 年各银行 $\Delta CoVaR$ 和 SRI 值的差异，从 $\Delta CoVaR$ 的均值来看，除银行 10 和银行 13 之外，其他银行均处于相近水平，且 1% 水平下的 $\Delta CoVaR$ 较 5% 水平下离散程度更高，其中以银行 2、银行 15 和银行 16 的离散程度最大；从 SRI 的均值来看，银行间的差异相对较大，且各银行 SRI 的值具有明显的集中性特点。

从各银行对系统稳定性贡献度的年度估计结果来看，以 1% 水平的 $\Delta CoVaR$ 来度量时，银行 2 在 2008 年、2009 年和 2010 年，银行 15 在 2008 年、2009 年和 2011 年，以及银行 11 在 2011 年、2012 年和 2013 年的贡献度都较大，均位居前三位，其他年度则相对靠后；以 5% 水平的 $\Delta CoVaR$ 来度量时，2008～2014 年，各年度排名前三位的分别是 2008 年银行 2、银行 7 及银行 14，2009 年银行 2、银行 4 及银行 15，2010 年银行 2、银行 4 及银行 7，2011 年银行 10、银行 11 及银行 14，2012 年银行 7、银行 13 及银行 16，2013 年银行 12、银行 14 及银行 15，2014 年银行 7、银行 9 及银行 13；以 SRI 来度量时，各银行在不同年度的贡献度具有一定的差异，银行 1 在 2009 年、2010 年、2011 年和 2012 年，银行 2 在 2009 年和 2012 年，银行 3 在 2008 年，银行 4 在 2011 年，银行 6 在 2008 年和 2013 年，银行 7 在 2009 年、2010 年、2011 年和 2012 年，银行 8 在 2010 年和 2011 年，银行 12 在 2008 年、2009 年和 2013 年，银行 13 在 2013 年和 2014 年，银行 14 在 2010 年，银行 15 在 2008 年和 2014 年，银行 16 在 2013 年和 2014 年的贡献度均较大，全部位居前四位。由此可见，银行的系统重要性程度并非简单地由银行规模大小来决定，探讨其具体的影响因素是十分必要的。

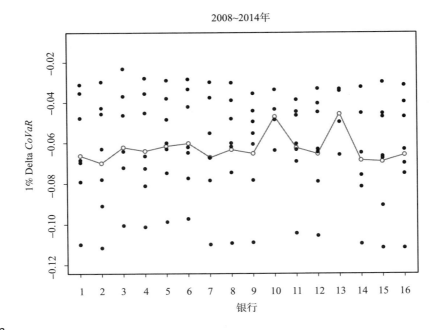

2008~2014年

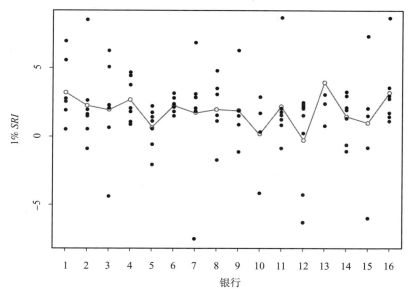

图 3 - 1 1% 水平下各银行的 ΔCoVaR 和 SRI（2008 ~ 2014 年）

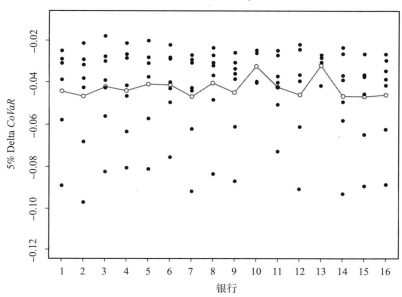

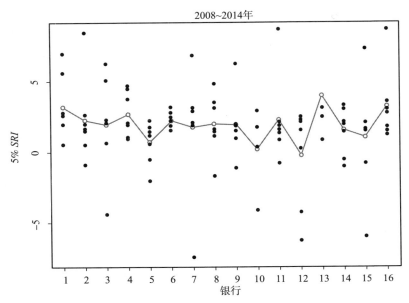

图 3 – 2　5% 水平下各银行的 **ΔCoVaR** 和 **SRI**（**2008 ~ 2014 年**）

图 3 – 3 给出了 2008 ~ 2014 年 ΔCoVaR 和 SRI 分布的散点图，可以发现这

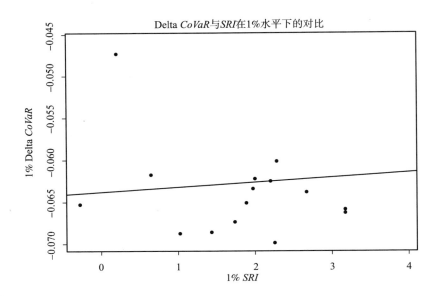

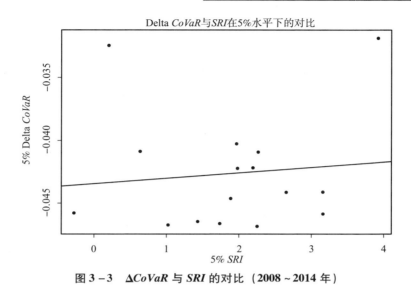

图 3 - 3　**ΔCoVaR 与 SRI 的对比**（2008 ~ 2014 年）

两种度量方式存在较弱的正相关性，1% 和 5% 水平下两者的相关系数分别为
0.0910 和 0.1008，且在 10% 水平下统计不显著，这在一定程度上表明系统重
要性程度的影响因素对两者的潜在影响可能会有所不同。

图 3 - 4 给出了 2008 ~ 2014 年 *VaR* 和 *ΔCoVaR* 以及 *VaR* 和 *SRI* 的散点分布

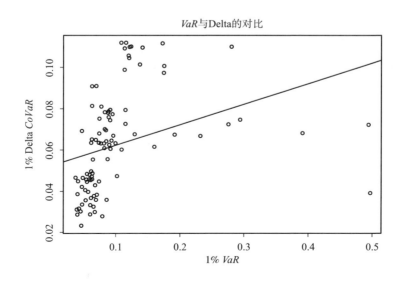

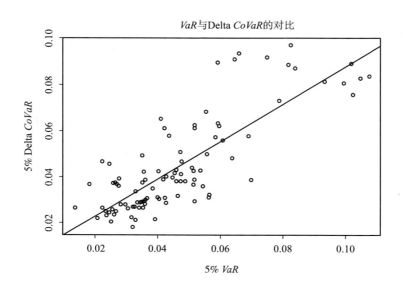

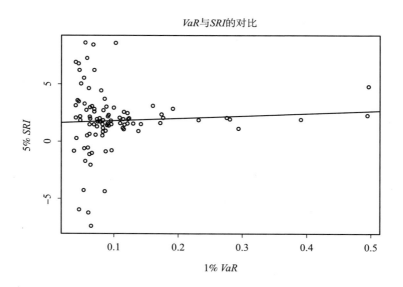

VaR与SRI的对比

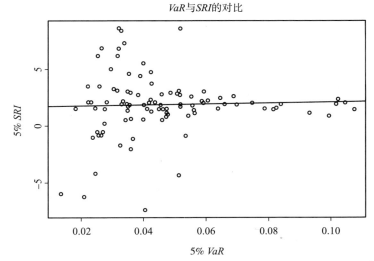

图 3 - 4 VaR 与 ΔCoVaR 的对比以及 VaR 与 SRI 的对比（2008～2014 年）

图，从图中可以发现，单个银行机构的风险水平（VaR）与银行的系统重要性程度（ΔCoVaR 和 SRI）之间具有较为明显的正相关关系，因此，对于系统重要性银行的监管也应适当考虑其个体风险承担行为。

第二节 银行机构系统重要性程度的影响因素分析

银行系统的稳定性会受到多方面因素的影响，依据实体经济周期学说，银行系统的不稳定性与宏观经济周期有关，Mejra Festic′等（2011）[1] 发现银行部门具有顺周期性，Vítor Castro（2013）[2] 则发现银行部门的信用风险显著受到宏观经济环境的影响；依据银行体系的脆弱性理论，银行体系具有内在的不稳定性，银行层面的因素也会对系统性风险产生影响，Erlend Nier 等（2007）[3]

[1] Mejra Festic′, Alenka Kavkler, Sebastijan Repina. The macroeconomic sources of systemic risk in the banking sectors of five new EU member states. Journal of Banking & Finance, 2011（35）：310 – 322.

[2] Vítor Castro. Macroeconomic determinants of the credit risk in the banking system：The case of the GIP-SI [J]. Economic Modeling, 2013, 31：672 – 683.

[3] Erlend Nier, Jing Yang, Tanju Yorulmazer, Amadeo Alentorn. Network models and financial stability [J]. Journal of Economic Dynamics & Control, 2007（31）：2033 – 2060.

发现银行的资本化水平越好，银行系统对抗风险传染的能力越强，Amelia Pais 等（2013）[①] 则发现银行规模对银行的单边风险影响较小，但是大型银行对系统性风险影响显著；此外，金融监管对银行系统稳定性也是较为重要的，Francesco Vallascas 等（2012）[②] 发现巴萨尔Ⅲ协议中关于银行杠杆率和流动性准备金要求的相关限制，可能会提高银行对系统性事件的适应能力，A. K. Mansurov（2013）[③] 则强调对于金融机构的监管采用何种方式，应当取决于该机构的系统重要程度。由于银行的系统重要性程度主要体现为其对整个银行体系稳定性的贡献度，因此，我们主要从宏观经济、银行个体以及金融监管三个层面对 14 家[④]上市银行的影响因素进行面板实证分析。

一、模型介绍

通常情况下存在五种面板回归模型，分别是简单面板 OLS 估计模型（POLS）、单向固定效应模型（one-way fixed effect model，FE1）、单向随机效应模型（one-way random effect model，RE1）、双向固定效应模型（tow-way fixed effect model，FE2）以及双向随机效应模型（tow-way random effect model，RE2）。

简单面板 OLS 估计模型不会考虑个体效应或时间效应的异质性，在这一假设条件下，每一个观测量都被看作是独立的变量，其模型形式如下：

$$y_{i,t} = \alpha + bx'_{i,t} + \varepsilon_{i,t}$$

其中，y 代表被解释变量，α 是截距项，x' 是解释变量的行向量，b 是估计参数的列向量，ε 是随机扰动项，下标 i 和 t 分别表示不同银行和年份。POLS 估计忽略了数据的面板结构，当且仅当观测量不存在个体效应或时间效应的异质性时，其估计结果才是一致有效的。

如果之前的假设不能成立，那么单向固定或随机效应模型则会是更好的选择，因为它使得每家银行的个体效应能够得到估计。在单向固定或随机效应模

① Amelia Pais, Philip A. Stork. Bank Size and Systemic Risk [J]. European Financial Management, 2013, 19 (3): 429 – 451.

② Francesco Vallascas, Kevin Keasey. Bank resilience to systemic shocks and the stability of banking systems: Small is beautiful [J]. Journal of International Money and Finance, 2012, 31: 1745 – 1776.

③ A. K. Mansurov. Role of Systemic Risks in the Formation, Transmission, and Exacerbation of Economic Instability [J]. Studies on Russian Economic Development, 2013, 24 (4): 366 – 373.

④ 农业银行和光大银行上市较晚，在此予以剔除。

型中，随机扰动项（$\varepsilon_{i,t}$）可以被分为两个部分：不随时间变化的个体效应（λ_i）以及受观测单位和时间影响的特殊误差（$\mu_{i,t}$）。单向固定效应或随机效应估计的主要差异在于对 λ_i 的假设，FE1 模型认为每一家银行都拥有一个固定不变的个体效应，会使得自变量上升或下降某一固定数额，即 λ_i 是常数项的一部分，其回归模型形式如下：

$$y_{i,t} = (\alpha + \lambda_i) + bx'_{i,t} + \mu_{i,t}$$

其中，常数项变成了常数 α 与每个银行的个体效应 λ_i 之和，即在解释变量估计参数全部一致的情况下，允许每家银行拥有不同的截距项。

固定效应模型将个体效应（λ_i）看作是与回归量相关的可变量，而在单向随机效应回归中，本章假设没有观察到的个体异质性（λ_i）是独立分布于解释变量之外的随机可变量，因此，在 RE1 中个体效应被当作是随机误差的组成部分，模型形式可写为：

$$y_{i,t} = \alpha + bx'_{i,t} + (\mu_{i,t} + \lambda_i)$$

鉴于单向固定或随机效应回归估计不能完全排除变量遗漏偏差的可能性，应进一步考虑允许同时估计银行个体效应和时间效应的双向固定或随机效应模型。在双向回归估计中，随机扰动项（$\varepsilon_{i,t}$）被分为三个组成部分：个体效应（λ_i）、时间效应（δ_t）以及特殊误差（$\mu_{i,t}$）。在 FE2 中，个体效应和时间效应都被假设成常数，分别取决于不同的银行和年份，且都是常数项的组成部分，模型的具体形式如下：

$$y_{i,t} = (\alpha + \lambda_i + \delta_t) + bx'_{i,t} + \mu_{i,t}$$

与之相反，在 RE2 中，个体效应和时间效应都被包含在误差项的构成里，都被假设成是与回归量不相关的随机可变量，模型的具体形式写为：

$$y_{i,t} = \alpha + bx'_{i,t} + (\mu_{i,t} + \lambda_i + \delta_t)$$

由于所选面板样本的截面个数较多，时间窗口较短，无法进行随机效应和双向固定效应模型的有效分析，因此，本章主要选取简单面板 OLS 估计模型（POLS）和单向固定效应模型（FE1）进行分析。

二、变量选取和数据描述

本书选取 2008～2014 年中国 14 家上市银行作为样本以分析银行系统重要性程度的影响因素，单个银行的系统重要性程度用 $\Delta CoVaR$ 和 SRI 来度量，解释变量则分为银行个体因素、监管因素以及宏观经济因素三个方面，以银行个体层面的影响因素为主。

银行规模。通常情况下，银行规模与银行的系统重要性之间都存在较强的关联性，鉴于大型银行机构比小型银行机构更具有竞争优势，多元化经营程度更高，可以有效分散风险，且默认政府对其有隐性信用背书，不会任其倒闭，其引发系统性风险的可能性较小；但是，大型银行往往面临着更多的银行专有风险，如信用风险、操作风险、汇率风险等，且"太大而不能倒"客观上会助长大银行从事高风险业务的倾向，且其在风险传染过程中的作用也不容忽视。因此，银行规模对系统重要性的影响方向还有待进一步确认。在此，银行规模用银行总资产的对数来度量，以 $Size$ 来表示。

融资来源。一般来讲，稳定的融资来源有可以减少银行通过货币市场融资的额度，降低其对货币市场融资的依赖性，进而减少其对货币市场上其他银行机构的风险暴露，在此用银行吸收存款与总负债的比率来度量，以 $Finor$ 来表示。

资产结构。银行的资产结构通常采用负债权益比来反映，即银行负债与所有者权益的比值，该比值越大，则银行的杠杆化程度越高，对系统性风险的贡献度也越大，因此预期其与银行的系统重要性呈正相关。在此，用负债权益比来度量，以 $Capst$ 来表示。

非传统业务。银行的非传统业务状况可以通过贷款比率和非利息收入占比来反映，前者是贷款与总资产的比值，后者是非利息收入与营业收入的比值。银行的贷款比率越低、非利息收入占比越高，则银行的非传统业务占比越大，参与程度越高；与此同时，各个银行非传统业务的结构类型较为接近，持有的相关资产组合相关性较强，进而受到市场共同冲击以及产生传染效应的概率也会有所增大。在此，非传统业务状况主要采用贷款比率和非利息收入占比来度量，前者对银行系统重要性的预期影响方向为负，后者为正，分别以 $Loanr$ 和 $Urincome$ 来表示。

银行贷款质量和盈利能力。在此本章采用不良贷款率和资产收益率来度量，不良贷款率越高，银行破产倒闭进而引发系统性风险的可能性越大，而资产收益率越高，则银行的盈利能力越强，引发系统性风险的可能性越小，故预期两者对银行系统重要性的影响方向为正向和负向，分别以 $Nplratio$ 和 $Rota$ 来表示。

监管方面。主要采用核心资本充足率和资本充足率两个指标来反映。核心资本又叫一级资本和产权资本，是银行机构可以永久使用和支配的自有资金，核心资本充足率是核心资本与加权风险资产总额的比率,资本充足率则指的是一个银行的资本与其加权风险资产的比率。银行的核心资本充足率和资本充足率越高,则其面临的风险水平越低,引发系统性风险的可能性也越小,故其对银行系统重要性的预期影响方向为负。两者均是重要的银行监管指标,分别以 Ccar 和 Car 来表示。

宏观经济方面。主要采用克强指数和国房景气指数两个指标来反映。克强指数是耗电量、铁路货运量和银行贷款发放量三种经济指标的结合①,能够更真实地反映宏观经济的运行情况,银行部门具有顺周期性,故克强指数对银行系统重要性的预期影响方向为正;由于我国房地产业与银行业密切相关,银行业的系统性风险会受到来自房地产业的直接影响,故将国房景气指数纳入宏观经济控制变量,其对银行系统重要性的预期影响方向也为正。两者分别以 Kqindex 和 Nhindex 来表示。

以上变量的时间窗口为 2008~2014 年,相关变量数据为年度指标,依据 Wind 数据库整理计算得到,表 3-4 给出了相关变量的描述性统计。

表 3-4 变量的描述性统计

变量 (Variables)	均值 (Mean)	标准差 (Std. Dev)	最小值 (Min)	最大值 (Max)	偏离值 (Skew)	峰度 (Kurtosis)
1% ΔCoVaR	0.0621	0.0244	0.0231	0.1118	0.5047	-0.6861
5% ΔCoVaR	0.0441	0.0206	0.0179	0.0970	1.0910	0.0814
1% SRI	1.8694	2.7048	-7.4363	8.6229	-0.4722	2.4748
5% SRI	1.8689	2.7048	-7.4361	8.6287	-0.4723	2.4769
Size	6.3409	0.5576	4.9718	7.3141	-0.2743	-0.4951
Finor	0.7538	0.0851	0.5471	0.9013	-0.3155	-0.5978
Capst	16.2362	3.9058	7.2592	30.3997	1.4556	2.9455
Loanr	0.4988	0.0688	0.3048	0.6244	-0.5940	-0.1533
Urincome	0.1796	0.0649	0.0702	0.3247	0.4064	-0.7449

① 本书计算公式:克强指数 = 工业用电量增速 × 40% + 中长期贷款余额增速 × 35% + 铁路货运量增速 × 25%

变量（Variables）	均值（Mean）	标准差（Std. Dev）	最小值（Min）	最大值（Max）	偏离值（Skew）	峰度（Kurtosis）
Nplratio	0.0098	0.0040	0.0000	0.0265	1.3683	3.3907
Rota	0.0939	0.0274	0.0000	0.2068	− 0.2818	5.1090
Ccar	0.1211	0.0301	0.0000	0.2412	− 1.1067	8.2565
Car	0.1076	0.0556	0.0478	0.2192	0.8244	− 0.3224
Kqindex	0.0116	0.0023	0.0015	0.0172	− 1.2666	4.0033
Nhindex	3.0431	0.0231	3.0196	3.0888	0.8530	− 0.4693

三、模型构建与实证分析

基于前述分析，构建如下的实证模型来分析银行系统重要性的影响因素：

$$\Delta CoVaR_{it} = \alpha_i + \beta Bank_{it} + \gamma Regu_{it} + \delta Mace_{it} + \varepsilon_{it} \qquad (3-12)$$

$$SRI_{it} = \alpha_i + \beta Bank_{it} + \gamma Regu_{it} + \delta Mace_{it} + \varepsilon_{it} \qquad (3-13)$$

其中，$Bank_{it}$ 为银行个体因素，$Regu_{it}$ 为监管因素，$Mace_{it}$ 为宏观经济因素，可分别表示为：

$$Bank_{it} = \alpha_i + \beta_1 Size_{it} + \beta_2 Finor_{it} + \beta_3 Capst_{it} + \beta_4 Loanr_{it} + \beta_5 Urincome_{it}$$
$$+ \beta_6 Nplratio_{it} + \beta_7 Rota_{it} + \varepsilon_{it} \qquad (3-14)$$

$$Regu_{it} = \alpha_i + \gamma_1 Ccar_{it} + \gamma_2 Car_{it} + \varepsilon_{it} \qquad (3-15)$$

$$Mace_{it} = \alpha_i + \delta_1 Kqindex_{it} + \delta_2 Nhindex_{it} + \varepsilon_{it} \qquad (3-16)$$

将式（3-14）、式（3-15）及式（3-16）分别代入式（3-12）和式（3-13），可以进一步得到最终的实证回归方程形式：

$$\Delta CoVaR_{it} = \alpha_i + \beta_1 Size_{it} + \beta_2 Finor_{it} + \beta_3 Capst_{it} + \beta_4 Loanr_{it} + \beta_5 Urincome_{it}$$
$$+ \beta_6 Nplratio_{it} + \beta_7 Rota_{it} + \gamma_1 Ccar_{it} + \gamma_2 Car_{it} + \delta_1 Kqindex_{it}$$
$$+ \delta_2 Nhindex_{it} + \varepsilon_{it} \qquad (3-17)$$

$$SRI_{it} = \alpha_i + \beta_1 Size_{it} + \beta_2 Finor_{it} + \beta_3 Capst_{it} + \beta_4 Loanr_{it} + \beta_5 Urincome_{it}$$
$$+ \beta_6 Nplratio_{it} + \beta_7 Rota_{it} + \gamma_1 Ccar_{it} + \gamma_2 Car_{it} + \delta_1 Kqindex_{it}$$
$$+ \delta_2 Nhindex_{it} + \varepsilon_{it} \qquad (3-18)$$

对银行系统重要性程度的解释变量进行相关性分析（结果见附表8），从中可以发现，银行规模与融资来源、贷款比率、非利息性收入占比以及资产收益率的相关系数分别为 0.39、0.39、0.65 和 0.24，核心资本充足率与负债权益比、资本充足率的相关系数分为 -0.56 和 0.96，因而面板数据模型可能面临内生性问题。当银行的业务状况和经营方式对银行规模产生直接影响时，银行规模即为内生变量，由此可能导致银行规模对系统重要性程度的影响被扭曲，或者导致其他解释变量对系统重要性的影响不显著，因此需要考虑银行规模的内生性问题。

在此，首先采用简单面板 OLS 估计模型（POLS）和单向固定效应模型（FE1）对银行系统重要性的影响因素进行了回归分析；其次为了解决内生性问题，借鉴 Moore 等（2013）[①] 的方法，用银行规模对其他解释变量进行回归分析，以回归的残差对其他解释变量进行替代，模型回归估计的结果用 POLS_M 和 FE1_M 来表示。表 3 - 5 给出了四种模型的估计结果。

表 3 - 5　　　　　　　　　　银行系统重要性的影响因素回归分析结果

变量	$\Delta CoVaR$ in 5% level				SRI in 5% level			
	POLS	FE1	POLS_M	FE1_M	POLS	FE1	POLS_M	FE1_M
Intercept	- 1.569 **		0.566 **		64.382		- 131.914 **	
	(- 9.354)		(3.087)		(1.181)		(- 2.237)	
Size	- 0.011 **	- 0.041 **	- 0.082 **	- 0.087 **	- 0.586	- 6.031	21.094 **	27.279 **
	(- 4.693)	(- 3.187)	(- 2.845)	(- 2.469)	(- 0.760)	(- 1.221)	(2.269)	(2.022)
Finor	0.016	0.037	- 0.004	- 0.008	- 10.572 *	- 19.899 **	2.120 *	3.731 *
	(0.833)	(1.415)	(- 1.072)	(- 1.486)	(- 1.674)	(- 2.008)	(1.708)	(1.921)
Capst	0.003 **	0.002 **	0.076 **	0.058 **	- 0.229	- 0.472 **	- 6.769	- 12.589 **
	(5.737)	(3.827)	(5.744)	(3.744)	(- 1.591)	(- 2.294)	(- 1.599)	(- 2.146)
Loanr	0.072 **	0.016	- 0.012 **	- 0.002	15.823 **	11.809	- 2.526 **	- 1.834
	(3.189)	(0.459)	(- 3.163)	(- 0.394)	(2.150)	(0.859)	(- 2.114)	(- 0.828)
Urincome	0.021	0.030	- 0.002	- 0.003	- 14.888 **	- 18.837 *	1.205 **	1.646 **
	(1.071)	(1.172)	(- 1.463)	(- 1.563)	(- 2.322)	(- 1.906)	(2.398)	(2.121)

---

① Kyle Moore, Chen Zhou. "Too big to fail" or "Too non-traditional to fail"？: The determinants of banks' systemic importance ［W］. MPRA Paper No. 45589, 27 March, 2013.

续表

变量	ΔCoVaR in 5% level				SRI in 5% level			
	POLS	FE1	POLS_M	FE1_M	POLS	FE1	POLS_M	FE1_M
Nplratio	1.824 **	1.694 **	− 0.033 **	− 0.030 **	147.314	167.062	− 2.731	− 3.242
	(6.063)	(4.944)	(− 5.737)	(− 4.579)	(1.507)	(1.271)	(− 1.470)	(− 1.289)
Ccar	1.046 **	0.883 **	0.142 **	0.115 **	− 28.108	− 76.423	− 4.005	− 8.833
	(6.135)	(4.495)	(6.108)	(4.384)	(− 0.507)	(− 1.014)	(− 0.535)	(− 0.881)
Car	− 0.813 **	− 0.691 **	− 0.131 **	− 0.108 **	11.646	42.412	1.878	5.460
	(− 6.040)	(− 4.727)	(− 6.012)	(− 4.608)	(0.266)	(0.756)	(0.267)	(0.612)
Kqindex	− 0.091 **	− 0.104 **	− 0.032 **	− 0.036 **	− 0.353	3.952	− 0.043	1.348
	(− 4.572)	(− 5.574)	(− 4.700)	(− 5.634)	(− 0.054)	(0.552)	(− 0.019)	(0.551)
Rota	0.983 *	− 0.814	− 0.009 *	0.007	− 30.303	70.162	0.293	− 0.541
	(1.699)	(− 1.237)	(− 1.766)	(1.145)	(− 0.161)	(0.278)	(0.175)	(− 0.241)
Nhindex	0.516 **	0.362 **	0.046 **	0.031 **	− 17.138	− 38.626	− 1.522	− 3.308
	(9.261)	(5.529)	(9.339)	(5.453)	(− 0.945)	(− 1.536)	(− 0.971)	(− 1.513)
Adj. R^2	0.757	0.679	0.754	0.677	0.135	0.113	0.135	0.108
F	48.994	67.974	47.746	66.287	1.417	1.183	1.422	1.126
Obs	98	98	98	98	98	98	98	98

注：① ** 、 * 分别表示在 1% 和 5% 的水平上统计显著

② 表 3 – 5 仅给出了 5% 水平下 ΔCoVaR 和 SRI 的回归估计结果，1% 水平下的回归估计结果见附表 9。

以 ΔCoVaR 为被解释变量时，银行规模的估计参数值在四个模型中均为负值，且在 1% 的水平上统计显著，这主要是因为大型银行的资金较为雄厚且存在政府的信用背书，其引发系统性风险的可能性较小，而它们在传统业务方面的天然优势，使得中小型银行必须积极拓展非传统业务，以谋求发展，而非传统业务较为复杂且相关性较强，面临的风险水平也较高；资产结构方面，负债权益比对银行的系统重要性具有显著的正向影响，负债权益比越大，则银行的杠杆化程度越高，引发系统性风险的可能性也就越大；不良贷款率的估计参数值为较大的正值，且在 1% 的水平上统计显著，对银行系统重要性的影响方向与预期一致；资本充足率对银行的系统重要性具有显著的正向影响，与预期方

向一致，而核心资本充足率的影响方向则与预期不符，可能因为核心资本是商业银行的监管资本，依据巴塞尔协议Ⅲ，系统重要性金融机构需要面对一项1%的附加资本要求，而我国则通过核心一级资本来满足，进而导致我国核心资本充足率对银行的系统重要性具有正向作用；克强指数对银行系统重要性的影响方向也与预期不符，这主要是因为我国银行机构具有较强的政策导向性，在经济不景气时，政府往往会出台相应的扩张性宏观政策，银行需要为相关项目提供必要的金融支持，进而具有了逆周期性的特点；国房景气指数的估计参数在1%的水平上显著为正，与预期一致；考虑内生性问题后，贷款比率和资产收益率的回归系数符号发生了变化，变得与预期影响方向一致，且在5%的水平上统计显著，然而，不良贷款率却对银行的系统重要性产生了微弱的负向影响，与预期不符；此外，四个模型中变量 $Finor$ 和 $Urincome$ 的回归系数在统计上均不显著。

在以 SRI 为被解释变量时，虽然大多数解释变量的回归系数都不显著，但其为 $\Delta CoVaR$ 的估计结果提供了必要的补充，反映融资来源的变量 $Finor$，其POLS 和 FE1 的估计参数分别为 -10.572 和 -19.899，且分别在5%和1%的水平上统计显著；在考虑了内生性问题后，$Finor$ 变量的估计参数符号发生了变化，与预期影响方向不符，但其显著性水平相对较低，而反映非传统业务状况的变量 $Urincome$，其回归参数的符号也发生了变化，但其对银行系统重要性的影响与预期方向一致，且显著性水平相对较高，均在1%的水平上统计显著；此外，银行规模对银行系统重要性的影响与 $\Delta CoVaR$ 的估计结果不同，在1%的水平上显著为正，且回归参数为较大的正值，这是因为 SRI 综合考虑了单个银行和银行系统的尾部依赖性，对风险传染机制下的银行系统重要性进行了有效刻画，在风险传染过程中，大型商业银行对银行系统的稳定性极为重要，一旦其破产倒闭，必将导致"多米诺骨牌"效应，进而引发银行业的系统性风险。

综上所述，银行的系统重要性具有时变性特征，监管层从以下几方面进行：第一，监管机构应当定期对银行机构进行评估，并进一步建立和完善动态的监管机制，大型商业银行在正常的经济环境下，引发系统性风险的可能性较低，系统重要性程度不高，但是在受到经济冲击时，其在风险传染过程中的作用不容忽视，必须密切关注其动态；第二，规模较小，存款负债比率和贷款比率较低的银行也可能具有较高的网络连通度，其非传统业务的参与度往往较高，对于此类中小型银行也应给予必要的关注；第三，对于不良贷款率较高和资产收益率较低，即贷款质量较差、盈利能力不足的银行，必须加强对其的监管力度；第四，除现有的核心资本充足率和资本充足率等监管指标外，还应进一步建立健全银行系统重要性的评估监管指标体系；第五，监管当局必须密切关注经济周期和房地产行业的运行状况，在经济扩展时期，防止银行业务的盲目扩展，在经济紧缩时期，对于政策扶持的项目也必须加强风险控制，在此基础之上，还需防范因房地产行业下行而引发的银行业系统性风险；第六，对于银行系统重要性的监管，还需考虑银行个体风险承担行为的影响，将微观审慎监管与宏观审慎监管有效地结合起来。

第三节　结论及政策建议

系统重要性银行对整个银行系统的稳定性极为重要，确认系统性重要银行是实施宏观审慎监管框架的必要组成部分。首先采用 $\Delta CoVaR$ 和 SRI 对中国银行网络中上市银行的系统重要性程度进行了分析，给出了 2008～2014 年，依据 1% 和 5% 水平下的 $\Delta CoVaR$ 及 SRI 值所获得的中国上市银行系统重要性程度及排名。研究发现采用 $\Delta CoVaR$ 进行评估时，银行 2、银行 15、银行 14 及银行 7 对银行系统稳定性的贡献度最大，但是不同分位数水平下各银行的贡献度及排名存在一定的差异；但采用 SRI 进行评估时，则是银行 13、银行 16、银行 1 及银行 4 对银行系统稳定性的贡献度最大，且不同分位数水平下各银行的贡献度及排名是一致的。此外，从各银行对系统稳定性贡献度的年度估计结果来看，各年度对系统稳定性贡献最大的前几家银行则是不断变化的，表明银行的系统重要性程度具有时变性的特征，且并非只是简单地受到银行规模大小的影响。

其次，本书以 2008～2014 年中国的 14 家上市银行组建了面板样本数据，采用简单 OLS 估计模型和单向固定效应模型对银行系统重要性的影响因素进行了分析，为了解决面板数据模型可能面临的内生性问题，用银行规模对其他解释变量进行回归分析，并以回归的残差对其他解释变量进行了替代，进而得到相应的模型结果。从银行个体层面、监管层面以及宏观经济层面三个方面研究了潜在影响因素对银行系统重要性的影响。研究结果发现，银行规模变量在正常经济环境下，对系统稳定性的贡献度较低，但是在风险传染机制中，其对银行系统的稳定性起着至关重要的作用；反映融资来源的变量存款负债比率，它的值越大，越有利于减少单个银行机构对货币市场上其他银行机构的风险暴露，对银行系统重要性有负向影响；与此同时，变量负债权益比、非利息收入占比、不良贷款率、核心资本充足率以及国房景气指数均对银行的系统重要性程度具有正向影响，而变量贷款比率、资产收益率、资本充足率以及克强指数则对银行的系统重要性程度具有负向影响。

在系统重要性银行的监管方面，监管机构应当定期对银行机构进行评估，并进一步建立和完善动态的监管机制，密切关注大型商业银行的动态；对于网络连通度较高，存款负债比率和贷款比率较低，非传统业务的参与度较高的中小型商业银行也应给予必要的关注；加强对贷款质量较差、盈利能力不足的相关银行的监管力度；建立健全银行系统重要性的评估监管指标体系；此外，监管当局必须密切关注经济周期和房地产行业的运行状况，在经济扩展时期，克制银行盲目扩展业务的冲动，在经济紧缩时期，加强政策扶持项目的风险控制，并在此基础之上，重点防范因房地产行业下行而引发的银行业系统性风险；最后，考虑银行个体风险承担行为的影响，将微观审慎监管与宏观审慎监管有效地结合起来。

第四章

银行业系统性风险的评价
——基于银行网络模型的分析

近年来，全世界的中央银行都在努力，力图在分析金融系统稳定性方面有所突破。国际货币基金组织（IMF）的金融部门评估项目（Financial Sector Assessment Program，FSAP）对成员国金融系统面临的压力形势也更加关注，明确要求成员国对金融系统进行压力测试，尤其是银行部门。如果银行间有直接相关的风险暴露头寸，那么，一个负向的共同经济冲击可能直接导致多家银行机构同时违约；此外，陷入困境的银行机构，其银行间债务的违约可能进一步导致其他银行的债务违约，进而引发"多米诺骨牌效应"。为了综合考虑这些因素，风险评估模型不仅要关注银行自身的资产状况，也要关注银行间的债权债务情况。银行间资产的相关性与银行间的债权债务联系已经是产生系统性风险的关键因素，因此，对银行业系统性风险的分析应该从关注单个银行机构转向整体系统性风险的监测。

尽管在金融稳定性分析方面已经有了很多新的贡献，但是一个公认的分析框架尚未出现。Martin Summer 等（2005）为市场数据较为可靠的金融发达经济体提出了一种银行系统稳定性的分析框架，他们的分析提出了一种新的视角，不仅考虑了银行间资产的相关性，也考虑了银行间的债权债务联系，其中银行间的债权债务联系是产生"多米诺骨牌效应"的重要环节，也是导致金融系统性风险，即金融中介机构大规模倒闭的重要原因。因此，本章采用Martin Summer 等（2005）的模型框架和分析方法对中国银行网络系统性风险进行评价分析。

第一节　银行网络的系统性风险评估方法

一、系统性风险的银行网络模型构建

Eisenberg 和 Noe（2001）[1] 提出了一个关于系统性风险的概念性框架，包含了银行间资产的相关性和银行间债权债务两个方面，在给定双边名义债务结构的情况下，他们研究了一种金融系统的集中静态清算机制。Elsinger 等（2004）[2] 将这一模型进一步拓展为包含双边名义债务结构未知的情况，并应用其分析了奥地利银行系统。Martin Summer 等（2005）及本书均采用这一方法进行银行业系统性风险的评估。

假设一个银行网络的有限集合 $N = \{1, 2, \cdots, N\}$，每一家银行 $i \in N$，银行 i 的净资产用 e_i 表示，该净资产不包含银行 i 与银行网络 N 中其他银行间的债权债务。银行 i 对银行系统中其他银行 $j \in N$ 的名义债务用 l_{ij} 来表示，整个银行网络系统可以被描述为一个 $N \times N$ 阶矩阵 L 和一个向量 $e \in R^N$，在此，我们用组合 (L, e) 来表示整个银行网络系统。

如果一个给定的组合 (L, e) 中，一家银行的总净值变为负的，那么这家银行进入破产状态。按照 Martin Summer 等（2005）的做法，如果有银行发生违约，可以将其违约额按比例分配如下：银行与网络系统中其他银行的总债务可以用向量 $d \in R_+^N$ 来表示，那么，可以得知 $d_i = \sum_{j \in N} l_{ij}$。如果某家银行违约，其违约额的分配比例可以被定义为一个新矩阵 $\prod \in [0, 1]^{N \times N}$，该矩阵是由矩阵 L 的元素经过列归一化处理而来。

$$\pi_{ij} = \begin{cases} \dfrac{l_{ij}}{d_i} & if \quad d_i > 0 \\ 0 & otherwise \end{cases} \qquad (4-1)$$

① Eisenberg, Larry & Thomas Noe. Systemic Risk in Financial Systems [J]. Management Science, 2001 (47): 236 – 249.

② Helmut Elsinger, Alfred Lehar and Martin Summer. Risk Assessment for Banking Systems [W]. Working Paper, University of Vienna, 2004.

综上所述，一个银行网络系统可以进一步用数组（L，e，d）来表示，在此，定义一个支付清算向量 p^*，它涉及违约状态下银行的有限债务和分配比例，表示在清算状态下银行的总体支付。对于所有银行 $i \in N$ 而言，银行网络系统（L，e，d）的清算支付向量为：

$$p_i^* = \min\left[d_i, \ \max\left(\sum_{j=1}^{N} \pi_{ji} p_j^* + e_i, \ 0 \right) \right] \tag{4-2}$$

清算支付向量直接反映了两个重要方面，对于给定债务和银行价值结构的（$\prod$，e，d），其反映了银行系统中哪些银行是没有清偿能力的，即 $p_i^* < d_i$，以及每家违约银行的恢复能力，即 p_i^* / d_i。

为了估算清算支付向量，可采用 Eisenberg 和 Noe（2001）提出的"虚拟违约算法"（fictitious default algorithm），他们证明在一般的规范市场条件下，（$\prod$，e，d）的唯一支付清算向量总是存在的。Martin Summer 等（2005）的分析框架则通过轻微的调整对这些结果进行了扩展①，在此，本章采用后者的方法进行估算。

从清算问题的解决方法中，可以额外获得关于银行系统稳定性方面的重要经济信息。假如银行网络系统中其他银行都能承兑自己的债务，仅银行 i 不能承兑其债务，那么，银行 i 的违约可以被定义为基本违约，即：

$$\sum_{j=1}^{N} \pi_{ji} d_j + e_i - d_i < 0$$

与之相对应，当银行 i 的违约仅仅是因为银行网络系统中其他银行不能承兑其债务，那么，银行 i 的违约可以被定义为传染性违约，即：

$$\sum_{j=1}^{N} \pi_{ji} d_j + e_i - d_i \geqslant 0 \quad but \quad \sum_{j=1}^{N} \pi_{ji} p_j^* + e_i - d_i < 0$$

这一清算机制较为灵活，在结算方面包含了不同银行机构间的结算协议，双边结算协议改变了银行间债务的优先结构，其结算净额无疑优先于其他的银行间债务。因此，银行的基本违约数目不会受到显著影响，但是在传染性违约方面它的影响结果则无法明确。由于无法获得某一银行与其他银行间结算条款的具体信息，某一银行的具体债权银行我们也无法得知，因而只考虑两种极端情况，一种是完全的双边结算，一种是不存在双边结算。通过这种方式，可以

---

① Eisenberg & Noe（2001）假设向量 e 属于 R_+^N，Martin Summer 等（2005）则假设 e 属于 R^N。

考察结算协议是否在风险传染方面具有潜在的缓解作用。

为了采用 Eisenberg 和 Noe（2001）的模型进行风险分析，需要假设 e 为一个随机变量，进而将其扩展到银行间双边名义债务结构未知的框架下。由于没有关于 p^* 分布的闭合形式解[①]，而在给定 e 分布的情况下，可以通过情景模拟的方法来解决这一问题。从事前角度出发，通过情景模拟可以评估银行间信贷的预期违约频率，在这些违约的基础上可进一步评估预期损失的强度，进而了解 e 的分布情况。为了确定 e 的具体分布，假设存在两个日期，分别是 $t = 0$ 和 $t = T$，前者是观察日期，即开始观察的具体日期，后者是假设清算日期，即所有银行间债权通过清算机制进行结算的具体日期。在 $t = 0$ 时开始观察银行间的风险暴露头寸，假设观察期内这些头寸的位置保持不变，进而在时刻 T 构成矩阵 L，那么在 $t = T$ 时，其投资组合的价值则主要取决于在时刻 T 所实现的 e 的随机价值。向量 e 被定义为不考虑银行间头寸的银行净资产，即：

$$e_i = V_i(T) - D_i(T) - \left(\sum_{j=1}^{N} \pi_{ji} d_j - d_i \right)$$

其中，$V_i(T)$ 和 $D_i(T)$ 分别指的是银行 i 在 T 时刻时总资产和总债务的价值，借鉴 Duan（1994）[②] 的研究思路，在此假设债务是已投保的，则其应以无风险利率进行累算。因此，时刻 T 时银行 i 的债务 $D_i(T) = D_i(0) \, e^{rT}$，那么，$e_i$ 的分布则完全由 $V_i(T)$ 的分布来决定。鉴于缺乏银行净资产头寸的可用数据，参考莫顿模型（Merton Model），在此假设 $V_i(T)$ 遵循客观概率测度 P 下的几何布朗运动，即：

$$dV_i = \mu_i V_i dt + V_i \sigma_i dB_i$$

其中，B_i 指的是一维布朗运动。由于标准莫顿模型主要计算的是单个机构的违约概率，在此对其进行扩展，同时分析银行系统中所有银行的违约概率，并将银行间资产价值的相关性纳入考虑，即对于所有银行 i 和银行 j 而言，其资产价值可以是相关的，$B_i(T)$ 和 $B_j(T)$ 的相关关系则由 ρ_{ij} 给出。采用乔莱斯基分解（Cholesky decomposition）可进一步生成银行未来资产价值 $V_i^s(T)$ 的模拟情景。在每次情景模拟中，经过银行间头寸调整后的未来资产价值减去其总债务，可以得到每家银行的净收入状况，即：

[①]　闭合形式解指的是一个能直接计算级数和或递归结果的等式。

[②]　Jinchuan Duan. Maximum Likelihood Estimation using the Price Data of the Derivative Contract [J]. Mathematical Finance，1994（4）：155 – 167.

$$e_i^s = V_i^s(T) - D_i(T) - (\sum_{j=1}^{N} \pi_{ji}d_j - d_i)$$

银行的净收入 e_i^s 和银行间借贷矩阵 L 一起决定了每次情景模拟中的清算支付向量，基于此可进一步进行风险分析。然而，分析所需的 $V(0)$、μ 和 $\sum$ 均无法直接通过观察获得，因此，不仅需要估计银行间债权债务，还要对调节银行资产的随机过程参数以及银行总资产的市场价值进行估计，进而采用相关变量的估计值进行情景模拟分析。图 4 - 1 给出了模型的分析框架，像所有市场风险模型或信用风险模型一样，模型必须假设一个时间范围，在此设定为1 年。

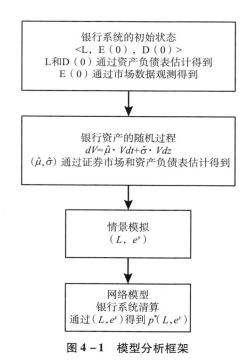

图 4 - 1 　模型分析框架

二、银行资产风险评估方法

一家银行的资产组合主要包括发放贷款及垫款、存放同业和其他金融机构款项、拆出资金、交易性金融资产以及很多其他项目，为了估计银行总资产的价值，需要关于资产价值未来发展以及债务账面价值方面的相关信息，然而银行的实际资产价值是无法通过直接观测得到的，能够观察到的只有上市银行的股票市值及其债务的账面价值。在此将股票资产视为银行资产在执行价下等于其到期债务值的一个欧式期权，采用这一方式，可以得到每家上市银行的资产市场价值的估计值。银行 i 在 t 时刻的股票资产用 $E_i(t)$ 来表示，计息债务的总账面价值用 $D_i(t)$ 来表示，假设其距离到期的时间为 T_1，且所有银行的债务都是已投保并按照无风险利率增长的。那么，银行股票资产的价值可以通过期权公式来表示：

$$E_i(t) = V_i(t)\Phi(k_i(t)) - D_i(t)\Phi(k_i(t) - \sigma_i\sqrt{T_1}) \qquad (4-3)$$

其中，$k_i(t)$ 为：

$$k_i(t) = \frac{\ln(V_i(t)/D_i(t)) + (\sigma_i^2/2)T_1}{\sigma_i\sqrt{T_1}} \qquad (4-4)$$

$\Phi(\cdot)$ 指的是累积标准正太分布。这一公式是可以进行逆向运算的，当给定的 $(E_i(t), D_i(t), \sigma_i, T_1)$ 全部大于 0 时，银行总资产的价值 $V_i(t)$ 则是唯一确定的。因此，给定一个 σ_i 的估计值，可以从观测数据中推断出银行总资产的市场价值，随机过程参数则可以采用 Duan（1994）和 Duan（2000）[①]提出的最大似然方法估计得出。鉴于感兴趣的是银行总资产的联合行为表现，需对该方法进行扩展，同时估计所有银行的随机参数。分别给定股票资产的历史序列 $E_i = (E_i(t))$，以及债务价值的历史序列 $D_i = (D_i(t))$，其中 $t\in\{1, 2, \cdots, m\}$，$i\in\{1, 2, \cdots, N\}$，那么，资产价值的随机过程参数 $(\mu, \sum)$ 可以通过下述对数似然函数的最大化估计得出，即：

$$\begin{aligned}L(E) = &-\frac{(m-1)}{2}\ln(2\pi) - \frac{(m-1)}{2}\ln\left|\sum\right| \\ &- \sum_{t=2}^{m}\left\{\frac{N}{2}\ln(h_t) + \frac{1}{2h_t}(\hat{x}_t - h_t\alpha)'\sum{}^{-1}(\hat{x}_t - h_t\alpha)\right\} \\ &- \sum_{t=2}^{m}\sum_{i=1}^{N}\left[\ln\hat{V}_{i,t}\left(\sum\right) + \ln\Phi(\hat{k}_{i,t})\right]\end{aligned}$$

其中，$\alpha_i = \mu_i - \frac{1}{2}\sigma_i^2$，$h_t$ 表示时间从 $t-1$ 到 t 的增加部分，$\hat{V}_{i,t}\left(\sum\right)$ 是给

① Duan, Jin-Chuan. Correction: Maximum Likelihood Estimation using the Price Data of the Derivative Contract [J]. Mathematical Finance, 2000（10）: 461-462.

定 $\sum$ 和 $\hat{k}_{i,t}$ 时方程（4-3）的解，关于 $k_i(t)$ 的方程（4-4）中所涉及的 V_i (t) 则用 $\hat{V}_{i,t}(\sum)$ 代替，此外，$\hat{x}_{it} = \ln(\hat{V}_{i,t}(\sum)/\hat{V}_{i,t-1}(\sum))$。

在参数 μ 和 $\sum$ 的估计过程中，假设银行债务距离到期的时间 T_1 等于 1 年，然后采用股票资产 $E_i(t)$ 一年的周市值进行估计。通过这一估计过程，可以得到一个关于样本中每家银行的随机参数集合，这些参数在给定过去一年中每周股价的情况下，可用于反向推算资产价值的估计值 $\hat{V}_i(t)$，进而能够得到每家银行在每个观测日期上的总资产价值的估计值。

与标准风险管理的相关文献一致，假设在情景模拟过程中，银行资产组合的收益服从正太分布。此外，还存在一种能体现股票收益序列厚尾特征的可选分布，但是它与估计方程（4-3）中的假设不一致，故在此不做考虑。

第二节　银行网络的系统性风险评估分析

一、数　据

依据前述模型分析框架，本书的分析需要确定每家银行的银行间的风险暴露头寸，即矩阵 L，以及净资产头寸 e_i。鉴于 e_i 方面的风险被描述为随机过程，只能考察公开交易的上市银行，不包括在此范围内的剩余银行可被视为一个整体。随机过程的待估参数影响着银行资产的价值，在此采用股票市场 2014 年相关银行的市值周数据及其总负债数据进行估算，相关数据均来源于 Wind 数据库。

中央银行通常拥有国内银行关于资产负债表中银行间风险暴露头寸的具体信息，但一般不对外披露，无法直接获得，部分相关信息只能通过上市银行的财务报表得到。上市银行的财务报表不包括银行双边层面的债权债务信息，无法得知单个银行具体的债权债务方，且其银行间网络通常只包括国内银行机构，而外资银行通常被视为一个整体，无法得知其银行间债权债务的具体信息。鉴于数据的可获得性，银行间风险暴露头寸我们主要考察由银行间借贷关系所产生的银行间债权和债务，对于银行的表外资产和负债以及可交易性金融资产等暂不考虑。

本章选取中国 16 家上市银行作为样本[①]，剩余国内银行和所有外资银行分别视为一个整体。银行间债权用银行资产负债表中存放同业和其他金融机构款项以及拆出资金来代表，银行间债务则通过同业和其他金融机构存放款项以及拆入资金来代表。其他银行的相关财务指标，通过银行业监督管理委员会公布的 2014 年统计数据整理计算得出，外资银行的资产及负债数据则来自于中国国家统计局网站。由于其他银行的银行间债权债务无法直接获得，本章用 16 家样本银行的银行间债权债务与其资产负债的平均占比来进行估算，鉴于外资银行的业务主要在中国境内发生，其银行间债权债务直接用其资产负债来表示。在此依旧采用前述的最大熵和最小相对熵估计对银行间双边债权债务进行估算，进而得到样本银行间的债权债务矩阵 L。表 4 - 1 给出了 2014 年中国银行系统中各银行集团银行间债权债务的规模及占比，从中可以发现 16 家上市银行的银行间债权占市场总规模的 65.78%，而银行间债务的市场规模占比更高达 94.31%，可见选择上市银行作为样本，对中国银行网络系统具有较强的代表性，在其基础上进行银行网络系统性风险分析具有较强的现实意义。

表 4 - 1 　　　　　　　2014 年中国银行系统的银行间债权债务

银行系统	银行间债权		银行间债务	
	百万元	占比（%）	百万元	占比（%）
上市银行	5163780.02	65.78	117432613.6	94.31
其他银行	203147.1872	2.59	4601989.854	3.70
外资银行	2483180	31.63	2483180	1.99
共计	7850107.207	100.00	124517783.5	100.00

表 4 - 2 给出了 2014 年中国样本银行网络的银行间债权债务矩阵 L 的估算结果，具体结果的单位为百万元。由于银行不会直接与自身产生债权债务关系，故 L 的主对角线元素全部为 0。而 L 中的每一个元素则体现的是不同银行机构间的双边债权债务关系，其中行元素表示的是某一银行机构与其他银行机构间的债权关系，列元素则表示某一银行机构与其他银行机构间的债务关系，

---

① 16 家上市银行分别是平安银行、宁波银行、浦发银行、华夏银行、民生银行、招商银行、南京银行、兴业银行、北京银行、农业银行、交通银行、工商银行、光大银行、建设银行、中国银行以及中信银行。

L 中单个银行机构对应的行之和和列之和则分别表示的是该银行的银行间债权和银行间债务。

表 4 - 2　　　　　　　2014 年中国样本银行网络的银行间债权债务矩阵　　　　单位：百万元

银行	A	B	C	D	E	F	G	H	I	J	K	L	M	N	O	P
A	0	641	3266	1591	5007	3594	522	3039	3381	21875	7029	18265	3396	11467	23011	3221
B	543	0	806	393	1236	887	129	750	834	5398	1734	4507	838	2830	5678	795
C	4273	1243	0	3087	9715	6974	1012	5896	6559	42444	13638	35439	6589	22249	44648	6251
D	1822	530	2702	0	4143	2974	432	2514	2797	18099	5816	15112	2810	9488	19039	2665
E	4238	1233	6286	3061	0	6917	1004	5848	6506	42098	13526	35149	6535	22067	44283	6199
F	4689	1365	6955	3387	10661	0	1111	6470	7198	46579	14966	38891	7231	24416	48997	6859
G	557	162	827	403	1267	910	0	769	856	5537	1779	4623	860	2902	5824	815
H	4884	1421	7244	3528	11105	7971	1157	0	7497	48515	15589	40508	7531	25431	51034	7145
I	1585	461	2351	1145	3604	2587	375	2187	0	15745	5059	13146	2444	8253	16562	2319
J	16375	4766	24289	11830	37234	26728	3879	22596	25139	0	52270	135825	25253	85274	171122	23956
K	6433	1872	9543	4648	14628	10501	1524	8877	9877	63911	0	53362	9921	33502	67229	9412
L	20638	6006	30612	14910	46927	33686	4889	28479	31683	205023	65877	0	31827	107472	215667	30192
M	2798	814	4151	2022	6363	4567	663	3861	4296	27798	8932	23210	0	14572	29242	4094
N	16117	4691	23906	11644	36646	26306	3818	22240	24742	160107	51444	133680	24854	0	168419	23578
O	16729	4869	24814	12086	38039	27306	3963	23085	25683	166192	53400	138761	25799	87117	0	24474
P	4159	1210	6169	3005	9457	6789	985	5739	6385	41317	13276	34497	6414	21658	43462	0

　　注：表中 A ~ P 依次指代的是平安银行、宁波银行、浦发银行、华夏银行、民生银行、招商银行、南京银行、兴业银行、北京银行、农业银行、交通银行、工商银行、光大银行、建设银行、中国银行以及中信银行。

　　由于单个银行机构的基本违约主要受到其银行间市场所有债权债务之和的影响，故 L 单独的行之和和列之和能够实现这一评估目标。而清算支付向量的计算以及传染性违约的确认则需要建立在银行间双边风险暴露的基础上，L 中具体元素的值则可以帮助实现以上两个评估目标。

　　在矩阵 L 的估算过程中，本章所采用的最大熵和最小相对熵估计的方法具有一定的局限性，其关于矩阵 L 结构方面的假设虽然不会影响基本违约的数目，但对传染性违约的数目则会产生一定的影响，有可能导致传染性风险的低估①。然而，这一方法在处理本章所面临的不完全信息问题时则具有两个显著的优势。一方面，它能相对灵活地处理从不同来源收集到的额外信息；另一方面，它采用的全部是公开市场信息，计算程序便于执行且能够有效处理大型数据集。

二、系统性风险分析：现状

依据观察到的 2014 年样本银行的股票市值和债务价值，可以估算出 2015 年底样本银行的资产价值 $V^s(T)$ 和净收入状况 e^s。结合估计出的银行间矩阵 L，通过情景模拟，可以对未来一年间银行网络系统的风险状况进行分析。分析模型将违约事件分为基本违约和传染性违约，对于传染性违约进一步考虑了是否存在完全双边结算的情况，表 4-3 提供了一年时间里违约情景的相关统计指标。

表 4-3　　　　　　　　　　　　银行系统的违约统计

违约（Defaults）	Total		基本违约	传染性违约	
	非完全双边结算	完全双边结算		非完全双边结算	完全双边结算
最小值（Min）	0	0	0	0	0
最大值（Max）	16	4	4	13	0
中间值（Median）	0	0	0	0	0
均值（Mean）	0.00147	0.00049	0.00049	0.00098	0
标准差（Std. - Dev.）	0.12887	0.02983	0.02983	0.10535	0

注：通过情景模拟法估算得到，其中模拟情景的次数为 100000 次。

从表 4-3 中可以看出，中国银行网络系统（至少就关注的 16 家上市银行而言）是较为稳定的。虽然存在 16 家银行全部违约的情景，但是其发生概率接近于 0，在 100000 次模拟场景中仅发生了一次。以 2014 年 12 月为起始时

_____

① Allen and Gale（2000）指出银行间市场越接近完全市场结构，则银行系统的稳健性越强。当某个银行机构的银行间贷款分布在很多银行之间时，整个银行系统在面临冲击时的稳健性也越强。

间，在未来一年的时间范围内，整个银行系统内发生一次或多次违约的概率为
0.035%，而观测到一次多米诺骨牌效应的概率则基本为0。

在清算过程中，可以改变多方面的参数以考察整个银行系统累计违约统计
结果的敏感度。在此，本书改变了清算过程，分别考察了银行网络系统是否执
行双边结算的情况。与 Martin Summer 等（2005）关于英国银行系统的研究结
果不同，本书发现在完全双边结算的情况下，中国银行系统的平均违约概率及
其标准差较不存在双边结算的情况有一定程度的减小。

观测16家样本银行单独的莫顿违约概率[1]，可以发现中国银行系统是非
常稳定的，所有银行的单独违约概率均在0.004%～0.026%。单独违约概率
详见表4-4，该表还提供了各银行在目标概率下的违约距离，违约距离的度
量方式为：

$$dd_i(T) = \frac{\left(\hat{\mu}_i - \frac{1}{2}\hat{\sigma}_i^2\right)T + \ln\dfrac{V_i(0)}{D_i(T)}}{\hat{\sigma}_i\sqrt{T}}$$

表4-4　　　　　　　　　样本银行单独违约概率及违约距离的分布

银行（Banks）	A	B	C	D	E	F	G	H
DD（%）	4.39	4.71	4.58	3.83	4.16	5.03	4.51	4.26
违约概率（Default Prob）	0.006	0.005	0.009	0.013	0.010	0.005	0.005	0.007
银行（Banks）	I	J	K	L	M	N	O	P
DD（%）	5.35	4.03	3.76	4.26	3.91	4.88	4.14	3.62
违约概率（Default Prob）	0.009	0.009	0.012	0.009	0.009	0.004	0.009	0.026

鉴于本书风险分析模型的关注点并不是得到银行的单独违约概率，而是银
行投资组合的相关性对传染性的影响，此外，还需得到一个压力测试框架来对
银行系统的相关银行进行识别。表4-4的测算结果应谨慎对待，这些莫顿模
型的违约概率可被视为提供了一个样本银行的违约风险次序，即违约概率为
0.026%的中信银行很可能最先违约，而违约概率为0.004%的建设银行则可

---

[1]　莫顿违约概率，罗伯特·莫顿（Robert Merton）将破产定义为一种连续的违约概率，破产被视
为一个随机过程，而不是公司资产结构的微观经济模型。

能最后违约。

三、资产相关性及银行间债权债务关系的作用

传统意义上的银行业监管主要关注的是单个银行的经营状况，而不是整个银行系统的运行状态，因此，监管者主要感兴趣的是各个银行的资产价值变化，即 $V_i(t)$ 的边际分布，对于整个银行系统的资产价值变化，即 $V(t)$ 的联合分布，往往关注较少。这主要是因为边际法能够给出单个银行机构的准确违约概率，而联合违约的估计则需建立在边际分布的基础之上，而且通常不是很准确。

在此，本书将银行资产结构的相关性纳入考虑，这使得联合违约概率的估计方法更加复杂，问题的关键在于这一改进是否行之有效。为了对其进行检验，本书比较了三种不同方式下，不同程度的联合违约在模拟情景中的发生次数。这三种方式分别是：1. 仅仅基于边际分布，即假设协方差是零；2. 基于联合分布；3. 基于考虑银行间债权债务关系的联合分布。表 4-5 给出了相关情景模拟中的联合违约次数，从模拟结果中可以看出，将银行资产结构的相关性纳入考虑后，其对违约次数的估计产生了一定的影响。银行的单独违约次数减少了，相比之下，不发生违约的情景次数以及两家或更多银行同时违约的情景次数都有所增加。在进一步考虑了银行间的债权债务关系之后，这一效果有所增强，出现了较多银行同时违约的情景，在一定程度上反映了潜在的风险传染效应。

表 4-5 情景模拟中不同分布下银行的同时违约次数

联合违约	边际分布	联合分布	银行间市场	
			非完全双边结算	完全双边结算
0	99963	99965	99965	99965
1	37	26	24	26
2	0	5	2	5
3	0	3	0	3
4	0	1	0	1

联合违约	边际分布	联合分布	银行间市场	
			非完全双边结算	完全双边结算
5	0	0	0	0
6	0	0	0	0
7	0	0	0	0
8	0	0	0	0
9	0	0	1	0
10	0	0	1	0
11	0	0	1	0
12	0	0	0	0
13	0	0	1	0
14	0	0	1	0
15	0	0	2	0
16	0	0	2	0

注：通过情景模拟法估算得到，其中模拟情景的次数为100000次。

情景模拟的分析结果显示，从银行系统稳定性的角度出发，银行资产结构的相关性和银行间的债权债务关系都是较为重要的，对以上两者的忽略，将可能导致在相当大的程度上低估银行业系统性风险的发生概率。然而，从现实的角度出发，如果不考虑银行间的债权债务关系，联合违约概率的低估量可能不会很大。但是，如果忽视了银行资产结构的相关性，则会导致联合违约事件的发生概率被明显低估。

四、系统性风险分析：压力测试

压力测试是度量银行系统稳定性的另一种方式，它还能让金融监管者对可能引发系统性风险的单个机构进行确认。现有的关于银行体系多米诺骨牌效应的研究文献大多关注压力测试法，一般假设单个机构违约，其他银行机构的财务状况未受影响，而这一假设的前提则是导致银行破产违约的冲击是单独异质冲击，且每次只冲击一家银行。在研究机构相继违约，以及银行资产组合不存在相关性时银行系统的传染风险方面，这种方法是十分有效的。然而，从一般的现实角度出发，采用压力测试法时，关于违约的假设来源必须更加明确。

从系统稳定性的视角出发，单独异质冲击的假设可能会导致系统性风险的低估，因为之前已经证实，银行间资产结构的相关性通常对于系统性风险有正向影响。在整个系统层面实施压力测试时，对整个银行系统产生影响的宏观经济冲击，才是维系金融稳定的单个机构需要主要关注的。这样的冲击会直接影响所有的银行机构，影响程度则取决于各银行的资产构成。因此，Martin Summer 等（2005）对压力测试的框架进行了扩展，将系统性冲击作为银行违约的第二个原因，在此，本书采用其扩展后的框架进行风险分析。如果银行间的资产价值存在正相关性，那么，若一家银行因资产价值下降而违约，则其他银行也可能被预期面临困境。

在此，采用银行资产价值的多元条件分布来得到系统性冲击。假设监管者清楚银行资产价值的联合非条件分布，并观察到一家银行机构因系统性冲击已经违约。那么，对于监管者而言，考虑到一家银行的资产价值在破产门槛之下，理性的做法是更新其所了解的联合分布，计算其他银行资产价值的条件分布。在这一条件分布下，如果各银行的资产价值具有正相关性，则违约概率、传染概率以及存款承保人的损失都将被预期增大。采用此种事前分析方法，监管者可以依据各银行违约对银行系统的影响程度对其进行排序，进而确认系统重要性银行。

通过情景模拟分析，表4-6和表4-7分别提供了某家银行违约时其他银行的基本违约概率和传染性违约概率。从分析结果中可以发现，不同银行的违约概率差异较大。在基本违约概率中，银行 P 对其他银行的基本违约概率影响很小，但当其他银行违约时，其自身的基本违约概率又会受到显著影响；银行 A、B、E、G、K、M 和 P 对其他银行违约的平均影响则较弱，低于银行 C、D、F、H、I、J、L、N 和 O；此外，当银行系统中的其他银行违约时，银行 E、K、M 和 P 受到的平均影响最为显著；由此可见，在基本违约的相互影响中，自身违约对其他银行影响较弱的那些银行，其他银行违约时对其产生的影响则较强，而那些自身违约对其他银行影响较强的银行，其受到的反向影响则较为微弱。

在传染性违约概率中，银行 P 对其他银行的影响依然很小，银行 A、B、E、G、K、M 和 P 对其他银行传染性违约的平均影响也弱于其他 9 家银行，但是当其他银行发生传染性违约时，它们受到的平均影响则不一定显著，例如，银行 P 导致其他银行发生传染性违约的平均概率为 0.01%，而其他银行发生传染性违约时，其自身受到影响的平均概率也仅为 0.1%，低于较多银行的受影响程度；此外，当银行系统中的其他银行发生传染性违约时，银行 E、I、J、M 和 O 受到的平均影响最为显著。由此可见，银行传染性违约的相互影响模式与其基本违约不同。但是，综合而言，一个违约距离较大的银行发生违约时，其对其他银行的违约影响往往也相对较强。

为了阐述系统性冲击与单独异质冲击的差异，在此将违约距离 dd_i 中 $(1-\alpha)$ 部分对银行 i 的影响假设为单独异质冲击 $z_i = -(1-\alpha)dd_i$，然后对银行 i 违约时，其他银行资产价值的条件分布进行情景模拟，将冲击的剩余部分假设为系统性冲击。

在计算银行资产 V 的条件分布时，本章采用了协方差的估计值 $\hat{\sum}$，如果是为了考察不同压力测试假设所产生的预期损失的差异，这种乔莱斯基分解可能是最简洁和直接的一种方式。为了度量银行 i 的系统重要性，本章对银行 i 在违约的条件下，其他所有银行的预期损失进行计算，即：

$$ES_i = \frac{1}{S} \sum_{s=1}^{S} \sum_{k=1,k\neq i}^{N} \max(D_k(T) - V_k^s(t),\ 0) \tag{4-5}$$

其中，N 是银行的数目，S 是情境模拟次数。如果所有的存款都是已投保的，那么，预期损失就等于存款承保人的债务。因此，可以将预期损失解释为因银行 i 破产失败而导致存款承保人增加的债务。

与之前的预期一致，发现系统性冲击对整个银行系统稳定性的威胁大于单独异质冲击，表 4-8 提供了不同 α 水平下，每家银行的破产违约给其他银行带来的预期损失。当 $\alpha=0$ 时，模拟的则是一个完全的异质冲击；$\alpha=1$ 时，模拟的则是一个完全的系统性冲击。从模拟分析的结果中可以看出，系统性冲击所带来的预期损失较单独异质冲击下明显增加，其中，银行 C、F、H、I 和 L 违约所带来的预期损失远大于其他银行。与此同时，它们对其他银行的基本违约和传染性违约的影响也较为显著，故以上几家银行在整个银行系统中较为重要，可能是系统重要性银行。

表 4-6　一家银行违约时其他银行的基本违约概率

单位：%

A	B	C	D	E	F	G	H	I	J	K	L	M	N	O	P
—	1.8	24.5	6.1	0.2	78.3	0.8	30.3	34.5	1.9	0.5	3.2	0.5	6.0	0.6	0.0
1.0	—	7.8	1.7	0.0	9.4	21.5	6.4	40.9	0.4	0.2	0.4	0.7	1.1	0.4	0.0
0.1	0.1	—	0.2	0.0	6.5	0.0	2.1	6.2	0.1	0.0	0.1	0.0	0.3	0.2	0.0
8.0	4.3	60.6	—	2.6	88.6	1.6	51.6	64.0	15.1	1.7	9.5	1.7	47.2	11.2	0.1
5.3	2.1	44.8	50.2	—	70.4	0.7	55.0	43.3	43.7	3.9	27.1	3.0	93.4	28.3	0.5
0.1	0.0	2.2	0.1	0.0	—	0.0	1.5	5.7	0.1	0.0	0.1	0.0	0.8	0.0	0.0
0.1	6.7	1.4	0.2	0.0	0.6	—	0.8	18.0	0.0	0.0	0.0	0.2	0.1	0.0	0.0
1.8	0.8	25.8	2.4	0.1	55.7	0.3	—	43.1	1.0	0.1	1.0	0.1	3.8	0.5	0.0
0.4	0.2	9.0	0.8	0.1	21.1	0.2	5.5	—	1.2	0.0	2.7	0.0	4.8	1.2	0.0
2.4	1.0	25.7	14.3	1.9	45.5	0.2	22.2	48.1	—	0.9	37.5	1.0	45.6	15.9	0.9
35.4	29.8	75.2	84.0	10.1	98.0	15.9	76.5	94.0	50.8	—	48.2	25.8	79.8	44.0	0.0
1.2	0.2	9.0	2.8	0.4	15.0	0.1	7.0	39.8	11.0	0.3	—	0.2	12.4	8.2	0.8
16.3	45.1	69.4	44.1	3.9	74.5	49.0	69.1	98.7	27.4	12.7	23.0	—	41.4	31.5	0.0
0.6	0.2	7.8	4.1	0.5	51.8	0.0	7.7	14.7	4.0	0.1	3.4	0.1	—	2.0	0.0
0.9	0.8	45.5	9.5	1.1	25.0	0.4	10.7	46.1	14.8	0.7	26.7	0.9	24.7	—	0.0
20.1	17.6	50.0	30.9	11.1	43.4	15.4	60.3	92.2	15.9	8.0	12.8	15.4	23.5	14.9	—

注：1. 表中 A～P 依次指代的是平安银行、宁波银行、浦发银行、华夏银行、民生银行、招商银行、南京银行、兴业银行、北京银行、农业银行、交通银行、工商银行、光大银行、建设银行、中国银行以及中信银行；

2. 通过模拟情境估算得到，其中模拟情境的次数为100000次；

3. 每一列显示的是该银行违约时，其他银行的基本违约概率。

表4－7　一家银行违约时其他银行的传染性违约概率

单位：%

A	B	C	D	E	F	G	H	I	J	K	L	M	N	O	P
—	0.05	1.77	0.30	0.01	3.55	0.03	1.99	2.84	0.18	0.01	0.40	0.02	1.03	0.07	0.01
0.14	—	1.47	0.19	0.01	2.81	0.51	1.15	5.62	0.08	0.02	0.15	0.04	0.39	0.07	0.00
0.00	0.00	—	0.01	0.00	0.36	0.00	0.10	0.25	0.01	0.00	0.00	0.00	0.03	0.01	0.00
0.11	0.06	0.80	—	0.04	0.84	0.03	1.40	0.79	0.21	0.02	0.17	0.03	2.87	0.13	0.00
0.39	0.18	2.65	1.64	—	3.97	0.07	2.93	4.45	1.07	0.15	3.16	0.15	2.39	0.81	0.03
0.01	0.00	0.13	0.00	0.00	—	0.00	0.12	0.28	0.01	0.00	0.01	0.00	0.06	0.00	0.00
0.01	0.07	0.16	0.01	0.00	0.15	0.00	0.08	1.41	0.00	0.00	0.00	0.00	0.02	0.00	0.00
0.00	0.00	0.00	0.00	0.00	0.00	0.00	—	0.00	0.00	0.00	0.00	0.00	0.00	0.00	0.00
0.35	0.23	9.02	0.82	0.06	20.99	0.16	5.44	—	1.22	0.03	2.68	0.04	4.83	1.19	0.00
0.78	0.34	7.36	3.86	0.40	15.44	0.10	7.11	11.84	—	0.24	12.08	0.25	15.07	3.15	0.01
0.42	0.22	1.23	0.60	0.14	0.34	0.19	1.59	0.49	0.59	—	2.98	0.20	3.23	0.38	0.06
0.04	0.01	0.58	0.10	0.00	1.90	0.01	0.55	1.31	0.18	0.00	—	0.01	1.23	0.10	0.00
0.97	0.50	2.68	2.32	0.24	5.39	0.30	3.43	0.29	1.56	0.61	3.78	—	6.34	1.23	0.07
0.00	0.00	0.04	0.00	0.00	0.14	0.00	0.07	0.09	0.00	0.00	0.00	0.00	—	0.00	0.00
0.49	0.32	10.14	3.27	0.34	14.15	0.16	5.36	14.47	4.64	0.21	11.08	0.27	12.16	—	0.01
0.01	0.00	0.09	0.01	0.00	0.39	0.00	0.23	0.04	0.03	0.00	0.01	0.00	0.29	0.01	—

注：1. 表中A～P依次指代的是平安银行、宁波银行、浦发银行、华夏银行、民生银行、交通银行、工商银行、光大银行、建设银行、中国银行以及中信银行、农业银行、招商银行、南京银行、兴业银行、北京银行、农业银行；

2. 通过情境模拟法估计得到，其中模拟情境的次数为100000次；

3. 每一列显示的是该银行违约时，其他银行的传染性违约概率。

表 4－8　一家银行违约时其他所有银行的预期损失

单位：百万元

α	A	B	C	D	E	F	G	H	I	J	K	L	M	N	O	P
0	37287	36497	334137	126851	10829	627429	27862	230862	895425	94496	6573	110032	17694	255258	82175	430
0.1	480823	259955	3248135	2247061	311673	3986752	114225	2911864	3922196	2254292	198015	2427421	222297	3451633	1801242	10962
0.25	491219	268064	3270891	2261561	322582	4014129	123431	2938828	3965824	2252819	196906	2439656	238915	3445139	1811025	8862
0.5	511742	288981	3263846	2277076	320256	4013273	120518	2928157	3943633	2261691	215588	2435992	247141	3447353	1809814	10514
0.75	511306	278434	3250810	2270311	315893	4004098	129894	2910196	3945292	2240787	210695	2429657	249633	3448879	1799107	9222
0.9	507501	284011	3232077	2250681	325055	3995757	127576	2890911	3926503	2224104	205670	2424050	243806	3442115	1791703	11110
1	523676	269416	3278248	2295269	323277	4016963	127267	2936861	3947437	2264642	200166	2450040	246782	3445648	1816679	11675

注：1. 表中 A～P 依次指代的是平安银行、宁波银行、浦发银行、华夏银行、民生银行、招商银行、兴业银行、北京银行、农业银行、交通银行、工商银行、光大银行、建设银行、南京银行、中国银行以及中信银行；
2. 通过情境模拟法估算得到，其中模拟情境的次数为10000次。

第三节　结论及政策含义

随着现代金融的不断发展，银行体系中各个银行机构的资产具有较强的相关性，以债权债务关系为代表的银行间金融联系也日益紧密，系统性风险的评估必须综合考虑这两个方面。因此，本章采用 Martin Summer 等（2005）拓展的模型框架对中国银行体系的系统性风险进行了评价分析。首先，构建银行网络模型，以银行间的债权债务矩阵 L 和净资产向量 e 的组合（L, e）来表示整个银行网络，在考虑清算机制并引入清算支付向量之后，该银行网络可进一步表示为（L, e, d）的组合；其次，介绍了银行资产风险的评估方法，在此，将银行资产视为股票市值的欧式期权，进而考察银行资产市场价值的变化；再次，通过银行资产的市场价值 $V_i(T)$ 估算出银行的净收入 e_i^*；最后，结合银行间债权债务矩阵 L，采用情景模拟法对整个银行系统面临的风险进行分析。

本书选取了中国 16 家上市银行作为样本，构建了中国银行网络模型，采用上述方法分析了中国银行网络系统性风险的现状，探讨了银行资产价值相关性以及银行间债权债务关系在系统性风险评估中的作用，并对整个银行网络体系进行了压力测试，研究结果显示：

1. 中国银行网络系统（至少就关注的 16 家上市银行而言）是较为稳定的，且在完全双边结算的情况下，中国银行系统的平均违约概率及其标准差较不存在双边结算的情况有一定程度的减小。

2. 从银行系统稳定性的角度出发，银行资产结构的相关性和银行间的债权债务关系都是较为重要的，对以上两者的忽略，将可能导致在相当大的程度上低估了银行业系统性风险的发生概率。然而，从现实的角度出发，如果不考虑银行间的债权债务关系，联合违约概率的低估量可能不会很大。但是，如果忽视了银行资产结构的相关性，则会导致联合违约事件的发生概率被明显低估。

3. 在基本违约的相互影响中，自身违约对其他银行影响较弱的那些银行，其他银行违约时对其产生的影响也较强，而那些自身违约对其他银行影响较强的银行，其受到的反向影响则较为微弱，不过，银行传染性违约的相互影响模式却与其基本违约不同。但是，综合而言，一个违约距离较大的银行发生违约时，其对其他银行的违约影响往往也相对较强。

对监管者而言，上述研究发现对现实也具有一定的指导意义。对于银行系统稳定性的监管，不仅仅需要关注单个银行机构的风险状况，更要从整个系统的角度出发，将银行资产价值间的相关性和银行间的债权债务关系纳入考虑范围，其中银行资产结构的相关性应重点予以监督。而在单个银行机构的监管方面，对于重要程度不同的银行机构应当有所差异，系统重要性银行对整个银行体系稳定性的影响较其他银行更大，应对其制定更为严格的监管标准。

第五章

银行网络结构与系统性风险的动态关系分析

现有研究显示各经济体具有不同的银行网络结构，奥地利银行、美国联邦基金以及 FedWire 银行间支付网络均具有小世界网络的结构特征，日本银行和巴西银行网络在一定程度上服从无标度网络的幂律分布特征，瑞士银行网络呈现出稀疏和集中的网络结构特点，匈牙利和比利时的银行网络拥有多个货币中心，德国和芬兰的银行网络则分别呈现双层和三层的结构特征，而意大利银行和墨西哥金融网络结构则接近于随机网络。

那么，银行网络结构对于系统性风险会产生怎样的影响呢？Ágnes Lublóy (2005)[1] 和 Degryse H. 和 Nguyen G. (2007)[2] 发现银行间的多米诺骨牌效应主要取决于银行同业市场的结构。Erlend Nier 等 (2007)[3] 则发现在网络的连通性方面，最初连通性一个较小的增大会增强传染效果，但是在到达某一阈值后，连通性的增加会提高银行体系吸收冲击的能力，而 Daron Acemoglu 等 (2013)[4] 的研究也得到了类似的结论，他们发现当银行间相互连通的范围增加时，金融传染效应展现出一种阶段传递的特征。此外，Simone Lenzu 等 (2012)[5] 发现如果机构是异质的，那么随机金融网络结构较无标度金融网络

---

① Ágnes Lublóy. Domino effect in the Hungarian interbank market [M]. Mimeo, 2005.

② Degryse H. , Nguyen G. Interbank exposures: an empirical examination of systemic risk in the Belgian banking system [J]. International Journal of Central Banking, 20007, 3 (2), 123 – 171.

③ Erlend Nier, Jing Yang, Tanju Yorulmazer, Amadeo Alentorn. Network models and financial stability [J]. Journal of Economic Dynamics & Control, 2007 (31): 2033 – 2060.

④ Daron Acemoglu, Asuman Ozdaglar, Alireza Tahbaz – Salehi. Systemic Risk and Stability in Financial Networks [W]. Working Paper, December, 2013.

⑤ Simone Lenzu, Gabriele Tedeschi. Systemic Risk on Different Interbank Network Topologies [J]. Physica A, 2012 (391): 4331 – 4341.

结构具有更强的适应性，而范宏（2014）① 则发现银行网络系统风险累积与银行网络的拓扑连接及投资收益率特点有关。然而，相关的研究依然相对较少，银行网络的结构究竟是如何影响系统性风险的，对系统性风险的影响程度有多大仍然值得探讨。首先，银行业系统性风险与构建银行体系的机构数量的多少是否具有相关性，换言之，即银行网络规模的大小是否会直接影响系统性风险的发生；其次，存在大型货币中心银行的银行体系是否更容易发生系统性风险，换言之，即考察银行网络中部分节点的大小与系统性风险的关系；最后，银行网络中各机构联系的紧密程度是否会影响系统性风险的发生，主要考虑银行间风险暴露头寸的大小以及银行间的连接状况，换言之，即银行网络的连通度大小是如何影响系统性风险的。在此，本章以银行间的相互联系作为系统性发生的主要原因，即考察单个银行受到特殊异质冲击时，因传染效应所产生的系统性风险。

本章首先构建银行体系的网络模型，并对特殊异质冲击及冲击的传导机制进行介绍，然后，在此基础上，进一步采用模拟仿真方法探讨网络结构与系统性风险的影响关系，最后，总结主要结论并提出相应的政策建议。

第一节　银行体系的网络模型及冲击传导机制

一、银行体系的网络模型构建

在构建银行体系的网络模型之前，有必要对银行市场间单个银行机构的资产负债表结构进行简单描述。在此，不考虑银行间市场中存在存款保险机制的情况，且假设银行间结算不涉及双边净额结算机制，仅仅采用总额结算机制。此银行间市场中，单个银行机构的资产负债结构可用图 5 - 1 来进行表示。

---

① 范宏. 动态银行网络系统中系统性风险定量计算方法研究［J］. 物理学报，2014，63（3）：1 - 8.

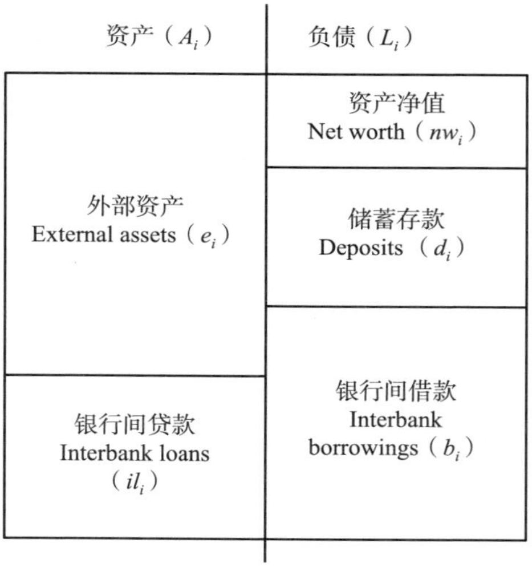

图 5 - 1　银行资产负债结构的简单示意

从图 5 - 1 中可以看出，银行机构 i 的资产 A_i 主要由外部资产 e_i 和银行间贷款 il_i 组成，可表示为 $A_i = e_i + il_i$，其中，外部资产 e_i 可进一步细分为投资性资产和流动性资产①；其负债 L_i 则由资产净值 nw_i、储蓄存款 d_i 以及银行间借款 b_i 组成，可表示为 $L_i = nw_i + d_i + b_i$。因而，通过会计恒等式可进一步得知，$e_i + il_i$ 恒等于 $nw_i + d_i + b_i$。

假设银行网络由 N 个银行构成，银行 i 和银行 j 之间存在借贷关系的概率为 p_{ij}，且所有的银行节点对 (i, j) 的连接概率均相等，统一用 p 来表示。银行网络的总资产规模为 $A = \sum A_i$，总负债规模为 $L = \sum L_i$，且 $A = L$，其中，$i = 1, \cdots, N$。

单个银行资产负债表中的各参数项可通过以下步骤来确定：

首先，银行外部资产规模比例。整个银行网络的总外部资产可以用 $E = \sum e_i$ 来表示，这些总外部资产代表提供给最终投资者的各项贷款总额，即通过银行体系实现的由储蓄者流向最终投资者的总资金流规模。在整个银行网络的层面上，外部资产占总资产的比例用 β 来表示，即 $E = \beta A$。

---

①　投资性资产主要指的是银行发放贷款所进行的投资，后文中的传染效应分析暂不考虑流动性资产的影响。

其次，银行间资产规模比例。整个银行网络的总资产可以表示为 $A = E + IL$，其中，$IL = \sum il_i$，代表的是整个银行网络的银行间资产规模。对于一个给定的外部资产 E，以及外部资产规模比例 β，银行间资产规模比例 $\theta = IL/A = (1-\beta)$。

再次，银行外部资产规模的确定。用总的银行间资产除以银行网络中的总边数 V，我们可以得到单个银行水平上任意有向边的规模大小，即一家银行为另一家银行提供的贷款额的大小，故 $w = IL/V$。因此，依据 w 和网络的结构，我们可以计算出单个银行 il_i 的 b_i 和。在确定每家银行的外部资产规模 e_i 之前，我们必须清楚，银行间的信用拆借主要是为了解决短期的流动性不足，并非银行长期投资的主要方式。因此，银行的外部资产额必须不低于银行间借贷差额，银行才能正常运营，故 $e_i \geqslant b_i - il_i$。

本章采用以下两步算法来实现这一约束条件：（1）对于每一家银行，先为该银行填充一个外部资产 $\tilde{e}$，使得其外部资产加上银行间贷款等于它的银行间借款，即 $\tilde{e}_i + il_i = b_i$；（2）与此同时，总外部资产中余下的部分是平均分布于所有银行之间的，即银行网络的外部资产还有 $(E - \sum_{i=1}^{N} \tilde{e}_i)$ 的部分没有分配于单个银行的资产负债表。在此，本章将这一数额的外部资产平均分配给所有 N 家银行，故 $\hat{e}_i = [(E - \sum_{i=1}^{N} \tilde{e}_i)/N]$ 即为分配给各个银行的数额。那么，进而可以得到单个银行机构的外部资产规模 $e_i = \tilde{e}_i + \hat{e}_i$。

最后，银行资产净值的比例。本章已经确定了银行资产负债表中资产方的参数以及负债方的银行间贷款 $B = \sum b_i$，负债方余下的两部分，资产净值 $NW = \sum nw_i$ 和储蓄存款 $D = \sum d_i$ 的获得则相对较为容易。在个体银行层面，资产净值被认为是其总资产的固定组成部分，即 $nw_i = \gamma L_i = \gamma A_i$。那么，单个银行资产负债表中的储蓄存款部分可以通过会计准则得到，即 $d_i = L_i - nw_i - b_i = A_i - nw_i - b_i$。至此，银行资产负债表中的各项参数已全部确定，我们可以进一步确定银行网络中各银行机构的资产负债表结构，进而描述各银行机构的信用拆借行为。

综上所述，整个银行体系的网络结构可以用参数的组合（γ，θ，p，N，E）来表示，其中，γ 表示资产净值在总资产中的比重，θ 表示银行间资产在总资产中的比重，p 表示任意两个网络节点被连接的概率，N 为银行网络的中银行机构的数目，即网络的规模，E 表示的是整个银行网络中外部资产在总资产中的比例。

二、基于资产负债表的冲击传导机制

本书的冲击传导机制主要关注的是银行网络中某一单个银行机构受到特殊异质冲击后所产生的后果，以及这一传染效应与银行网络中结构性参数的关系。在此期间，冲击主要影响的是银行机构的外部资产，产生冲击的原因通常被认为是单个银行的操作风险或信用风险。当冲击完全是由信用风险引发时，同时影响所有银行的累积冲击或相关性冲击都可能在现实中发生。对于研究银行间风险暴露或流动性效应所引发的传染性违约而言，特殊异质冲击就是一种新的开始时点。在本书的模型中，累积冲击就等于整个银行网络中所有银行同时减少的资产净值。如果这一冲击的规模足够大，大到能够引发一家银行机构的倒闭。那么，本书要进一步分析该银行的倒闭所带来的全部银行机构小范围的违约状况。因此，在没有银行发生违约时，也需要考虑累积冲击对所有银行资产净值可能存在的潜在影响。然后，可进一步研究，在任一给定的资产净值条件下，特殊异质冲击可能产生的后果。

对于任一给定的银行网络体系，每次冲击一家银行，则其外部资产的某一部分会被抹去。在此，用 s_i 表示初始冲击的规模。初始冲击产生的损失首先会被该银行的资产净值 nw_i 吸收，然后，其银行间借款 b_i 和储蓄存款 d_i 则作为最终的"水池"，以吸收余下的冲击。也就是说，假设储户在银行的存款依次优先于银行间借款以及银行的所有者权益。如果银行的资产净值不足以吸收初始冲击，那么，这家银行将违约，余下的冲击将通过银行间债务传递给它的债权银行。如果这一负债项目的规模不足以吸收冲击，则这家银行将最终倒闭，其部分储户也会遭受损失。因此，一般情况下，如果银行遭受的初始冲击规模大于其资产净值，即 $s_i > nw_i$，那么这家银行将违约；如果余下的损失（$s_i - nw_i$）小于银行 i 从银行间市场获得的银行间借款 b_i，那么所有的剩余损失（$s_i - nw_i$）将传递给它的债权银行；然而，如果余下的损失大于该银行的银行间借款，即（$s_i - nw_i$）> b_i，那么所有剩余的损失都无法传递给它的债权银行，且储户将遭受（$s_i - nw_i - b_i$）部分的损失。

遭受初始冲击的银行倒闭后，其银行间借款项所吸收的冲击规模，将按比例（即该银行各债权银行的借款规模占其银行间借款总规模的比重）分配给它所有的债权银行。这部分冲击也是依次先由债权银行的资产净值来吸收，如果资产净值大于所传递的冲击规模，那么该债权银行将承受这一冲击。否则，该债权银行也将违约，剩下的冲击将首先通过银行间债务进行传递，如果银行间借款项的规模不足以吸收这些冲击，则储蓄者将再次遭受损失。通过银行间借贷市场渠道传递的那部分冲击可能引发更多轮的传染性违约。这些余下的冲击将通过银行间市场持续地传递，直至所有的冲击都被完全吸收。图 5 - 2 描述了这种银行网络中单个机构受到冲击后所产生的风险传染过程。

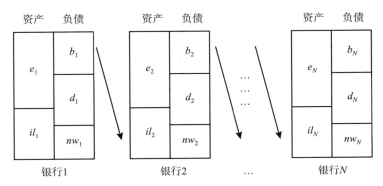

图 5 - 2 银行网络的风险传导机制示意

在此，假设银行 i 是遭受了初始冲击的银行，将 k 定义为银行 i 的债权银行数目，将银行 j 定义为给银行 i 提供贷款的银行之一。因此，如果 $(s_i - nw_i) < b_i$，那么，银行 j 将遭受到 $s_j = [(s_i - nw_i)/k]$ 部分的损失；如果 $s_j \leqslant nw_j$，那么银行 j 将能够承受这一冲击。否则，该债权银行也将违约，然后余下的冲击将继续通过银行间市场的渠道进行传递，诸如此类。

第二节 银行网络结构影响系统性风险的模拟仿真分析

本书在第一章中，基于风险传染的视角，对中国可能面临的银行业系统性风险进行了界定。因此，本节所探讨的银行网络结构与系统性风险的关系，主要指的是银行网络结构对银行传染性风险的影响，即不同网络结构下，某个或某些银行倒闭所导致的银行风险传染效果有何不同。在此，基于参数组合 $(\gamma, \theta, p, N, E)$ 构建的银行网络模型来分析银行网络结构对系统性风险的影响，假定银行体系的总外部资产（E）的规模为一固定值100000。具体分析某一结构参数对银行业系统性风险的影响时，都是在某一固定规模下的银行网络中进行，主要采用蒙特卡洛法进行模拟仿真分析，且每一个结构参数值下的分析结果均是取100次模拟仿真所实现的平均。

一、银行网络规模与系统性风险

随着银行业的快速发展，银行间市场规模在不断增大，其成员数也在不断增多。那么，银行网络的规模也是随其发展而不断增大的。而银行网络规模的变化对于传染性系统性风险的会产生怎样的影响，则是本章在此需要探讨的问题。

对于参数一定的银行网络模型，本章取结构性参数 N 为 5，10，…，100 的 20 个数值，以分析这些不同的银行网络规模对系统性风险的影响，图 5－3 给出了银行网络的规模变化与系统性风险的关系。横轴为银行网络中银行的数目，纵轴为违约银行所占百分比，图中直线为两者的回归拟合线。

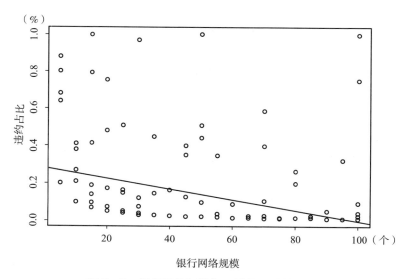

图 5－3　银行网络规模与系统性风险的关系

研究结果显示，银行网络规模与系统性风险的传染规模呈显著的负相关关系，随着银行网络规模从 10 增加到 100，不同网络规模下的违约银行平均占比从63%下降至19%，银行业系统性风险的传染规模是随之不断下降的。这是因为当银行网络规模很小时，单个银行机构面临的潜在冲击，会对整个银行网络的稳定性产生较大影响。当有银行失败倒闭时，冲击通过银行间风险暴露传递给余下不多的银行机构，它们需要承受较大的冲击。然而，随着银行网络规模的扩大，单个银行遭受的初始冲击能够分摊给更多的银行，银行间的风险暴露被很好地分散化，进而可以有效降低传染性系统性风险。

在考察了单一的银行网络规模与系统性风险的关系后，采用双变量分析，进一步探讨银行网络规模与资产净值、节点间连接概率的关系，以及它们对系统性风险的影响。图5-4和图5-5给出了相应的分析结果。

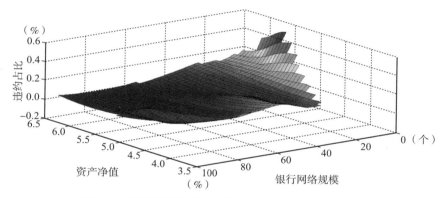

图5-4 银行网络规模与资产净值对系统性风险的影响

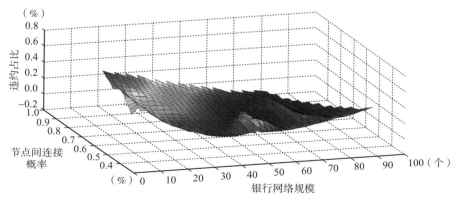

图5-5 银行网络规模与连接概率对系统性风险的影响

从以上两图中可以发现，在任意的资产价值和连接概率水平下，银行网络规模与银行违约概率之间大致呈"W"形的非线性关系。随着银行网络规模的增加，银行违约概率开始快速下降，在到达一定的网络规模水平时，银行违约概率会有所增加，在经历轻微的波动后，再次随网络规模的扩大而上升，但上升速度明显低于开始的下降速度。与此同时，还可以发现，资产净值水平越高，银行网络规模越大，其对应的系统性风险水平越低；而连接紧密度越低，银行网络规模越小，其对应的系统性风险水平则越高。

由此可见，总体上而言，银行间市场成员的增加，银行网络规模的扩大有利于降低银行体系的传染性风险。具体来看，银行网络规模对传染性系统性风险的影响则具有一定的阶段化特征，银行网络规模的增大一开始能够有效降低系统性风险水平，但是在达到某一阈值后，则会对传染性系统性风险产生一定的正向影响作用。

二、银行网络节点与系统性风险

现实经济生活中，部分大型银行机构在银行体系中起着"货币中心"的作用。随着银行业的发展，银行机构自身的规模也在不断发展壮大。那么，这些机构节点规模的变化会对系统性风险产生怎样的影响，则是在此所考虑的问题。

在 $N = 25$ 的银行网络规模水平下，首先分别考察了在累积冲击的条件下，大型银行的数目以及连接紧密程度的变化对传染性系统性风险的影响效果，图5－6和图5－7提供了相应的分析结果①。

研究结果表明，大型银行机构的数量和连接紧密度均与系统性风险水平具有明显的负相关关系。在不同的累积冲击条件下，大型银行机构的数量越多，则违约银行的规模越小，即银行体系的系统性风险水平越低；大型银行机构间的联系越紧密，违约银行的数量越少，其对应的系统性风险水平也越低。

---

① 此次模拟仿真分析中，基准参数设定如下：大型银行机构数量为5家，小型银行机构间的连接概率为0.2，小型银行机构与大型银行机构的连接概率为0.8。

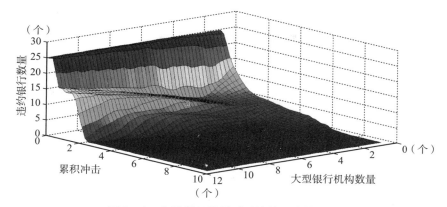

图5-6 大型银行数量对系统性风险的影响

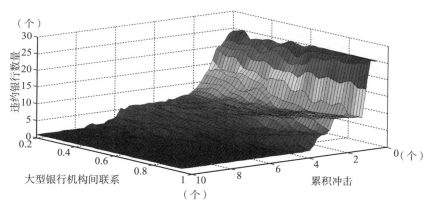

图5-7 大型银行连接紧密度对系统性风险的影响

其次，本章采用双变量分析，同时考察大型银行机构的数量及其连接概率的变化与系统性风险的关系，图5-8给出了相应的分析结果。从中可以发现，在两者的联合作用下，银行违约规模显著减少，系统性风险水平明显降低。当大型银行机构的数量在3家以下时，其连接概率的影响效果不明显，在所有的连接概率水平下，银行体系的违约银行规模都相对较大，系统性风险水平较高。这是因为在银行体系中，当发挥"货币中心"作用的大型银行数量很少时，小型银行机构对其的依赖性就会过大，而大型银行机构间连接的紧密程度不足以缓解这种依赖性；但是在此过程中，大型银行机构的数量则对系统性风险的影响极为显著，每增加一家大型银行，银行体系的银行违约规模都会明显减小。当大型银行机构的数量达到 4 家及以上时，其连接概率的作用便开始显现出来，大型银行机构的数量越多，其连接概率越大，则系统性风险的水平越低。其原因在于，"货币中心"型的银行机构达到一定数量后，小型银行对个别大型银行的依赖性有效减弱；与此同时，大型银行机构间的连接越紧密，则越能够有效吸收个别大型银行偶然失败所带来的传染性冲击，进而极大地降低了系统性风险水平。

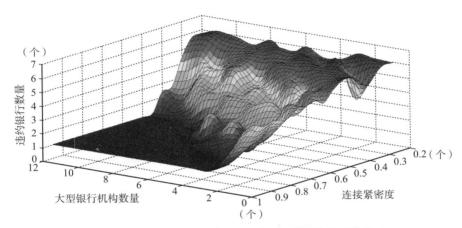

图 5 - 8   大型银行数量及连接紧密度与系统性风险的关系

由此可见，大型银行机构的增加及其连接的紧密程度对系统性风险水平有较强的负向影响，大型银行机构越低，联系越紧密，则系统性风险的水平越低。换言之，在未来银行业的发展过程中，银行机构自身规模的增大，以及银行机构在银行间市场中联系紧密度的增强都能在一定程度上降低银行体系的系统性风险水平。

三、银行网络连通度与系统性风险

银行网络的连通度主要指的是银行间市场中，银行节点之间的相互连接程度的高低。银行间连接对于冲击可能产生两种相反的效应，一方面，它们可能作为冲击传导的渠道，将银行机构所遭受的冲击传播到整个银行体系，即有可能作为冲击传递的介质；另一方面，通过这些银行间连接，冲击能够分摊到其他银行机构并被其资产净值所吸收，故银行间连接也可能作为冲击吸收的介质。那么，银行网络的连通度会如何影响银行体系的系统性风险呢？这便是本书即将在此探讨的问题。

银行网络的连通度主要表现为单个银行节点所连接的其他银行机构的数目，以及连接各节点的边权的大小，在此则分别体现为银行节点间的连接概率以及银行间风险暴露头寸的大小，而银行间风险暴露头寸又进一步体现为银行间资产规模的大小。由于银行网络的连通度可能作为冲击吸收的介质，而银行机构资产净值的大小能够体现该银行吸收冲击的能力，因此，在这里将资产净值纳入考虑范围。在一个网络规模为 $N = 50$ 的银行网络中，首先分别探讨银行节点间的连接概率与资产净值、银行间资产规模与资产净值对系统性风险的影响，图 5 - 9 和图 5 - 10 给出了相应的分析结果。

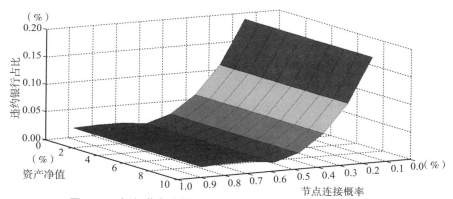

图 5 - 9　银行节点连接概率及资产净值对系统性风险的影响

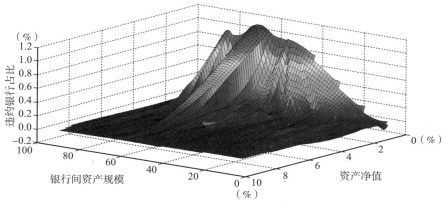

图 5 - 10　银行间资产规模及资产净值对系统性风险的影响

研究结果显示，银行节点间的连接概率与系统性风险水平呈显著的负相关关系，从图5-9中可以发现，在考虑节点连接概率与资产净值对系统性风险的联合作用时，资产净值对系统性风险的影响效果不明显。任意的资产净值水平下，银行节点间的连接概率与违约银行占比都大致呈开口较大的"V"形关系，在银行节点间的连接概率从0.1增加到0.5的过程中，违约银行占比快速减小，系统性风险水平显著降低，随后，伴随着连接概率的增大，系统性风险水平略微有所上升；与此同时，在银行间资产规模与资产净值对系统性风险的联合作用中，资产净值对违约银行占比的影响作用则较为明显。资产净值在2%以下水平时，违约银行占比很高，系统性风险水平较大，此后，随着资产净值水平的上升，系统性风险开始逐渐下降。而银行间资产规模水平则是在70%左右时，其对应的系统性风险最大，不同规模下的银行间资产所对应的系统性风险波动较大，且要受到资产净值水平的影响。

本章考察银行节点间的连接概率及银行间资产规模的变化与系统性风险的关系，图5-11提供了相应的分析结果。从中可以发现，当银行间资产规模水平在40%以下时，银行节点间连接概率越大，系统性风险水平越高。当银行间资产规模水平超过40%以后，随着银行节点间连接概率的增大，其所对应的系统性风险水平先下降再逐渐上升。与此同时，当银行节点间的连接概率小于0.2时，其所对应的系统性风险水平，总体上是随着银行间资产规模的增大而逐渐上升的，且系统性风险水平的波动幅度不大；然而，当银行节点间的连接概率大于0.2后，其所对应的系统性风险水平，总体上是伴随着银行间资产规模的增大而先上升后下降的，且波动幅度较大。

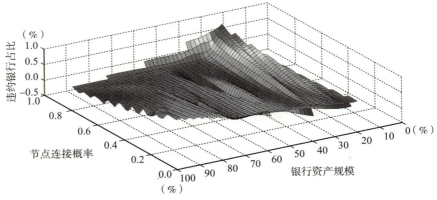

图5-11　银行节点间连接概率及银行间资产与系统性风险的关系

由此可见，银行网络的连通度对传染性系统性风险的影响作用也具有一定的阶段性特征。银行网络连通度的增大，能够在一开始有效帮助遭受初始冲击的银行机构将冲击分摊到其他更多的银行机构，使风险分散化，进而降低了系统性风险水平；但是随着银行网络连通度的持续增大，在超过某一阈值之后，这一效果便开始减弱并逐渐消失，最终，其反倒会扩大冲击的传染范围，加快风险的传播速度，进而导致系统性风险水平的上升。

第三节　本章小结

在现实的经济生活中，各个经济体拥有不同的银行网络结构，呈现出不同的网络结构特征。本章主要分析银行网络结构对系统性风险的影响作用，分别探讨了银行网络规模的大小、银行网络中部分节点的大小，以及银行网络连通度的大小与系统性风险的关系。

首先，本章基于单个银行资产负债表的主要参数项，进一步构建了整个银行体系的网络结构模型，可以用参数的组合（γ，θ，p，N，E）来表示，其中，γ 表示资产净值在总资产中的比重，θ 表示银行间资产在总资产中的比重，p 表示任意两个网络节点被连接的概率，N 为银行网络的中银行机构的数目，即网络的规模，E 表示的是整个银行网络中外部资产在总资产中的比例。

其次，介绍了基于资产负债表的冲击传导机制，即银行间市场的银行风险传染过程。这里的冲击传导机制主要关注的是银行网络中某一单个银行机构受到特殊异质冲击后所产生的后果，以及这一传染效应与银行网络中结构性参数的关系。

最后，本章探讨了银行网络结构是如何影响系统性风险水平的。研究发现，总体上而言，银行网络规模的扩大有利于降低银行体系的传染性风险。但是，银行网络规模对系统性风险的影响具有一定的阶段化特征，这一点与银行网络的连通度相一致，两者的增大在一开始能够有效降低系统性风险水平，但是达到某一阈值后，则会对系统性风险产生一定的正向影响作用。此外，大型银行机构的增加及其连接的紧密程度对系统性风险水平有较强的负向影响，大型银行机构越低，联系越紧密，则系统性风险的水平越低。

综上所述，随着银行业的迅速发展，银行网络结构也在不断地发生变化。本章对银行网络结构特征与系统性风险水平的关系进行了探讨，有助于把握系统性风险随银行网络结构的演变而可能发生的变化，并在此基础上实施宏观审慎的监管措施，进而降低系统性风险发生的可能性，引导银行业健康平稳地发展。

第六章

银行业系统性风险监管防范的政策建议

第一节 引　言

　　20 世纪 70 年代以来，伴随着经济全球化和金融自由化的快速发展，金融监管也在不断加强。在此之前，银行的主要市场在本国境内，且各国的宏观经济形势相对较好，人们对于银行遭遇风险进而破产倒闭的警惕性较低。随着资本全球流动的加速，银行的国际业务范围不断拓展，世界经济形势对各国银行的影响逐渐加深。1971 年美元对黄金贬值，金汇兑本位制的布雷顿森林货币体系开始瓦解，固定汇率制度逐步垮台，各国间的汇率利率开始了剧烈的波动。与此同时，石油危机、通货膨胀以及美国的经济滞涨等问题交织在一起，使得这一时期世界范围内的宏观经济形势存在着极大的不稳定性。这也给银行业带来了极大的挑战，1974 年前联邦德国的 Herstatt 银行和美国的富兰克林银行两家国际性银行倒闭破产，与其有业务往来的其他银行都受到了不同程度的影响。在这样的环境下，巴塞尔银行监管委员会（Basel Committee on Banking Supervision，简称巴塞尔委员会）应运而生，监管机构开始全面审视银行业的国际性监管问题。

　　巴塞尔委员会于 1975 年 9 月开始，陆续推出了巴塞尔协议 I、巴塞尔协议 II 等一系列监管文件，解决了此前国际性银行监管主体缺失的问题，加强了各国金融监管的国际合作，对于防范国际性金融危机，促进各国银行业健康发展起到了重要的作用。为了实现充分、平等的监管原则，1988 年 7 月巴塞尔委员会通过了《关于统一国际银行的资本计算和资本标准的报告》，监管视角从银行体系外部转向银行体系内部，其核心内容是关于银行资本的分类，从资本标准和资产风险两个方面对银行提出了明确的要求，主要监控银行的资本充足性。此后，随着金融国际化的快速发展以及金融创新的日新月异，金融衍生品交易规模不断扩大，银行的表外业务也随之迅速扩张，其与金融市场的交互作用越来越显著，银行的信用风险被转化为市场风险和操作风险，并相互交织、相互影响。1999年6月，巴塞尔委员会进一步提出了资产充足率、监管部门监督检查以及市场纪律约束的三大支柱。综合考虑了信用风险、市场风险和操作风险之后，为资本最低要求提供了新的计算方法，为监管当局提供了四大监管原则，并要求银行加强信息披露，以接受公众的监督。在次级债务危机发生之前，金融监管方式主要以微观审慎监管为主，其监管目标在于防范单个银行机构的风险，进而维护金融市场的稳定性。但是，其在一定程度上忽略了宏观经济形势与银行体系的关联性，缺乏对两者的检测、评估和管理手段；也忽略了系统重要性银行机构对整个银行体系的影响，对所有的银行机构实行统一的监管标准，缺乏监管异质性的理念；此外，对于规模不断扩大的影子银行体系尚未提出行之有效的监管措施，使其处于监管的真空地带。

次级债务危机发生之后，监管当局意识到现有的金融监管仍存在诸多漏洞及不足，对金融系统性风险缺乏足够的认识和重视，于是各国纷纷推出了一系列相应的金融监管改革措施。在2008年全球金融危机的影响下，伦敦G20峰会决议设立一个全球的金融监管体系，金融稳定理事会（Financial Stability Board，FSB）于2009年6月应运而生，主要致力于加强系统性风险的监管。巴塞尔委员会也于2010年9月12日推出了《巴塞尔协议Ⅲ》，提出了基于整个银行体系的视角来加强金融监管，突出了宏观审慎的监管原则。要求商业银行将核心资本充足率从目前的4%上调至6%，同时计提2.5%的资本留存缓冲（Capital Conservation Buffer）和不高于2.5%的逆周期资本缓冲（Countercyclical Capital Buffer），并提出了具有前瞻性的预期损失准备金（Forward Looking Provisioning），从时间纬度上对顺周期性的系统性风险进行预防。此外，还对单个银行机构进行了区分，通过计算单个银行机构对系统性风险的贡献来确定系统重要性金融机构，依据其系统重要性程度对其损失吸收能力提出相应的更高要求，普通股一级资本要求（Common Equity Tier 1 Capital Requirement）需额外增加1%到2.5%，实行差异化监管，监管异质性的理念得以体现。

在银行业的监督管理过程中，宏观和微观审慎监管通常是相互共存的，但是两者也存在一定的区别，Claudio Borio（2003）[①] 就对宏观审慎监管和微观审慎监管进行了简单的比较（见表6-1）。在监管目标方面，宏观审慎的监管方式是将银行体系看作一个整体，防止发生系统性风险，进而避免实体经济的产出遭受重大损失，而微观审慎的监管方式则是关注单个银行机构的金融风险水平，致力于保护投资者的利益，忽视了它们对整个实体经济的影响；为了进一步对两者进行区分，可以采用一个证券投资组合进行类比，一个经济体内的这些银行机构相互关联构成了一个证券投资组合，假设这一证券投资组合遭受了损失并增加了实体经济的成本，宏观审慎监管主要是基于各证券资产间的关联性考察整个投资组合的损失，而微观审慎监管则是均等地关注每一个证券资产的损失；在审慎控制的标准方面，宏观审慎监管是自上而下的，首先为整个证券投资组合设置一个可以承受的损失的相关门槛，其次依据每个证券对投资组合风险的边际贡献来校准其审慎控制的标准，与之相反，微观审慎监管则是自下而上的，其审慎控制的标准则是取决于各单独证券资产的风险，整个投资组合的风险则纯粹是风险聚集的结果；在描述风险的模型方面，对于整个金融体系而言，宏观审慎的监管视角主要假设风险是部分内生的，而微观审慎的监管方式则假设其是完全外生的。宏观审慎的监管方式更加关注银行机构间的相互关联，强调从整个银行体系的角度来加强银行业的监督管理，将影子银行体系纳入了监管范围，注重单个银行机构对整个体系产生的影响，考察银行机构间的相互关联所构成的银行网络在风险传染过程中的作用，并对银行网络机构进行调控。

表6-1　　　　　　　宏观审慎监管与微观审慎监管的简单对比

	宏观审慎监管	微观审慎监管
直接目标	限制系统性金融风险	限制单个机构的风险
最终目标	避免产出（GDP）损失	保护消费者（投资者/储蓄者）
风险模型	（部分）内生	外生
机构间的相关性及共同风险暴露	重要	不相关
审慎控制的标准	系统性风险方面：自上而下	单个机构的风险方面：自下而上

资料来源：Claudio Borio（2003）。

[①] Claudio Borio. Towards a macroprudential framework for financeial superviseon and regulation? ［W］. Monetary and Economics Department，BIS Working Paper No. 128，February，2003.

总体而言，对于银行业系统性风险的防范应以宏观审慎的监管方式为主，但只有将微观审慎监管和宏观审慎监管方式有效地结合起来，从微观主体和宏观网络结构两个方面出发，才能科学有效地防范银行业面临的潜在风险。

本章余下部分结构如下：第二部分对一些发达国家的银行业的监管经验进行了简单介绍；第三部分提出基于微观主体行为的相关监管举措；第四部分介绍基于宏观网络结构的相关调控措施；第五部分从其他方面对银行业的监管政策建议进行补充和完善。

第二节　部分发达国家的银行业监管经验借鉴

一、相关国家的银行业监管体系

美国在 1863 年和 1864 年分别通过了《国家货币法案》和《国民银行法案》，这标志着联邦政府开始对商业银行进行积极的监管。美国的银行监管机构由 3 家联邦银行监管机构——货币监理署、联邦存款保险公司、联邦金融机构检查委员会，以及各州的银行监管部门组成。货币监理署是美国最古老的货币银行监管机构，主要对银行的经营进行监管，其主要权力包括发放银行执照、审查银行设立分支机构和合并的申请、执行法规以及检查和监管所有的银行等。联邦存款保险公司是依据《1993 年银行法案》设立的，直接监管和检查参加了保险的非联邦储备体系成员的州银行，其主要权力包括终止参加保险的机构的存款保险、发出停业和终止命令、撤除银行官员和其他关联方、对州成员银行予以罚款等。为了提高对金融机构检查和监督的一致性，美国于1978 年通过了《金融机构监管和利率控制法案》，设立了联邦金融机构检查委员会，其主要职责是在确定有问题的机构以及对涉及国家风险的贷款或由几家银行共同发放的大型贷款方面，帮助各联邦银行监管机构保持一致性，与此同时，还要监测联邦监管机构制定的房地产评估要求和各州的评估师认证和发照标准。[①] 除上述监管机构之外，美联储具有对银行控股公司的监管权力，还有单独的联邦机构来监管储蓄机构、信用合作社和证券公司。由各州发照的储蓄

---

① 肯尼斯·斯朋. 美国银行监管制度 [M]. 上海：复旦大学出版社，2000 年，第 33~38 页.

机构还受到各州的监管，而各州的保险专员对保险公司具有直接的监管权力。这种监管机构的复杂性促使美国多年来多次尝试改革或整合监管机构，但是在监管整合方面尚未取得显著成效。

英国曾经是世界上的金融帝国，其银行业的监管体系一度是一种"成文法"与"习惯法"相结合、分业监管的非正式监管体系。《1946 年英格兰银行法》和以法律的形式将英格兰银行确立为中央银行，赋予其监督管理其他银行的权力，《1979 年银行法》进一步确立了其依法监管的基本框架，但英格兰银行没有采用美国那种严格依法监管的监管方式，很少对商业银行进行现场检查，主要通过自己的地位和声望对其进行"道义劝说"，提出指导性原则，劝说商业银行自觉地与中央银行进行合作。20 世纪 80 年代之前，英国的金融机构处于专业化分工的状态，其采用了分业监管的制度安排，由九个不同的风险管理机构针对不同的机构业务风险来进行管理。这是一种自律为主、分业监管的金融监管体系。随着经济全球化和金融创新的不断发展，英国金融业从分业经营步入了混业经营的时代，为了适应金融发展的需要，英国通过了《1987 年商业银行法》，其银行业监管步入了规范化和法制化的进程。20 世纪 90 年代，英国发生了一系列银行危机，1991 年英国国际商业信贷银行倒闭破产，1995 年又爆发了著名的"巴林银行事件"，表明其银行监管和内部风险控制机制存在较大漏洞。英国开始了金融监管改革，于 1997 年 10 月成立了金融监管服务局（Financial Service Authority，FSA），负责监管银行、保险以及证券和期货等金融服务业，成为英国金融市场统一的监管机构，而英格兰银行则主要负责维持金融和货币体系的稳定。至此，英国形成了法制化和统一监管的金融监管模式，英格兰银行和金融服务管理局是其主要的金融监管部门。

现代德国拥有较为发达的银行业和较为完善的金融监管制度，其金融体系是以银行为主导的，其特点是以综合性银行为主体，其他多种金融机构并存。德国的金融监管体制也经历了一系列的演变，在 1961 年之前，德国没有专门的金融监管机构，由中央银行来负责货币政策的制定以及金融机构的监督和管理。德国央行具有极强的独立性，《联邦银行法》对其独立性提供了合法的制度保障，在法律上赋予了德意志联邦银行高度的独立性和自主性，在履行职责时可以不听命于联邦政府，但在保卫其自身任务的前提下，有责任支持政府的一般经济政策，并与之合作。1961 年《联邦银行法》颁布的同时，德国成立了银行监管局，隶属于财政部，负责对银行业进行监管。为了适应金融混业经营的发展需要，德国于 2002 年 4 月通过了《统一金融服务监管法》，在原有的银行监管局、证券监管局和保险监管局三家监管机构的基础上，于 2002 年 5 月 1 日正式合并构建了联邦金融监管局，该局脱离了联邦财政部，成为独立法人，但其业务工作仍需接受联邦财政部的监督和指导。联邦金融监管局负责监管所有的金融机构，包括银行、金融服务机构和保险公司等，可依法对被监管对象进行处罚，其监管目的在于保证金融机构业务经营的合规性和安全性，防范金融风险，保证投资者和债权人的资产安全。作为中央银行，德意志联邦银行虽然不再具有对银行的监管职能，但依据德国《信贷法》的规定，联邦银行必须参与对银行的日常监管，收集各银行的信息、分析财务报表、分析月度资产负债表等，每天向联邦金融监管局传送各银行集中的数据，为其行使监管职能提供必要的依据。德意志联邦银行和联邦金融监管局的分工与合作，构成了德国银行体系较为有效的监管架构。

　　日本是中国重要的邻国之一，其现代金融业也相对较为发达。与上述三个国家不同，日本的金融监管是一种一元多头的体制。1882 年日本的中央银行成立，但是在第二次世界大战之前，作为日本中央银行的日本银行并未承担监管金融机构的相关职能，而是由以大藏省为监管主体的政府来实行金融机构的监督和管理职能。第二次世界大战后，随着日本经济的逐步复苏，金融业也在快速调整之中，金融机构的数量不断增加，行业规模也在不断扩大，至 20 世纪 80 年代，日本基本上确立了大藏省和日本银行共同监督管理金融业的格局。大藏省负责金融机构的日常监管工作，日本银行则主要对金融机构的经营状况和资产状况进行确认，以保障金融业的健康稳定。1997 年日本修改了《日本银行法》，加强了日本银行的独立性，并在 1998 年 6 月成立了金融监督厅，剥离了大藏省的部分监管职能，但金融政策的制定仍然由大藏省来完成。2000 年 3 月金融监督厅开始负责中小金融机构的监管，不再由地方政府来履行相关监管权。2000 年 7 月日本成立了金融厅，开始由其负责金融政策的制定以及金融机构财务制度检查等职能，大藏省仅保留对存款保险机构的协同监管权。2001 年日本将处理濒临破产的金融机构的职能也归入了金融厅，金融厅成为日本最高的金融监管部门，开始独立地全面负责日本的金融监管，而财务省（原大藏省）的下属机构则以接受金融厅委托的形式对地方金融机构实施监管职权。至此，日本形成了一个以金融厅为监管核心，拥有独立的中央银行，存款保险机构共同参与，地方财务局受托监管的新型金融监管体制。

　　综上所述，美国是一种联邦政府和州政府同时参与的双线多头监管体制，英国和德国则表现为一种单一集中的监管体制，而日本则是一元多头的监管体制。其监管体制的形成与各个国家的历史背景及经济文化环境有关，对我国金融监管体系的完善具有一定的借鉴意义。

二、次债危机后相关国家的金融改革措施

次级债务危机发生之后，为了应对新的金融风险，各个国家都采取了一系列的金融改革措施，主要表现为突出宏观审慎的监管准则，以维持整个金融体系的稳定，防范系统性风险的发生。

2009 年 3 月，美国政府公布了金融系统的改革方案，主要目标在于强化集中监管、扩大监管范围和内容，以避免发生系统性的金融危机。2010 年 7 月，美国总统奥巴马签署通过了《金融改革法案》，该改革法案主要从金融机构监管、金融市场监管、消费者权益保护、危机处理以及国际合作等方面着手，力图弥补原有监管的不足。金融机构监管方面，美联储的监管权力被进一步强化，所有可能威胁金融稳定的企业都在其监管范围之内，对金融企业设立更为严格的资本金和其他监管标准，还成立了全国银行监管机构，对所有拥有联邦执照的银行进行监管；金融市场监管方面，强化了对证券市场的监管，要求增强市场的透明度，加强评级机构的管理，并对金融衍生品的场外交易进行全面的监管；消费者权益保护方面，建立了消费者金融保护局，防止消费者在金融系统中遭遇不公平或欺诈行为的损害；危机处理方面，赋予了政府应对金融危机所需的政策工具，与此同时，美联储向企业提供紧急金融援助前需获得财政部许可；国际合作方面，积极推动建立国际监管标准，加强金融监管的国际合作。

英国于 2012 年通过了新的《金融服务法》，再次对其金融监管体制展开了新一轮的改革。英国的金融监管开启了双峰监管模式，在英格兰银行内部设立了金融政策委员会，负责维护金融体系的整体稳定性，识别和防范系统性风险。与此同时，撤销了原有的金融服务局（FSA），将其拆分为宏观审慎监管局（Prudential Regulation Authority，PRA）和金融行为监管局（Financial Conduct Authority，FCA）。宏观审慎局的主要监管目标是提高被监管金融机构的安全性和稳健性，对吸收存款的金融机构、保险公司以及系统重要性投资公司等实行审慎监管；金融行为监管局则是以确保相关金融市场运行良好为其首要战略目标，主要负责监管所有在英国境内的金融机构的经济行为，还负责监管宏观审慎监管局监管范围之外的小型金融服务机构。宏观审慎监管局附属于英格

兰银行，但享有较大的独立性，金融行为监管局则作为独立机构，直接对英国财政部和议会负责，两者相互独立，但在监管政策的制定和执行中又保持着密切的合作关系，以确保金融体系的平稳运行。

次级债务危机之后，德国对其金融监管也进行了必要的强化。首先，提高了对于金融机构风险管理的最低要求，以期加强单个机构抵抗风险的能力，主要表现为强化金融机构的风险压力测试，赋予了机构监管董事会更多的风险监管权力，改变银行的薪酬管理制度，降低银行短期利润对相关职员薪酬的影响作用；其次，改革现有的金融市场监管工具，强化监管力度，提高监管的有效性，主要表现为建立相对灵活的资本充足率要求和相应的金融杠杆比率的汇报机制，在必要情况下，可以干预金融机构的信贷和利润分配行为以及银行集团分支机构间的歧视性支付转移；再次，德国加强了对金融市场的监管力度，同美国和英国一样，更加关注对普通投资者和储蓄者的保护，并对现行的会计制度进行了必要的反思，对既有缺陷进行积极弥补，与此同时，德国也意识到了加强国际金融监管合作的必要性，提倡各国加强金融监管合作；最后，德国也开始考虑对当前金融监管当局的职能重新进行分配，进而突出宏观审慎的监管准则，以加强对系统性风险的防范。[①]

日本的银行业在 2007 年的金融危机中遭受的损失较小，其在危机后所实施的宏观审慎的监管方式对其他国家具有一定的借鉴价值。日本金融厅会依据宏观经济形式的变化，以及金融市场的状况来确定不同时期的金融监管重点；对于不同类型的银行机构，其将设置不同的监管目标，实现分类监管，体现了异质化监管的理念；日本的金融监管部门会将银行的中长期经营目标与其监管目标有效地结合起来，鼓励和建议银行对其短期的盈利目标和中长期的经营计划进行调整，以契合监管部门的监管目标，进而降低监管成本；此外，日本金融监管部门较为注重防范银行外汇流动性趋紧及其衍生品盲目扩张所导致的风险，重视沟通交流在金融监管中的作用，纵向方面，加强与国内银行机构的沟通交流，了解银行机构的相关诉求，使银行机构了解监管部门的监管目标；横向方面，注重与其他国家的金融监管机构以及国际金融组织的交流合作，了解多样化的金融监管方式，学习先进的风险管理方法，并结合本国实际学以致用。

为了应对金融危机带来的影响，上述四个国家采取了相应的金融监管改革

---

① 汤柳. 危机后德国金融监管改革述评 [J]. 金融理论与实践，2010（3）：23－27.

措施，具体措施虽有所不同，但监管思想和监管理念有共通之处，对于我国防范系统性风险，以及金融监管体制和监管方式的发展和完善具有重要的现实指导意义。

第三节　基于微观主体行为的监管

银行个体的资产质量和潜在风险水平关系到单个银行的经营状况，依据第三章的相关研究结果，单个银行机构的风险水平与整个银行体系的系统性风险呈较为显著的正相关关系。传统金融监管模式有一个基本假设，即若银行网络中的每一个银行机构都是健康运行的，那么整个银行网络也是健康良好的。虽然现实已经证明这一假设并非完全正确，但是从相反的角度来看，如果银行网络中有银行机构出现问题，那么整个银行网络的健康运行必然会受到影响。单个银行机构的健康运行是整个银行网络健康稳定的基础，在强调宏观审慎监管的同时，也不能忽视对单个银行机构的微观审慎监管，必须加强对银行微观主体行为的监管力度，从资本要求、流动性要求、杠杆率要求等多个方面展开监管，以应对银行业日益复杂的经营状况和金融环境。

一、资本要求

银行资本是银行经营运行必须注入的资金，是其遭受损失时的缓冲，也是金融监管部门重要的监管工具。银行的资本主要是由核心一级资本、其他一级资本以及二级资本组成，其中核心一级资本主要包括实收资本或普通股、资本公积、盈余公积、一般风险准备、未分配利润和少数股东资本可计入部分，其他一级资本主要包括其他一级资本工具及其溢价和少数股东资本可计入部分，二级资本则主要包括二级资本工具及其溢价、超额贷款损失准备以及少数股东资本可计入部分①。

伴随着巴塞尔协议的演变，监管部门对商业银行资本要求的监管标准也在不断提高。最初的监管仅注重信用风险，随后逐渐将操作风险也纳入了资本要

---

① 中国银行业监督管理委员会令．商业银行资本管理办法（试行）（银监发〔2012〕1 号）〔EB/OL〕．http：//www. gov. cn/gongbao/content/2012/content_2245522. htm，2012－06－07.

求的监管范围，且更加注重资本的质量问题。为适应新巴塞尔协议的监管标准，2012年6月颁布的《中国商业银行管理办法（试行）》规定，商业银行的核心一级资本充足率不得低于5%，一级资本充足率不得低于6%，资本充足率不得低于8%。为应对潜在的经营风险，商业银行应在最低资本要求的基础上计提风险加权资本2.5%的储备资本。此外，为了预防可能发生的顺周期性的系统性风险，在特定情况下，商业银行需额外计提风险加权资产0~2.5%的逆周期资本缓冲。

本书第三章和第五章的研究结果表明，商业银行的资本充足率与系统性风险水平呈负相关关系，单个银行的资本充足率越高，银行体系的系统性风险水平越低；与此同时，银行的资产质量也会对系统性风险产生影响，整个银行体系资产净值占总资产的比例越大，银行体系发生系统性风险的可能性越低。银行的资本要求能够提高单个银行机构吸收损失的能力，进而减少通过银行间市场渠道传递的风险损失额，有利于降低银行网络的传染性违约概率。由于中国当前的金融自由化水平较低，资本项目尚未完全开放，利率市场化正处于逐步推进之中，因此，对于商业银行的资本要求需要与我国的金融深化改革进程相协调，在加强监管的同时，要充分保障市场在金融资源优化配置过程中的主导地位。此外，对于系统重要性银行，要体现出异质化监管理念，依据其系统重要性程度的不同实行差异化监管。

二、流 动 性 要 求

2009年9月28日，中国银行业监督管理委员会印发了《商业银行流动性风险管理指引》（以下简称《指引》），该指引将流动性风险定义为商业银行虽然有清偿能力，但无法及时获得充足资金或无法以合理成本及时获得充足资金以应对资产增长或支付到期债务的风险，且将其进一步分为融资流动性风险和市场流动性风险。流动性风险的成因比较复杂，信用风险、操作风险及市场风险等领域的管理缺陷均由可能导致商业银行的流动性不足。在信息不对称的条件下，商业银行短期的流动性不足，极易引发消费者和投资者争相提现的"羊群效应"，进而产生银行挤兑，导致银行危机。

流动性风险的扩散可能直接导致金融系统的流动性不足，最终威胁整个银行体系的稳定。2007年次级债务危机发生后，先是英国北岩银行发生挤兑，随后美国第四大投资银行雷曼兄弟破产倒闭，进而引发了全球性的金融危机。

在此过程中，流动性冲击产生了巨大的影响。危机之后，国际社会对于流动性风险的管理和监控给予了前所未有的重视，巴塞尔委员会相继出台了《稳健的流动性风险管理和监管原则》《巴塞尔协议Ⅲ：流动性风险计量、标准和监测的国际框架》以及《巴塞尔协议Ⅲ：流动性覆盖率和流动性风险监测标准》，提出了全球统一的流动性风险定量监管标准，构建了全面的流动性风险管理和监控框架。

2013年6月，中国银行间市场出现阶段性流动性紧张，银行间隔夜拆借利率达到了13.44%的历史最高点，一度引发市场恐慌。借鉴巴塞尔协议Ⅲ的流动性标准，在《指引》之后，中国银行业监督管理委员会于2014年1月进一步推出了《商业银行流动性风险管理办法（试行）》，规定商业银行的流动性覆盖率应当不低于100%，存贷比应当不高于75%，流动性比例应当不低于25%，明确了银行管理层的相关职责，充分考虑银行业务的广泛性和复杂性，采用多种方法和工具加强对流动性风险的分析和监测。

单个银行机构的流动性风险极易演变为整个银行网络的系统性风险，完善流动性风险监管指标，形成持续长效稳定的监管机制，对于防范银行机构的流动性风险，维护银行体系的平稳健康运行是必不可少的。

三、杠杆率要求

杠杆率通常指的是公司的财务报表中权益资本与总资产的比率。对于银行机构而言，杠杆一般有三种形式——资产负债杠杆、经济杠杆以及内嵌杠杆。其中，资产负债杠杆是通常意义上的传统杠杆形式，基于银行机构的资产负债表，指其资产负债表中资产超过权益资本；经济杠杆是基于依赖市场的未来现金流，指其所持头寸的价值面临变化的风险，价值超过所支付的数额；内嵌杠杆则是指结构型金融工具本身所具有的杠杆，即银行所持有的结构型金融工具风险暴露超过其基础资产的风险暴露。

2008年金融危机之后，巴塞尔委员会汲取经验教训，对原有的监管框架进行了补充和完善，以杠杆率作为资本充足率的补充，将其作为银行资本监管的新指标。巴塞尔委员会将杠杆率定义为一级资本占调整后的表内外资产余额的比率，为确保不同经济体的可比性，对会计准则方面的差异进行了调整，不仅考虑了资产负债杠杆，还通过一定的信用转换系数将表外资产纳入分母之中，在一定程度上也包含了内嵌杠杆的含义。杠杆率自身具有顺周期性，当经济繁荣时，银行会积极扩大资产负债规模，银行的杠杆化程度会提高；反之，当经济萧条时，银行会降低杠杆化程度，可以作为逆周期的审慎监管工具。银行体系的表内外杠杆率的过度累积是以前金融危机的重要特征，也是此次金融危机发生的原因之一。《巴塞尔协议Ⅲ》引入了杠杆率的监管指标，建议银行的最低杠杆率不得低于3%，为银行体系的杠杆率体系确定了底线，可以减少银行的风险，为银行提高最低资本缓冲保护，有助于缓解银行的去杠杆化所带来的冲击效应的扩大。

中国于2015年1月公布了《商业银行杠杆率管理办法》，规定中国商业银行并表和未并表的杠杆率均不得低于4%。杠杆率既可以作为微观审慎的监管工具，对资本充足率要求的监管进行必要的补充，也可以作为宏观审慎的逆周期监管工具，进而提高银行监管的有效性。第三章的研究结果表明银行的杠杆化程度越高，其引发银行体系的系统性风险的可能性越大。这是因为当危机变得严重时，银行将被迫降低杠杆率，去杠杆化的过程会加速资产价值的下滑，进而扩大危机的破坏程度。对银行的杠杆率进行监管，能够促使整个银行体系的资本水平保持在一定的合理范围之内，进而维护整个银行体系的稳定。

第四节 基于宏观网络结构的调控

一、加强对系统性经济冲击的防范

引发银行网络系统性风险的经济冲击可分为共同同质的经济冲击以及单独异质的经济冲击，风险是部分内生的，由系统性事件所引发的经济冲击可能来自于银行体系外部，也可能源自于银行体系内部。对冲击性传染源进行防范，可以有效避免系统性风险的发生。

影响金融系统稳定性的经济因素较多，大致包括GDP增长率及其波动、国际收支的变化、通货膨胀率的变化、利率及汇率的波动以及股票市场的变化等方面。GDP增长率及其变化主要体现的是国民经济增长速度，当经济增速过快时，银行机构容易盲目扩大其信贷需求，增加了整个银行体系面临的风险，当经济增速明显降低时，银行机构会紧缩信贷，进而加剧经济的下行风险，企业的偿债能力不足，银行机构的资产质量会随之下降；通货膨胀率具有类似的影响，通胀率的变化会影响银行机构的名义收入、现金流量以及抵押品的价值，进而影响其资产质量、流动性水平以及实际支付能力；国际收支中经常账户的变化主要体现的是进出口贸易对经济的影响，在我国多元化贸易结构的条件下，贸易条件的变化，对金融部门的直接影响相对较小；以上经济因素主要反映的是宏观经济的整体运行状况，一般情况下不会突然发生巨大的变化，加强对银行机构的日常监管，提前采取应对措施，一般不会引发系统性风险。

相比较而言，国际收支中的金融账户、利率及汇率以及股票市场价值的变化较为频繁且易发生剧烈波动，对银行体系的影响也更为直接。银行间市场拆借利率的变化直接影响银行机构的流动性，2013 年 6 月中国银行间隔夜拆借利率的飙升就一度引发了银行间市场的流动性不足。银行机构通过伞形信托、融资融券收益权对接以及上市公司的股权质押贷款等方式间接进入了股票市场，一旦股票市场的市值大幅下跌，银行的资金安全也会受到威胁。2015 年 6月 13 日~7 月 3 日，上证指数下跌了约 30%，A 股市值蒸发了约 20 万亿元，在此期间一度引发了流动性危机，系统性风险一触即发。与此同时，随着金融全球化的加深，国家之间的金融联系更加紧密，一国的经济危机通过外债、汇率等金融渠道也会影响到其他国家，而跨市场交叉性金融产品等金融衍生工具的不断创新，使得危机的传播更加迅速。2008 年的美国金融危机在一定程度上就是金融衍生品过度创新以及监管缺失的结果，并通过衍生品交易市场迅速传播到其他国家。

以上经济冲击大多为共同同质性冲击，对于由操作风险及信用风险等所导致的对单个银行机构的单独异质性冲击也需要予以考虑。如 1995 年的"巴林银行事件"，由于操作风险以及内部风险监控的漏洞，著名的英国商业投资银行——巴林银行倒闭破产。随后在全球金融市场引发了一系列波动，伦敦股市暴跌，英镑对马克的汇率跌至低点，美国道琼斯指数也下跌了 29 个百分点。由特殊异质性冲击导致的单个银行机构的倒闭破产，很大程度上会引发其他银行机构产生传染性违约，进而威胁整个银行体系的稳定。因此，单个银行机构应严格自律，加强内部的风险监管，将经营风险控制在合理有效的范围之内。

综上所述，共同同质性冲击方面，宏观经济冲击对银行体系的影响不及流动性冲击来得直接和猛烈，应重点对后者加强监控和防范。同时，银行机构应加强自身的内部风险监管，增强抵御单独异质性冲击的能力。

二、加强对系统重要性银行机构的监管

所谓的系统重要性银行，主要指的是那些因自身倒闭破产而无法向债权人履行义务，并将对整个银行体系和实体经济产生显著负向影响的银行机构。在银行业的监管中，监管部门面临着"太大而不能倒"和"太过关联而不能倒"的现实问题，这实际上就是如何监管系统重要性银行机构的问题。次级债务危机爆发后，国际金融监管机构对于系统重要性银行的监管提出了新的要求，这也是国际金融监管改革的重要内容。

对于系统重要性银行机构的评估，理论界主要通过单个银行机构对系统性风险的贡献度来判断银行机构的系统重要性程度，巴塞尔委员（2011）则从全球活跃程度、规模、关联度、可替代性以及复杂性五个方面提出了全球系统重要性银行的评估标准。鉴于相关信息和数据的可得性，本书第三章基于市场收益率数据，采用 $\Delta CoVaR$ 和 SRI 对中国的系统重要性银行进行了评估分析。研究结果表明，系统重要性银行具有时变性特征，随时间的推移系统重要性银行机构会发生变化，且系统重要性程度并非只是简单地受到银行规模大小的影响，网络连通度、非传统业务参与度、贷款质量、盈利能力等因素也会影响银行机构的系统重要性程度。监管部门应当建立完善的系统重要性银行评估指标体系，并实施动态评估监管，及时调整相关银行机构的监管标准。

在系统重要性银行机构的监管措施方面：首先，实施差异化监管，设定更为严格的监管要求。巴塞尔协议Ⅲ对系统重要性银行机构提出了一项1%的附加资本要求，以增强其吸收额外损失的能力。中国的《商业银行资本管理办法（试行）》则将该附加资本要求体现为风险加权资产的1%，通过核心一级资本来满足。其次，限制经营业务的活动范围。为了分散风险，银行机构往往采取业务多元化的经营方针，但是业务范围越广，遭受其他冲击的可能性也就越大，且非传统业务的参与度越高，引发系统性风险的可能性也越大。因此，对于系统重要性银行应严格限制其从事结构复杂、杠杆系数高的金融交易业务，实施结构性限制。再次，实施分级监管。那些网络连通度较高，存款负债比率和贷款比率较低，非传统业务的参与度较高的中小型商业银行对整个银行体系的影响也不容忽视。对于这种潜在的系统重要性银行机构可考虑设置略低于系统重要性银行但高于一般银行的监管标准。最后，针对系统重要性银行机构建立有效的危机处理机制。2011年金融稳定理事会提出了对于系统重要性金融

机构的有效处置要求，应加以借鉴，建立和完善存款保险制度，减少对财政救助资金的依赖，成立危机处理小组，对其制定科学的危机处理预案。

加强对系统重要性银行的监管，即从银行网络的视角出发，加强对网络中重要核心的机构节点的保护，进而防范银行网络的系统性风险。

三、控制银行网络的传染渠道

溢出性和传染性是系统性风险的核心特征，银行业系统性风险的传染效应主要指的是冲击效应从银行系统某一部分传递至其他部分，或者从银行系统传递至实体经济的增殖机制或渠道。传染渠道可分为真实渠道和信息渠道。通过真实渠道的传染效应指的是银行系统内的银行机构间由直接风险暴露（如交易对手风险）以及相互间的联系（如通过支付系统）所产生的直接"连锁效应"，通过信息渠道的传染效应指的是不同的经济主体在面对某一特殊危机事件时，其经济行为的改变对其他银行机构和实体经济所产生的影响。

真实传染渠道主要指的是由银行机构间资产或负债所产生的债权债务关系，以及通过支付系统或不同的结算机制等方式直接关联在一起。银行间的债权债务关系在银行网络中即表现为银行机构节点之间是否存在连接以及连接强度的大小。与此同时，第四章的研究结构表明，当银行机构间存在完全双边净额结算时，整个银行系统的平均违约概率及其标准差有一定程度的减小。此外，银行机构间债权债务关系的真实分布状况，对于评估银行系统中银行机构的联合违约概率以及传染性违约概率都是极为重要的。因此，应考虑对银行机构间的双边风险暴露头寸实施监控，要求银行机构定期将超过一定额度的债权及债务机构向监管部门报告，同时，加强对银行间支付结算系统的监控，定期提取银行机构间的支付交易数据，分析其交易特点和变化趋势。这有利于了解和掌握银行机构间联系的紧密程度，万一发生传染性的系统性风险，能够有助于实施具有针对性的救助方案，降低传染性违约发生的概率，减少救助成本。

信息传染渠道则指的是由于信息不对称性的存在，当某一或某些银行机构遭受损失时，其他经济主体因信息不足会采取规避风险的行为，但可能会进一步扩大损失规模。在互联网信息时代，消息的传播速度之快和传播范围之广早已超出了想象。如果某一或某些银行机构遭遇风险，在信息瀑流效应和羊群效应的综合作用下，消费者可能会争相挤兑，其他投资者或银行机构则可能会对其进行歧视性交易，都会加剧该银行机构的风险损失，且会对整个银行体系的稳定产生潜在威胁。因此，监管部门需要加强对信息渠道的控制，建立应急反应机制，一旦有银行遭遇潜在风险时，银行和监管部门需要在第一时间进行公开的信息披露，快速辟谣，维护银行机构的声誉，防止发生传染性风险。更为重要的是，银行和监管部门需要建立公开、透明、长效的信息披露机制，让投资者对银行机构和银行业的发展状况拥有足够的了解。

控制银行网络的传染渠道，有助于防范系统性风险的发生，有利于及时科学地实施救助方案，减少风险传染过程中产生的损失。

四、改变银行网络的拓扑结构

银行网络的结构随着时间的推移是会逐渐演变的，不管是微观拓扑结构还是宏观拓扑结构都会发生一定的变化，在银行业的发展过程中，监管部门应进行积极的引导，推动其朝着科学合理的方向发展。

第二章和第五章的研究结果表明，中国的银行网络是一个具有层次分布特征的无标度网络，且少数银行机构在网络中扮演着"货币中心"的角色，它们之间以及与其他银行间的联系都较为紧密，而银行节点越处于网络的外围，则与其他银行间的联系越弱。与此同时，银行网络规模对系统性风险的影响具有一定的阶段化特征，银行网络规模的增大一开始能够有效降低系统性风险水平，但是在达到某一阈值后，则会对传染性系统性风险产生一定的正向影响作用。随着银行业的快速发展，中国银行网络规模不断扩大，2014 年《存款保险条例（征求意见稿）》得以推出，这就意味着未来政府不再为商业银行兜底，银行破产在中国将成为可能。在未来的银行监管中，监管部门能够对银行机构的破产及兼并重组进行引导，进而可以考虑将银行网络的规模控制在合理范围之内，以降低系统性风险发生的概率。

现阶段，中国银行机构的同质化现象较为普遍，业务内容基本相同，资产负债表结构也较为接近，内部风险管理多采用相同的 VaR 模型，这就在客观上增加了银行体系发生系统性风险的可能性。因此，从政策监管的视角来看，整个银行体系应当呈现多样化的发展态势，银行机构应当具有异质化特征，才能有效避免某一方面的冲击直接给整个银行体系带来较大的风险。伴随着民营银行的成立，未来银行业的竞争会更加激烈，银行机构的异质性也将逐渐显现，在一定程度上将提高整个银行体系抵御冲击的能力。

此外，银行网络的模块化有利于降低传染性系统性风险的发生概率。许多非金融网络都是有意识地进行模块化，如个人电脑和万维网的设计，森林和公用电网的管理等，模块化构造能够有效防止单个节点的失败通过传染影响整个网络的正常运行。次级债务危机后，美国在金融改革中提出了"沃尔克法则"，主张限制商业银行的规模，限制银行利用自身资本进行自营交易，禁止银行拥有或资助对私募基金和对冲基金的投资，其实质是构建传统借贷业务和自营性质的投资业务的隔离墙，会对银行网络的结构产生重要影响。而我国的银行业正在从分业经营逐步走向混业经营，2015 年监管部门拟向银行发放券商牌照。为了有效防止系统性风险的发生，对于商业银行的监管应当对其综合经营加以必要的限制，对其高风险的自营投资业务加以必要的限制，对混业经营和分业经营的银行机构进行分类管理，构建模块化的银行网络结构。

第五节　其他监管政策建议

一、央行的"最后贷款人"角色

中国人民银行作为我国的中央银行，有维护金融系统稳定性的职能，当商业银行遭遇危机或出现流动性短缺时，中央银行往往扮演最后贷款人的角色，为其提供必要的资金支持。即使是具有清偿能力的健康银行，在遭遇流动性冲击时，因信息不对称及羊群效应等因素的综合作用，有可能会导致银行挤兑的发生，如果不进行及时有效的处理，很有可能演变为银行危机。

当银行业发生系统性风险时，中央银行作为最后贷款人，为银行机构提供必要的流动性，能够防止银行资产的贱卖，有利于维护银行机构的信誉，保障银行体系的稳定性。此时，也应当对系统重要性银行提供必要的流动性支持，积极预防传染性效应的进一步扩大，避免给整个银行体系造成巨大损失。但是，中央银行在对银行机构提供救助时，应当对银行机构进行一定的甄别。对于自身资产质量和经营状况良好，仅仅是因为传染性冲击而引发危机的银行机构可毫无条件地提供救助；对于因从事高风险业务，导致自身资产质量恶化，进而遭遇危机的银行机构，需在考虑其资产质量状况和系统重要性程度之后，选择性地提供有条件的救助措施，事后还需要对其采取惩罚性措施，以防止银行机构发生道德风险。

二、积极完善金融监管体系

2008 年的金融危机爆发之后，英美德日等发达国家均提出了一系列金融改革措施，其中不乏对金融监管体制的改革，对于我国金融监管体制的完善具有一定的借鉴意义。

随着金融发展的深化，金融衍生工具不断创新，衍生品市场的交易规模也不断扩大，货币市场、证券市场、汇率市场的相互影响也在日益加深，银行机构也从传统的分业经营模式逐渐进入了混业经营模式，自营性质的投资业务占比在逐渐增加。我国目前的金融监管体系主要是"一行三会"，即人民银行和银监会、证监会、保监会，实施分业监管。人民银行主要负责宏观货币政策的制定，维护宏观经济和金融体系的稳定，银监会、证监会和保监会则分别对银行业、证券业和保险业实施监督管理。在当前的金融市场环境下，对于银行业的监管仅靠银监会一家之力，必然会力不从心。不同监管部门之间的信息传递，以及实施监管措施时所需的交流沟通和部门协调均增加了监管成本，而且一旦发生系统性风险，监管决策的迟滞性将带来不可估量的损失。因此，我国的金融监管应以统一监管为目标，积极推进金融监管体制的改革。在当前的环境下，可考虑成立专门的金融监管办公室，隶属于中央银行或财政部，由三个行业监管部门派出相应的专业人才，专门负责部门之间的协调和信息数据搜集，并出具包含银行业、证券业和保险业的监管现状的定期报告，为金融监管部门制定监管政策时提供必要的依据。

三、建立健全制度环境建设

2013 年《中共中央关于全面深化改革若干重大问题的决定》（以下简称《决定》）为金融的深化改革提供了基础的制度保障，《决定》提出要完善金融市场体系，建立存款保险制度，完善金融机构的市场化退出机制等改革措施。银行业的健康发展，以及金融监管改革的实施离不开必要的制度保障，需要建立健全相关的法律法规。

2012 年 7 月 16 日，人民银行发布了《2012 年中国金融稳定报告》，认为中国推出存款保险制度的时机已经基本成熟。存款保险制度是指符合条件的各类存款性金融机构作为投保人，按一定比例向存款保险机构缴纳保险费，当成员机构发生危机或面临破产倒闭时，存款保险机构将为其提供财务救助或直接向存款人支付部分或全部存款，进而保护存款人的利益，是一种稳定金融秩序的金融保障制度。2015 年 3 月，国务院正式公布了《存款保险条例》，规定存款保险实施限额偿付，最大偿付限额为 50 万元。存款保险制度能够有效保护存款人的利益，有利于维护公众对银行体系的信息，确保金融体系的稳定，还能够促进银行业的健康竞争，为中小型银行机构的发展提供了必要的制度支持。此外，相关部门应加快相关法律法规的完善，形成一个系统化的银行破产法律制度，使得商业银行的破产有法可依，建立商业银行的市场退出机制，进而确保存款保险制度的顺利实施。

在系统性风险的监测预警方面，国务院在 2014 年 5 月推出了《国务院关于进一步促进资本市场健康发展的若干意见》，提出要完善系统性风险监测预警和评估处置机制。建立健全宏观审慎管理制度，逐步建立覆盖各类金融市场、机构、产品、工具和交易结算行为的风险监测监控平台。为建立健全金融风险的预警机制和风险长效防范机制提供了必要的制度支持。

对于银行业的监管以及系统性风险的防范是一个长期且艰巨的工作，需要与时俱进，结合变化的实际不断改善监管方法和监管方式，完善的制度保障是其顺利实施的必要前提。

第六节　本　章　小　结

本章首先对部分发达国家（美国、英国、德国和日本）的金融监管体系以及危机后的金融监管改革措施进行了概括和总结，以期为我国银行业系统性风险的监管提供经验借鉴；其次从微观主体和宏观网络结构两个方面提出相应的监管政策及建议，将微观审慎和宏观审慎的监管标准有效结合起来；最后从金融监管体系、制度环境建设等方面对银行业系统性风险监管防范的政策建议进行了完善。

附表 1		2008 年样本银行资产及负债相关数据		单位：亿元
银行	总资产	总负债	银行间资产	银行间负债
平安银行	4744.40	4580.39	307.37	434.43
宁波银行	1032.63	944.58	73.25	7.27
浦发银行	13094.25	12677.24	777.73	2329.74
华夏银行	7316.37	7042.16	229.04	947.02
民生银行	10543.50	9996.78	318.43	1522.36
招商银行	15717.97	14920.16	1119.24	1536.34
南京银行	937.06	823.60	23.90	115.25
兴业银行	10208.99	9718.77	1099.23	1956.32
北京银行	4170.21	3832.07	289.06	381.84
农业银行	70143.51	67238.10	1071.47	3239.03
交通银行	26782.55	25326.13	2052.78	5346.38
工商银行	97576.54	91505.16	1683.63	6462.54
光大银行	8518.38	8186.06	789.57	1247.94
建设银行	75554.52	70878.90	499.32	4905.72
中国银行	69556.94	64617.93	4227.92	8010.47
中信银行	11878.37	10924.91	504.46	1095.68
广发银行	5460.15	5264.13	201.98	629.17
国家开发银行	37282.53	33805.90	822.72	1162.10
恒丰银行	1509.96	1468.93	45.29	198.79
浙商银行	838.03	795	20.59	44.04
进出口银行	5667.29	5572.63	216.02	6.30
农业发展银行	13546.49	13319.64	672.54	1198.33
邮政储蓄银行	22305.60	22087.40	558.70	100.30
渤海银行	1175.16	1122.74	4.83	30.78
深圳发展银行	4744.40	4580.39	218.91	92.37
其他银行	NA	NA	283.89	671.16
外资银行	NA	NA	13739.20	13739.20

附表 2　　　　　　　　**2011 年样本银行资产及负债相关数据**　　　单位：亿元

银行	总资产	总负债	银行间资产	银行间负债
平安银行	12581.77	11827.96	483.31	1806.89
宁波银行	2604.98	2417.84	399.33	281.00
浦发银行	26846.94	25351.51	3792.92	5078.78
华夏银行	12441.41	11802.11	1315.98	1626.04
民生银行	22290.64	20949.54	2700.81	2793.41
招商银行	27949.71	26299.61	1944.27	2731.83
南京银行	2817.92	2599.87	295.44	530.33
兴业银行	24087.98	22927.20	2983.24	6795.83
北京银行	9564.99	9060.65	2109.26	1884.42
农业银行	116775.77	110277.89	3445.57	7242.36
交通银行	46111.77	43383.89	2453.31	8268.85
工商银行	154768.68	145190.45	4780.02	13412.90
光大银行	17333.46	16371.96	1870.09	2979.89
建设银行	122818.34	114651.73	3857.92	10449.54
中国银行	118300.66	110741.72	9837.99	16021.41
中信银行	27658.81	25871.00	5375.39	5402.22
广发银行	9189.82	8662.76	640.71	770.12
国家开发银行	62564.90	57178.41	3388.69	4344.71
恒丰银行	4372.89	4172.00	465.14	931.09
浙商银行	3018.58	2811.72	364.41	416.31
进出口银行	11990.57	11829.24	1682.99	2325.13
农业发展银行	19534.67	19179.54	50.16	212.79
邮政储蓄银行	41072.07	40182.72	8461.75	165.13
渤海银行	3124.88	2959.80	273.00	568.25
深圳发展银行	12581.77	11827.96	483.31	1806.89
其他银行	NA	NA	1204.24	1846.33
外资银行	NA	NA	23383.70	23383.70

附表3　　　　　　　　**2014 年样本银行资产及负债相关数据**　　　　　　　单位：亿元

银行	总资产	总负债	银行间资产	银行间负债
平安银行	21864.59	20555.10	1128.10	3990.02
宁波银行	5541.13	5199.48	333.14	1007.06
浦发银行	41959.24	39326.39	1642.56	8246.29
华夏银行	18516.28	17495.29	817.74	3269.78
民生银行	40151.36	37673.80	2518.78	8917.19
招商银行	47318.29	44167.69	1800.71	7920.51
南京银行	5731.50	5403.66	271.11	931.99
兴业银行	44063.99	41453.03	1519.65	13492.28
北京银行	15244.37	14282.93	1741.31	3372.86
农业银行	159741.52	149415.33	9798.67	10560.64
交通银行	62682.99	57946.94	3465.79	12350.33
工商银行	206099.53	190726.49	7827.76	15392.39
光大银行	27370.10	25575.27	1730.49	5439.31
建设银行	167441.30	154917.67	5149.86	12065.20
中国银行	152513.82	140679.54	10270.42	19685.16
中信银行	41388.15	38714.69	1621.71	7079.40
广发银行	1648.06	1560.61	24.95	173.42
国家开发银行	101046.19	94664.68	8965.41	1639.70
恒丰银行	8485.55	8065.68	270.24	2810.78
浙商银行	6656.15	6335.25	524.13	1915.36
进出口银行	23677.65	23394.93	4505.39	5689.92
农业发展银行	31422.10	30639.70	1175.17	923.81
邮政储蓄银行	55744.51	54334.04	11380.86	374.15
渤海银行	6671.48	6376.51	216.23	1988.48
其他银行	NA	NA	24831.80	24831.80
外资银行	NA	NA	968.77	1773.24

附表 4 　　　　　　　　**2008 年中国样本银行网络的银行间债权债务矩阵**

100 百万元	银行								
	A	B	C	D	E	F	G	H	I
A	0	0.42	4.64	1.34	1.88	6.61	0.14	6.53	1.68
B	0.03	0	0.08	0.02	0.03	0.11	0.00	0.11	0.03
C	9.70	2.30	0	7.28	10.20	35.87	0.75	35.43	9.12
D	3.89	0.92	10.10	0	4.09	14.38	0.30	14.21	3.66
E	6.27	1.48	16.27	4.70	0	23.17	0.49	22.89	5.89
F	6.45	1.53	16.75	4.84	6.78	0	0.50	23.56	6.06
G	0.47	0.11	1.22	0.35	0.50	1.74	0	1.72	0.44
H	8.21	1.95	21.33	6.16	8.63	30.36	0.64	0	7.72
I	1.57	0.37	4.08	1.18	1.65	5.81	0.12	5.74	0
J	13.59	3.22	35.30	10.20	14.29	50.26	1.05	49.65	12.77
K	23.05	5.46	59.87	17.30	24.24	85.24	1.79	84.21	21.67
L	27.61	6.54	71.71	20.72	29.03	102.09	2.14	100.85	25.95
M	5.20	1.23	13.50	3.90	5.46	19.21	0.40	18.98	4.88
N	20.30	4.81	52.71	15.23	21.34	75.04	1.57	74.13	19.07
O	36.94	8.75	95.94	27.72	38.84	136.59	2.86	134.93	34.72
P	4.53	1.07	11.77	3.40	4.76	16.75	0.35	16.55	4.26
Q	2.58	0.61	6.71	1.94	2.71	9.55	0.20	9.43	2.43
R	4.84	1.15	12.58	3.63	5.09	17.91	0.37	17.69	4.55
S	0.81	0.19	2.11	0.61	0.85	3.01	0.06	2.97	0.76
T	0.18	0.04	0.47	0.14	0.19	0.67	0.01	0.66	0.17
U	0.03	0.01	0.07	0.02	0.03	0.10	0.002	0.09	0.02
V	4.98	1.18	12.92	3.73	5.23	18.40	0.39	18.17	4.68
W	0.42	0.10	1.08	0.31	0.44	1.54	0.03	1.52	0.39
X	0.13	0.03	0.33	0.09	0.13	0.46	0.01	0.46	0.12
Y	0.38	0.09	0.98	0.28	0.40	1.40	0.03	1.39	0.36
CHN Others	2.76	0.65	7.17	2.07	2.90	10.21	0.21	10.08	2.59
Foreign	122.46	29.02	318.05	91.88	128.74	452.80	9.48	447.30	115.09

100 百万元	银行								
	J	K	L	M	N	O	P	Q	R
A	6. 48	12. 83	10. 69	4. 64	3. 09	27. 76	2. 96	1. 18	4. 83
B	0. 11	0. 21	0. 18	0. 08	0. 05	0. 46	0. 05	0. 02	0. 08
C	35. 17	69. 60	58. 01	25. 20	16. 77	150. 67	16. 06	6. 39	26. 23
D	14. 10	27. 91	23. 26	10. 10	6. 72	60. 41	6. 44	2. 56	10. 52
E	22. 72	44. 96	37. 47	16. 28	10. 83	97. 33	10. 38	4. 13	16. 94
F	23. 38	46. 28	38. 57	16. 76	11. 15	100. 19	.10. 68	4. 25	17. 44
G	1. 71	3. 38	2. 82	1. 22	0. 81	7. 32	0. 78	0. 31	1. 27
H	29. 77	58. 91	49. 10	21. 33	14. 19	127. 53	13. 60	5. 41	22. 20
I	5. 69	11. 27	9. 39	4. 08	2. 71	24. 39	2. 60	1. 03	4. 25
J	0	97. 52	81. 28	35. 31	23. 49	211. 10	22. 51	8. 95	36. 75
K	83. 57	0	137. 86	59. 89	39. 85	358. 06	38. 18	15. 19	62. 33
L	100. 09	198. 11	0	71. 72	47. 73	428. 83	45. 72	18. 19	74. 65
M	18. 84	37. 28	31. 07	0	8. 98	80. 71	8. 61	3. 42	14. 05
N	73. 57	145. 61	121. 36	52. 72	0	315. 21	33. 61	13. 37	54. 87
O	133. 92	265. 05	220. 91	95. 96	63. 86	0	61. 17	24. 34	99. 87
P	16. 42	32. 51	27. 09	11. 77	7. 83	70. 36	0	2. 98	12. 25
Q	9. 36	18. 53	15. 44	6. 71	4. 46	40. 11	4. 28	0	6. 98
R	17. 56	34. 75	28. 96	12. 58	8. 37	75. 22	8. 02	3. 19	0
S	2. 95	5. 83	4. 86	2. 11	1. 40	12. 62	1. 35	0. 54	2. 20
T	0. 65	1. 29	1. 08	0. 47	0. 31	2. 80	0. 30	0. 12	0. 49
U	0. 09	0. 19	0. 15	0. 07	0. 04	0. 40	0. 04	0. 02	0. 07
V	18. 04	35. 70	29. 75	12. 92	8. 60	77. 27	8. 24	3. 28	13. 45
W	1. 51	2. 98	2. 48	1. 08	0. 72	6. 45	0. 69	0. 27	1. 12
X	0. 46	0. 90	0. 75	0. 33	0. 22	1. 95	0. 21	0. 08	0. 34
Y	1. 37	2. 72	2. 27	0. 99	0. 66	5. 89	0. 63	0. 25	1. 03
CHN Others	10. 01	19. 80	16. 50	7. 17	4. 77	42. 87	4. 57	1. 82	7. 46
Foreign	443. 94	878. 66	732. 31	318. 11	211. 68	1902. 01	202. 80	80. 68	331. 08

续表

100 百万元	银行								
	S	T	U	V	W	X	Y	CHN Others	Foreign
A	0. 26	0. 12	1. 25	3. 95	3. 23	0. 03	1. 27	1. 66	131. 55
B	0. 00	0. 00	0. 02	0. 07	0. 05	0. 00	0. 02	0. 03	2. 19
C	1. 42	0. 65	6. 78	21. 45	17. 5	0. 15	6. 88	8. 99	713. 90
D	0. 57	0. 26	2. 72	8. 60	7. 04	0. 06	2. 76	3. 60	286. 23
E	0. 92	0. 42	4. 38	13. 85	11. 3	0. 10	4. 44	5. 81	461. 15
F	0. 95	0. 43	4. 51	14. 26	11. 6	0. 10	4. 57	5. 98	474. 70
G	0. 07	0. 03	0. 33	1. 04	0. 85	0. 01	0. 33	0. 44	34. 66
H	1. 21	0. 55	5. 74	18. 15	14. 8	0. 13	5. 82	7. 61	604. 26
I	0. 23	0. 10	1. 10	3. 47	2. 84	0. 02	1. 11	1. 46	115. 57
J	2. 00	0. 91	9. 50	30. 05	24. 6	0. 21	9. 64	12. 59	1000. 2
K	3. 39	1. 54	16. 1	50. 97	41. 7	0. 36	16. 3	21. 36	1696. 5
L	4. 06	1. 84	19. 2	61. 05	49. 9	0. 43	19. 5	25. 58	2031. 9
M	0. 76	0. 35	3. 63	11. 49	9. 40	0. 08	3. 68	4. 81	382. 41
N	2. 98	1. 35	14. 1	44. 87	36. 7	0. 32	14. 3	18. 80	1493. 5
O	5. 43	2. 46	25. 8	81. 68	66. 8	0. 58	26. 1	34. 23	2718. 5
P	0. 67	0. 30	3. 17	10. 02	8. 20	0. 07	3. 21	4. 20	333. 39
Q	0. 38	0. 17	1. 80	5. 71	4. 67	0. 04	1. 83	2. 39	190. 03
R	0. 71	0. 32	3. 38	10. 71	8. 76	0. 08	3. 43	4. 49	356. 39
S	0	0. 05	0. 57	1. 80	1. 47	0. 01	0. 58	0. 75	59. 82
T	0. 03	0	0. 13	0. 40	0. 33	0. 00	0. 13	0. 17	13. 24
U	0. 004	0. 002	0	0. 06	0. 05	0. 00	0. 02	0. 02	1. 90
V	0. 73	0. 33	3. 48	0	9. 00	0. 08	3. 53	4. 61	366. 14
W	0. 06	0. 03	0. 29	0. 92	0	0. 01	0. 29	0. 38	30. 55
X	0. 02	0. 01	0. 09	0. 28	0. 23	0	0. 09	0. 12	9. 25
Y	0. 06	0. 03	0. 27	0. 84	0. 69	0. 01	0	0. 35	27. 91
CHN Others	0. 41	0. 18	1. 93	6. 10	4. 99	0. 04	1. 96	0	203. 12
Foreign	17. 9	8. 16	85. 5	270. 7	221	1. 91	86. 8	113. 47	0

注：表中 A～Y 依次指代的是平安银行、宁波银行、浦发银行、华夏银行、民生银行、招商银行、南京银行、兴业银行、北京银行、农业银行、交通银行、工商银行、光大银行、建设银行、中国银行、中信银行、广发银行、国家开发银行、恒丰银行、浙商银行、进出口银行、农业发展银行、邮政储蓄银行、渤海银行以及深圳发展银行；CHN Others 和 Foreign 则指的是所有其他银行和外资银行。

附表5   **2011 年中国样本银行网络的银行间债权债务矩阵**

100 百万元	银行								
	A	B	C	D	E	F	G	H	I
A	0	5.20	51.23	17.31	35.84	25.78	3.85	40.82	27.79
B	0.99	0	7.96	2.69	5.57	4.01	0.60	6.34	4.32
C	18.54	15.15	0	50.41	104.38	75.09	11.23	118.90	80.96
D	5.78	4.72	46.50	0	32.53	23.40	3.50	37.05	25.23
E	10.07	8.23	81.06	27.38	0	40.80	6.10	64.59	43.98
F	9.77	7.98	78.65	26.57	55.01	0	5.92	62.66	42.67
G	1.86	1.52	15.01	5.07	10.50	7.55	0	11.96	8.14
H	24.59	20.10	198.00	66.89	138.50	99.64	14.90	0	107.42
I	6.75	5.52	54.34	18.36	38.01	27.34	4.09	43.29	0
J	26.35	21.53	212.12	71.66	148.38	106.75	15.96	169.01	115.08
K	29.76	24.32	239.60	80.94	167.60	120.58	18.03	190.91	129.99
L	49.67	40.59	399.87	135.08	279.71	201.23	30.08	318.61	216.94
M	10.65	8.70	85.72	28.96	59.96	43.14	6.45	68.30	46.51
N	38.23	31.24	307.80	103.98	215.31	154.90	23.16	245.25	166.99
O	63.37	51.78	510.16	172.33	356.85	256.73	38.38	406.48	276.78
P	20.07	16.40	161.55	54.57	113.00	81.30	12.15	128.72	87.64
Q	2.72	2.22	21.87	7.39	15.30	11.01	1.65	17.43	11.86
R	15.78	12.90	127.06	42.92	88.88	63.94	9.56	101.24	68.94
S	3.28	2.68	26.39	8.92	18.46	13.28	1.99	21.03	14.32
T	1.46	1.20	11.79	3.98	8.25	5.93	0.89	9.39	6.40
U	8.29	6.78	66.75	22.55	46.69	33.59	5.02	53.19	36.21
V	0.75	0.61	6.01	2.03	4.20	3.02	0.45	4.79	3.26
W	0.63	0.52	5.09	1.72	3.56	2.56	0.38	4.06	2.76
X	2.00	1.63	16.08	5.43	11.25	8.09	1.21	12.81	8.72
Y	6.36	5.20	51.23	17.31	35.84	25.78	3.85	40.82	27.79
CHN Others	6.55	5.35	52.74	17.82	36.89	26.54	3.97	42.02	28.61
Foreign	119.04	97.27	958.33	323.73	670.35	482.27	72.10	763.58	519.93

续表

100 百万元	银行								
	J	K	L	M	N	O	P	Q	R
A	47. 32	33. 95	69. 13	24. 84	54. 38	146. 86	72. 84	8. 37	45. 51
B	7. 35	5. 27	10. 74	3. 86	8. 45	22. 82	11. 32	1. 30	7. 07
C	137. 8	98. 87	201. 36	72. 36	158. 40	427. 75	212. 17	24. 39	132. 5
D	42. 95	30. 81	62. 75	22. 55	49. 36	133. 29	66. 12	7. 60	41. 30
E	74. 88	53. 71	109. 39	39. 31	86. 05	232. 38	115. 26	13. 25	72. 00
F	72. 65	52. 11	106. 13	38. 14	83. 49	225. 45	111. 82	12. 85	69. 86
G	13. 86	9. 94	20. 25	7. 28	15. 93	43. 02	21. 34	2. 45	13. 33
H	182. 9	131. 2	267. 19	96. 02	210. 18	567. 59	281. 53	32. 36	175. 8
I	50. 19	36. 00	73. 32	26. 35	57. 68	155. 76	77. 26	8. 88	48. 26
J	0	140. 5	286. 24	102. 8	225. 17	608. 05	301. 60	34. 67	188. 4
K	221. 3	0	323. 32	116. 1	254. 34	686. 83	340. 67	39. 16	212. 8
L	369. 3	264. 9	0	193. 9	424. 47	1146. 2	568. 55	65. 35	355. 1
M	79. 19	56. 80	115. 68	0	91	245. 73	121. 89	14. 01	76. 14
N	284. 3	203. 9	415. 36	149. 2	0	882. 34	437. 65	50. 31	273. 4
O	471. 2	338	688. 42	247. 3	541. 54	0	725. 36	83. 38	453. 1
P	149. 2	107. 0	217. 99	78. 34	171. 48	463. 08	0	26. 40	143. 4
Q	20. 20	14. 49	29. 51	10. 61	23. 21	62. 69	31. 09	0	19. 43
R	117. 3	84. 19	171. 46	61. 62	134. 88	364. 24	180. 67	20. 77	0
S	24. 38	17. 49	35. 62	12. 80	28. 02	75. 66	37. 53	4. 31	23. 44
T	10. 89	7. 81	15. 91	5. 72	12. 51	33. 79	16. 76	1. 93	10. 47
U	61. 66	44. 23	90. 08	32. 37	70. 86	191. 35	94. 91	10. 91	59. 29
V	5. 55	3. 98	8. 11	2. 91	6. 38	17. 22	8. 54	0. 98	5. 34
W	4. 71	3. 38	6. 87	2. 47	5. 41	14. 60	7. 24	0. 83	4. 52
X	14. 85	10. 65	21. 69	7. 80	17. 07	46. 08	22. 86	2. 63	14. 28
Y	47. 32	33. 95	69. 13	24. 84	54. 38	146. 86	72. 84	8. 37	45. 51
CHN Others	48. 72	34. 95	71. 17	25. 57	55. 98	151. 18	74. 99	8. 62	46. 85
Foreign	885. 25	634. 99	1293. 20	464. 72	1017. 29	2747. 12	1362. 59	156. 63	851. 23

100 百万元	银行								
	S	T	U	V	W	X	Y	CHN Others	Foreign
A	6.09	4.75	22.25	0.65	110.11	3.56	6.36	15.86	401.49
B	0.95	0.74	3.46	0.10	17.11	0.55	0.99	2.46	62.38
C	17.73	13.8	64.8	1.9	320.71	10.3	18.54	46.20	1169.4
D	5.52	4.31	20.19	0.59	99.94	3.23	5.78	14.40	364.41
E	9.63	7.52	35.20	1.03	174.23	5.64	10.07	25.10	635.30
F	9.34	7.29	34.15	1.00	169.03	5.47	9.77	24.35	616.34
G	1.78	1.39	6.52	0.19	32.25	1.04	1.86	4.65	117.61
H	23.52	18.3	85.99	2.52	425.56	13.7	24.6	61.31	1551
I	6.45	5.04	23.60	0.69	116.78	3.78	6.75	16.82	425.83
J	25.20	19.6	92.12	2.70	455.90	14.7	26.35	65.68	1662.3
K	28.46	22.2	104	3.05	514.97	16.6	29.76	74.19	1877.7
L	47.50	37	173.6	5.10	859.43	27.8	49.67	123.81	3133.7
M	10.18	7.95	37.23	1.09	184.24	5.96	10.65	26.54	671.81
N	36.56	28.5	133.6	3.92	661.55	21.4	38.23	95.30	2412.2
O	60.60	47.3	221.5	6.50	1096.4	35.4	63.37	157.96	3998
P	19.19	14.9	70.16	2.06	347.20	11.2	20.07	50.02	1266
Q	2.60	2.03	9.50	0.28	47.00	1.52	2.72	6.77	171.39
R	15.09	11.7	55.18	1.62	273.10	8.84	15.78	39.34	995.79
S	0	2.45	11.46	0.34	56.73	1.84	3.28	8.17	206.84
T	1.40	0	5.12	0.15	25.34	0.82	1.46	3.65	92.39
U	7.93	6.19	0	0.85	143.47	4.64	8.29	20.67	523.12
V	0.71	0.56	2.61	0	12.91	0.42	0.75	1.86	47.07
W	0.61	0.47	2.21	0.06	0	0.35	0.63	1.58	39.92
X	1.91	1.49	6.98	0.20	34.55	0	2.00	4.98	125.99
Y	6.09	4.75	22.25	0.65	110.11	3.56	0	15.86	401.49
CHN Others	6.26	4.89	22.90	0.67	113.35	3.67	6.55	0	413.31
Foreign	113.8	88.8	416.1	12.21	2059.7	66.64	119.04	296.72	0

注：表中 A ~ Y 依次指代的是平安银行、宁波银行、浦发银行、华夏银行、民生银行、招商银行、南京银行、兴业银行、北京银行、农业银行、交通银行、工商银行、光大银行、建设银行、中国银行、中信银行、广发银行、国家开发银行、恒丰银行、浙商银行、进出口银行、农业发展银行、邮政储蓄银行、渤海银行以及深圳发展银行；CHN Others 和 Foreign 则指的是所有其他银行和外资银行。

附表 6 　　　　　　　　　　**2014 年中国样本银行网络的银行间债权债务矩阵**

100 百万元	银行								
	A	B	C	D	E	F	G	H	I
A	0	7.04	36.10	17.49	55.58	39.50	5.73	34.39	37.26
B	6.07	0	9.04	4.38	13.93	9.90	1.43	8.62	9.34
C	50.30	14.62	0	36.32	115.45	82.05	11.89	71.44	77.40
D	19.79	5.75	29.50	0	45.42	32.28	4.68	28.10	30.45
E	54.85	15.94	81.75	39.60	0	89.47	12.97	77.89	84.39
F	48.39	14.06	72.12	34.94	111.05	0	11.44	68.71	74.45
G	5.61	1.63	8.37	4.05	12.88	9.16	0	7.97	8.64
H	82.24	23.90	122.59	59.38	188.76	134.15	19.44	0	126.54
I	20.58	5.98	30.68	14.86	47.24	33.58	4.87	29.23	0
J	69.84	20.30	104.10	50.43	160.29	113.92	16.51	99.18	107.46
K	76.70	22.29	114.32	55.38	176.03	125.11	18.13	108.93	118.01
L	100.00	29.06	149.05	72.20	229.51	163.12	23.64	142.01	153.86
M	33.20	9.65	49.48	23.97	76.19	54.15	7.85	47.15	51.08
N	76.17	22.14	113.54	55.00	174.83	124.25	18.01	108.18	117.20
O	131.67	38.27	196.25	95.07	302.18	214.77	31.13	186.98	202.58
P	43.17	12.55	64.35	31.17	99.08	70.42	10.21	61.31	66.43
Q	1.04	0.30	1.55	0.75	2.39	1.70	0.25	1.48	1.60
R	10.70	3.11	15.95	7.73	24.56	17.46	2.53	15.20	16.47
S	16.93	4.92	25.23	12.22	38.85	27.61	4.00	24.04	26.05
T	11.56	3.36	17.23	8.35	26.53	18.86	2.73	16.42	17.79
U	35.64	10.36	53.12	25.73	81.80	58.13	8.43	50.61	54.84
V	5.61	1.63	8.36	4.05	12.87	9.15	1.33	7.96	8.63
W	2.50	0.73	3.72	1.80	5.73	4.07	0.59	3.55	3.84
X	11.97	3.48	17.84	8.64	27.47	19.53	2.83	17.00	18.42
CHN Others	202.82	58.95	302.30	146.44	465.48	330.83	47.95	288.03	312.06
Foreign	10.75	3.12	16.02	7.76	24.66	17.53	2.54	15.26	16.53

100 百万元	银行								
	J	K	L	M	N	O	P	Q	R
A	219.2	78.03	180.1	37.45	115.8	243.6	35.41	0.52	190.19
B	54.93	19.55	45.14	9.38	29.04	61.06	8.87	0.13	47.66
C	455.34	162.0	374.18	77.78	240.7	506.1	73.5	1.09	395.04
D	179.14	63.77	147.21	30.60	94.70	199.1	28.9	0.43	155.41
E	496.49	176.7	407.99	84.81	262.4	551.9	80.2	1.19	430.74
F	437.99	155.9	359.92	74.82	231.5	486.8	70.7	1.05	379.98
G	50.81	18.09	41.75	8.68	26.86	56.48	8.21	0.12	44.08
H	744.48	265	611.78	127.1	393.5	827.5	120	1.78	645.88
I	186.34	66.33	153.12	31.83	98.51	207.1	30.1	0.45	161.66
J	0	225	519.52	108	334.2	702.7	102	1.51	548.48
K	694.30	0	570.55	118.6	367	771.8	112	1.66	602.35
L	905.21	322.2	0	154.6	478.5	1006	146.2	2.17	785.32
M	300.52	106.9	246.95	0	158.8	334	48.54	0.72	260.72
N	689.54	245.4	566.63	117.7	0	766.5	111.3	1.65	598.22
O	1191.8	424.2	979.40	203.5	630	0	192.5	2.85	1034
P	390.80	139.1	321.14	66.76	206.6	434.4	0	0.94	339.04
Q	9.43	3.36	7.75	1.61	4.99	10.49	1.52	0	8.18
R	96.87	34.48	79.60	16.55	51.21	107.6	15.65	0.23	0
S	153.24	54.55	125.92	26.18	81.01	170.3	24.75	0.37	132.94
T	104.65	37.25	86.00	17.88	55.33	116.3	16.90	0.25	90.79
U	322.61	114.8	265.11	55.11	170.5	358.6	52.11	0.77	279.89
V	50.77	18.07	41.72	8.67	26.84	56.44	8.20	0.12	44.04
W	22.61	8.05	18.58	3.86	11.95	25.14	3.65	0.05	19.62
X	108.35	38.57	89.04	18.51	57.28	120.4	17.50	0.26	94.00
CHN Others	1835.9	653.5	1508.6	313.6	970.5	2040.86	296.5	4.40	1592.7
Foreign	97.27	34.63	79.94	16.62	51.43	108.1	15.71	0.23	84.39

续表

100 百万元	银行							
	S	T .	U	V	W	X	CHN Others	Foreign
A	5. 76	11. 13	97. 71	24. 82	239. 70	4. 59	633. 34	20. 55
B	1. 44	2. 79	24. 48	6. 22	60. 06	1. 15	158. 70	5. 15
C	11. 97	23. 11	202. 95	51. 55	497. 89	9. 54	1315. 54	42. 69
D	4. 71	9. 09	79. 84	20. 28	195. 88	3. 75	517. 55	16. 79
E	13. 05	25. 20	221. 29	56. 21	542. 89	10. 40	1434. 42	46. 55
F	11. 52	22. 23	195. 22	49. 59	478. 92	9. 17	1265. 40	41. 06
G	1. 34	2. 58	22. 65	5. 75	55. 56	1. 06	146. 79	4. 76
H	19. 58	37. 79	331. 83	84. 29	814. 05	15. 60	2150. 89	69. 79
I	4. 90	9. 46	83. 05	21. 10	203. 75	3. 90	538. 34	17. 47
J	16. 62	32. 09	281. 78	71. 57	691. 28	13. 24	1826. 52	59. 27
K	18. 26	35. 24	309. 46	78. 60	759. 18	14. 54	2005. 92	65. 09
L	23. 80	45. 95	403. 46	102. 48	989. 79	18. 96.	2615. 24	84. 86
M	7. 90	15. 25	133. 95	34. 02	328. 60	6. 30	868. 24	28. 17
N	18. 13	35. 00	307. 34	78. 07	753. 97	14. 44	1992. 15	64. 64
O	31. 34	60. 49	531. 22	134. 93	1303. 22	24. 97	3443. 37	111. 73
P	10. 28	19. 84	174. 18	44. 24	427. 32	8. 19	1129. 06	36. 64
Q	0. 25	0. 48	4. 20	1. 07	10. 32	0. 20	27. 26	0. 88
R	2. 55	4. 92	43. 18	10. 97	105. 92	2. 03	279. 86	9. 08
S	0	7. 78	68. 30	17. 35	167. 55	3. 21	442. 71	14. 37
T	2. 75	0	46. 65	11. 85	114. 43	2. 19	302. 36	9. 81
U	8. 48	16. 37	0	36. 52	352. 76	6. 76	932. 06	30. 24
V	1. 33	2. 58	22. 63	0	55. 51	1. 06	146. 68	4. 76
W	0. 59	1. 15	10. 08	2. 56	0	0. 47	65. 33	2. 12
X	2. 85	5. 50	48. 29	12. 27	118. 48	0	313. 04	10. 16
CHN Others	48. 27	93. 19	818. 29	207. 85	2007. 46	38. 46	0	172. 12
Foreign	2. 56	4. 94	43. 36	11. 01	106. 36	2. 04	281. 04	0

注：表中 A～Y 依次指代的是平安银行、宁波银行、浦发银行、华夏银行、民生银行、招商银行、南京银行、兴业银行、北京银行、农业银行、交通银行、工商银行、光大银行、建设银行、中国银行、中信银行、广发银行、国家开发银行、恒丰银行、浙商银行、进出口银行、农业发展银行、邮政储蓄银行、渤海银行以及深圳发展银行；CHN Others 和 Foreign 则指的是所有其他银行和外资银行。

附表7　2008~2014年中国上市银行系统性风险贡献度及排名

年	分位数	指标	银行															
			1	2	3	4	5	6	7	8	9	10	11	12	13	14	15	16
2008	1%	ΔCoVaR	-0.1099	-0.1115	-0.1005	-0.1014	-0.0988	-0.0972	-0.1100	-0.1094	-0.1090	—	-0.1044	-0.1058	—	-0.1097	-0.1117	-0.1118
		Ranking	5	3	12	11	13	14	4	7	8	—	10	9	—	6	2	1
	5%	ΔCoVaR	-0.0890	-0.0970	-0.0827	-0.0805	-0.0814	-0.0756	-0.0918	-0.0836	-0.0871	—	-0.0729	-0.0908	—	-0.0934	-0.0895	-0.0886
		Ranking	6	1	10	12	11	13	3	9	8	—	14	4	—	2	5	7
	5% SRI		1.9611	1.5971	2.0796	0.9105	1.1491	2.3680	2.0250	1.4739	1.9444	—	1.5406	2.4725	—	1.9354	2.0658	1.4675
		Ranking	6	9	3	14	13	2	5	11	7	—	10	1	—	8	4	12
2009	1%	ΔCoVaR	-0.0793	-0.0910	-0.0719	-0.0810	-0.0747	-0.0773	-0.0787	-0.0600	-0.0783	—	-0.0607	-0.0791	—	-0.0813	-0.0909	-0.0752
		Ranking	5	1	12	4	11	9	7	14	8	—	13	6	—	3	2	10
	5%	ΔCoVaR	-0.0578	-0.0683	-0.0559	-0.0634	-0.0572	-0.0498	-0.0621	-0.0483	-0.0611	—	-0.0507	-0.0611	—	-0.0577	-0.0652	-0.0625
		Ranking	8	1	11	3	10	13	5	14	7	—	12	6	—	9	2	4
	5% SRI		2.5801	2.6083	2.2572	2.0172	2.1949	1.8104	3.0204	1.5649	1.8737	—	0.8426	2.2966	—	2.0972	1.5128	1.7385
		Ranking	3	2	5	8	6	10	1	12	9	—	14	4	—	7	13	11

续表

年	分位数	指标	银行 1	2	3	4	5	6	7	8	9	10	11	12	13	14	15	16
2010	1%	$\Delta CoVaR$	−0.069	−0.078	−0.072	−0.072	−0.063	−0.062	−0.067	−0.061	−0.055		−0.063	−0.064		−0.065	−0.066	−0.070
		Ranking	6	1	3	6	1	3	2	5	3	—	3	5	—	0	9	0
	5%	$\Delta CoVaR$	−0.038	−0.042	−0.038	−0.046	−0.037	−0.039	−0.043	−0.036	−0.035		−0.040	−0.039		−0.038	−0.037	−0.041
		Ranking	8	6	9	6	3	6	7	6	9	—	2	2	—	6	3	0
		5% SRI	2.7441	−0.8787	2.0666	1.0449	1.7437	1.5055	2.8665	3.0894	0.9018	—	1.3050	1.5191	—	2.9992	−0.8019	1.1559
		Ranking	4	14	5	11	6	7	3	1	12	—	9	8	—	2	13	10
2011	1%	$\Delta CoVaR$	−0.035	−0.042	−0.036	−0.035	−0.038	−0.033	−0.037	−0.039	−0.044	−0.048	−0.046	−0.044	−0.034	−0.045	−0.047	−0.039
		Ranking	6	8	7	7	1	5	6	1	5	5	4	8	2	3	1	7
	5%	$\Delta CoVaR$	−0.030	−0.031	−0.029	−0.028	−0.030	−0.028	−0.029	−0.030	−0.033	−0.040	−0.037	−0.036	−0.028	−0.036	−0.036	−0.034
		Ranking	9	6	7	7	8	7	2	8	6	2	0	2	2	9	7	8
		5% SRI	5.5423	1.4841	0.6551	3.7298	0.5835	2.1743	3.0692	4.7753	1.9280	0.3584	−0.8311	0.2499	2.4103	−0.5803	1.5330	2.7371
		Ranking	1	10	11	3	12	7	4	2	8	13	16	14	6	15	9	5

续表

年	分位数指标	银行															
		1	2	3	4	5	6	7	8	9	10	11	12	13	14	15	16
2012	1%	-0.031	-0.029	-0.023	-0.027	-0.028	-0.028	-0.029	-0.030	-0.035	-0.033	-0.038	-0.033	-0.033	-0.032	-0.030	-0.031
	$\Delta CoVaR$	1	7	1	9	9	6	9	3	7	8	6	1	6	5	0	4
	Ranking	8	12	16	15	13	14	11	9	2	3	1	5	4	6	10	7
	5%	-0.024	-0.021	-0.017	-0.021	-0.020	-0.022	-0.027	-0.023	-0.026	-0.024	-0.025	-0.022	-0.027	-0.023	-0.026	-0.026
	$\Delta CoVaR$	8	3	9	4	3	2	0	6	0	7	2	1	3	3	4	4
	Ranking	7	14	16	13	15	11	2	9	5	8	6	12	1	10	4	3
	5% SRI	6.9098	8.4362	6.2105	4.4397	-0.5557	3.1303	6.8029	3.4910	6.2159	-4.1263	2.0758	-6.2573	0.8320	-1.0327	-5.9698	3.5376
	Ranking	2	1	5	6	12	9	3	8	4	14	10	16	11	13	15	7
2013	1%	-0.068	-0.063	-0.064	-0.066	-0.060	-0.064	-0.067	-0.074	-0.060	-0.063	-0.069	-0.063	-0.065	-0.075	-0.067	-0.063
	$\Delta CoVaR$	0	0	3	7	4	8	9	6	7	7	1	5	8	8	6	3
	Ranking	4	14	10	7	16	9	5	2	15	11	3	12	8	1	6	13
	5%	-0.038	-0.038	-0.042	-0.041	-0.031	-0.042	-0.042	-0.032	-0.038	-0.039	-0.042	-0.046	-0.041	-0.049	-0.045	-0.038
	$\Delta CoVaR$	6	2	7	5	0	9	5	0	2	5	2	6	7	2	4	2
	Ranking	11	12	5	9	16	4	6	15	13	10	7	2	8	1	3	14
	5% SRI	1.9142	0.5254	-4.3843	1.8591	1.4261	2.8003	1.8589	1.1187	1.4908	1.7207	1.8425	2.1042	3.0832	1.3720	1.5758	2.9581
	Ranking	5	15	16	6	12	3	7	14	11	9	8	4	1	13	10	2

续表

年	分位数	指标	银行															
			1	2	3	4	5	6	7	8	9	10	11	12	13	14	15	16
2014	1%	$\Delta CoVaR$	-0.047	-0.045	-0.046	-0.045	-0.048	-0.042	-0.055	-0.048	-0.049	-0.043	-0.044	-0.040	-0.049	-0.045	-0.045	-0.047
		Ranking	6	10	8	12	4	15	1	5	3	14	13	16	2	11	9	7
	5%	$\Delta CoVaR$	-0.028	-0.029	-0.027	-0.026	-0.028	-0.028	-0.030	-0.027	-0.030	-0.025	-0.027	-0.024	-0.030	-0.026	-0.026	-0.029
		Ranking	6	5	9	12	7	8	3	11	1	15	10	16	2	14	13	4
	5% SRI		0.5314	1.9578	5.0370	4.6371	-2.0339	2.1461	-7.4361	-1.7114	-1.1295	2.8733	8.6287	-4.2723	9.4340	3.2772	7.2812	8.6234
		Ranking	11	10	5	6	14	9	16	13	12	8	2	15	1	7	4	3

附表 8　　解释变量的相关性分析

变量	Size	Finor	Capst	Loanr	Urincome	Nplratio	Ccar	Car	Kqindex	Rota	Nhindex
Size	1										
Finor	0.39***	1									
Capst	-0.14	-0.12	1								
Loanr	0.39***	0.71***	0.16	1							
Urincome	0.65***	0.14	-0.35***	0.2**	1						
Nplratio	0.21**	0.33***	-0.12	0.06	0.26***	1					
Ccar	-0.21**	0.05	-0.56***	-0.32***	-0.08	0.13	1				
Car	-0.19	0.02***	-0.41***	-0.29***	-0.1	0.11	0.96***	1			
Kqindex	-0.16***	0.3	0.19**	0.22**	-0.27***	-0.08	0.02	0.02	1		
Rota	0.24***	0.15***	-0.67***	-0.14	0.3***	-0.01	0.45***	0.39	-0.17*	1	
Nhindex	-0.26	0.3	0.18*	0.16	-0.29***	0.37***	0.15*	0.18	0.51***	-0.11	1

注：***、**、* 分别表示在1%、5%、10%的水平上统计显著。

附表 9　　　　　　　　**银行系统重要性的影响因素回归分析结果**

	$\Delta CoVaR$ in 1% level				SRI in 1% level			
	POLS	FE	POLS_M	FE1_M	POLS	FE	POLS_M	FE1_M
Intercept	− 1. 620 **		0. 839 **		64. 320		− 131. 828 **	
	(− 6. 012)		(2. 868)		(1. 180)		(− 2. 236)	
Size	− 0. 011 **	− 0. 001	− 0. 122 **	− 0. 105	− 0. 589	− 6. 027	21. 080 **	27. 234
	(− 2. 922)	(− 0. 046)	(− 2. 656)	(− 1. 625)	(− 0. 764)	(− 1. 220)	(2. 268)	(2. 019)
Finor	− 0. 001	0. 058	− 0. 001	− 0. 012	− 10. 589 *	− 19. 922 *	2. 123 *	3. 736 *
	(− 0. 033)	(1. 222)	(− 0. 151)	(− 1. 291)	(− 1. 677)	(− 2. 011)	(1. 711)	(1. 924)
Capst	0. 003 **	0. 003	0. 081 **	0. 084	− 0. 229	− 0. 471	− 6. 758	− 12. 571
	(3. 802)	(3. 072)	(3. 877)	(3. 000)	(− 1. 589)	(− 2. 291)	(− 1. 597)	(− 2. 143)
Loanr	0. 065 *	0. 068	− 0. 010 *	− 0. 010	15. 833 **	11. 816 **	− 2. 528 **	− 1. 835 **
	(1. 792)	(1. 047)	(− 1. 770)	(− 0. 984)	(2. 151)	(0. 860)	(− 2. 116)	(− 0. 829)
Urincome	0. 044 **	0. 066	− 0. 004	− 0. 006	− 14. 890 **	− 18. 840 **	1. 205 **	1. 646 **
	(1. 396)	(1. 410)	(− 1. 636)	(− 1. 659)	(− 2. 323)	(− 1. 907)	(2. 399)	(2. 121)
Nplratio	2. 235 **	2. 692	− 0. 041 **	− 0. 049	147. 171	166. 867 *	− 2. 728	− 3. 238 *
	(4. 625)	(4. 309)	(− 4. 453)	(− 4. 099)	(1. 505)	(1. 270)	(− 1. 468)	(− 1. 287)
Ccar	1. 165 **	1. 190 **	0. 159 **	0. 155 **	− 28. 126	− 76. 203	− 4. 006	− 8. 803
	(4. 252)	(3. 321)	(4. 283)	(3. 235)	(− 0. 508)	(− 1. 011)	(− 0. 535)	(− 0. 878)
Car	− 0. 936	− 0. 913 **	− 0. 152 **	− 0. 142 **	11. 659	42. 266	1. 879	5. 438
	(− 4. 324)	(− 3. 426)	(− 4. 351)	(− 3. 339)	(0. 266)	(0. 754)	(0. 268)	(0. 610)
Kqindex	− 0. 029	− 0. 040	− 0. 011	− 0. 015	− 0. 386	3. 919	− 0. 054	1. 337
	(− 0. 915)	(− 1. 174)	(− 1. 033)	(− 1. 246)	(− 0. 059)	(0. 547)	(− 0. 024)	(0. 546)
Rota	0. 750	− 1. 030	− 0. 007	0. 008	− 30. 150	70. 106	0. 291	− 0. 541
	(0. 807)	(− 0. 858)	(− 0. 859)	(0. 782)	(− 0. 160)	(0. 278)	(0. 174)	(− 0. 241)
Nhindex	0. 541 **	0. 500	0. 047 **	0. 043	− 17. 109	− 38. 557	− 1. 519	− 3. 301
	(6. 037)	(4. 184)	(6. 098)	(4. 095)	(− 0. 944)	(− 1. 534)	(− 0. 970)	(− 1. 510)
Adj. R^2	0. 654	0. 587	0. 653	0. 585	0. 135	0. 113	0. 135	0. 108
F	22. 885	24. 738	22. 677	24. 315	1. 421	1. 183	1. 426	1. 125
Obs	98	98	98	98	98	98	98	98

注：** 、* 分别表示在 1% 、5% 的水平上统计显著。

参 考 文 献

[1] 巴曙松，张阿斌，朱元倩. 中国银行业市场约束状况研究 [J]. 财经研究，2010，36（12）：49 – 61.

[2] 巴曙松，朱元倩. 压力测试在银行风险管理中的应用 [J]. 经济学家，2010（2）：70 – 79.

[3] 巴曙松，左伟，朱元倩. 金融网络及传染对金融稳定的影响 [J]. 财经问题研究，2013（2）：3 – 11.

[4] 白雪梅，石大龙. 中国金融体系的系统性风险度量 [J]. 国际金融研究，2014（6）：75 – 85.

[5] 包全永. 银行系统性风险的传染模型研究 [J]. 金融研究，2005（8）：72 – 84.

[6] 陈兵，万阳松. 基于信用链接的银行网络风险传染述评 [J]. 上海金融，2008（2）：26 – 30.

[7] 陈兵. 银行网络视角下的系统性风险传染研究 [D]. 上海：复旦大学经济学院，2013.

[8] 陈国进，马长峰. 金融危机传染的网络理论研究述评 [J]. 经济学动态，2010（2）：116 – 120.

[9] 陈冀，陈典发，宋敏. 复杂网络结构下异质性银行系统稳定性研究 [J]. 系统工程学报，2014，29（2）：171 – 181.

[10] 陈忠阳，刘志洋. 国有大型商业银行系统性风险贡献度真的高吗——来自中国上市银行股票收益率的证据 [J]. 财贸经济，2013（9）：57 – 66.

[11] 邓超，陈学军. 基于复杂网络的金融传染风险模型研究 [J]. 中国管理科学，2014（11）：11 – 18.

[12] 邓晶，张加发，李红刚. 银行系统性风险研究综述 [J]. 系统科学学报，2013，21（2）：34 – 38.

［13］迪斯特尔著．于青林，王涛，王光辉译．图论（第四版）［M］．北京：高等教育出版社，2013.

［14］董满章．中国银行业系统性风险防范研究［D］．南京：南京农业大学经济管理学院，2005.

［15］董青马．开发条件下银行系统性风险生成机制研究［D］．成都：西南财经大学金融学院，2008.

［16］杜长江．系统性风险的来源、预警机制与监管策略——以证券市场系统为主体对象的研究［D］．天津：南开大学经济学院，2010.

［17］范宏．动态银行网络系统中系统性风险定量计算方法研究［J］．物理学报，2014，63（3）：1－8.

［18］范小云，曹元涛，胡博．银行系统性风险测度最新比较研究［J］．金融博览，2006（3）：32－33.

［19］房艳君．一般复杂网络及经济网络的动态模型与稳定性研究［D］．济南：山东师范大学管理科学与工程学院，2010.

［20］丰吉闯．商业银行操作风险与系统性风险度量研究［D］．合肥：中国科学技术大学管理学院，2012.

［21］冯超，肖兰．基于KLR模型的中国银行业系统性风险预警研究［J］．上海金融，2014（12）：59－62，37.

［22］高国华，潘英丽．基于动态相关性的我国银行系统性风险度量研究［J］．管理评论，2013，25（1）：9－15.

［23］高国华，潘英丽．基于资产负债表关联的银行系统性风险研究［J］．管理工程学报，2012（4）：162－168.

［24］高国华，潘英丽．银行系统性风险的度量——基于CoVar方法的分析［J］．上海交通大学学报，2011，45（12）：1753－1759.

［25］宫晓琳．量化分析中国宏观金融风险及其演变机制［D］．济南：山东大学经济学院，2011.

［26］龚明华，宋彤．关于系统性风险识别方法的研究［J］．国际金融研究，2010（5）：90－96.

［27］郭卫东．中国上市银行的系统性风险价值及溢出——基于CoVar方法的实证分析［J］．北京工商大学学报，2013，28（4）：89－95，115.

［28］韩华，吴翎燕，宋宁宁．基于随机矩阵的金融网络模型［J］．物理学报，2014（13）：1－10.

［29］何大韧等．复杂系统与复杂网络［M］．北京：高等教育出版社，2012.

［30］侯明扬．基于复杂网络的银行危机传染研究［D］.青岛：青岛大学自动化工程学院，2008.

［31］黄聪，贾彦东．金融网络视角下的宏观审慎管理——基于银行间支付结算数据的实证分析［J］.金融研究，2010（4）：1－14.

［32］黄佳，曹雪峰．银行间支付结算体系的系统性风险研究［J］.武汉金融，2006（2）：43－44.

［33］黄玮强，庄新田．复杂社会网络视角下的创新合作与创新扩散［M］.北京：中国经济出版社，2012.

［34］贾彦东．金融机构的系统重要性分析——金融网络中的系统风险衡量与成本分担［J］.金融研究，2011（10）：17－33.

［35］蒋涛，吴卫星，王天一，沈涛．金融业系统性风险度量——基于尾部依赖视角［J］.系统工程理论与实践，2014，34（6）：40－47.

［36］肯尼斯·斯朋．美国银行监管制度［M］.上海：复旦大学出版社，2000.

［37］赖娟．我国金融系统性风险及其防范研究［D］.南昌：江西财经大学财税与公共管理学院，2011.

［38］李关政．经济周期、经济转型与商业银行系统性风险管理［M］.北京：经济管理出版社，2013.

［39］李健全．系统性风险新认识与我国宏观审慎监管探索［J］.金融与经济，2010（7）：52－55.

［40］李守伟，何建敏，庄亚明，施亚明．基于复杂网络的银行同业拆借市场稳定性研究［J］.管理工程学报，2011，25（2）：195－199.

［41］李喆．基于非线性相互依赖性的金融危机传染机制研究［D］.哈尔滨：哈尔滨工业大学经济与管理学院，2010.

［42］李志辉，樊莉．中国商业银行系统性风险溢价实证研究［J］.当代经济科学，2011，33（6）：13－20，122.

［43］林琳，曹勇．中国影子银行体系与系统性风险压力指数构建［J］.上海金融，2013（9）：64－68，117.

［44］刘春航，朱元倩．银行业系统性风险度量框架的研究［J］.金融研究，2011（12）：85－99.

[45] 刘吕科，张定胜，邹恒甫. 金融系统性风险衡量研究最新进展述评 [J]. 金融研究，2012（11）：31－43.

[46] 刘锡良，胡正. 外部因素对银行危机的影响及其研究进展 [J]. 经济体制改革，2010（5）：117－122.

[47] 刘锡良，齐稚平. 金融危机后美国的金融自由化策略选择 [J]. 当代经济研究，2009（11）：55－59.

[48] 刘锡良，周轶海. 金融危机救助的十大问题初探 [J]. 金融发展研究，2011（4）：3－9.

[49] 刘锡良，周轶海. 危机管理中美联储货币政策工具创新对我国的启示 [J]. 财经科学，2010（12）：1－9.

[50] 刘锡良. 金融危机对中国经济的影响及应对措施 [J]. 重庆工商大学学报，2009，19（4）：35－38.

[51] 刘晓星，方琳. 系统性风险与宏观经济稳定：影响机制及实证检验 [J]. 北京工商大学学报，2014，29（5）：65－77.

[52] 吕江林，赖娟. 我国金融系统性风险预警指标体系的构建与应用 [J]. 江西财经大学学报，2011（2）：5－11.

[53] 马君潞，范小云，曹元涛. 中国银行间市场双边传染的风险估测及其系统性特征分析 [J]. 经济研究，2007（1）：68－78，142.

[54] 麦强盛. 基于宏观审慎监管的银行业系统性风险研究 [D]. 广州：暨南大学管理学院，2011.

[55] 欧阳红兵，刘晓东. 基于网络分析的金融机构系统重要性研究 [J]. 管理世界，2014（8）：171－172.

[56] 沈悦，戴士伟，罗希. 中国金融业系统性风险溢出效应测度——基于 GARCH－Copula－CoVaR 模型的研究 [J]. 当代财经科学，2014，36（6）：30－38，123.

[57] 孙国华. 美国金融危机国际传染机制研究 [M]. 武汉：武汉大学出版社，2012.

[58] 谭洪涛，蔡利，蔡春. 金融稳定监管视角下的系统性风险研究评述 [J]. 经济学动态，2011（10）：137－142.

[59] 汤凌霄. 跨国银行系统性风险监管研究 [D]. 厦门：厦门大学经济学院，2003.

[60] 汤柳. 危机后德国金融监管改革述评 [J]. 金融理论与实践，2010

（3）：23 - 27.

[61] 童牧，何奕．复杂金融网络中的系统性风险与流动性救助——基于中国大额支付系统的研究 [J]．金融研究，2012（9）：20 - 33.

[62] 万阳松，陈忠，陈晓荣．复杂银行网络的宏观结构模型及其分析 [J]．上海交通大学学报，2007（7）：1161 - 1163.

[63] 万阳松．银行间市场风险传染机制与免疫策略研究 [D]．上海：上海交通大学安泰经济与管理学院，2007.

[64] 王大威．系统性金融风险的传导、监管与防范研究 [M]．北京：中国金融出版社，2013.

[65] 王靖国．顺周期行为机制下的系统性金融风险：理论与实证分析 [D]．北京：财政部财政科学研究所，2011.

[66] 王书斌．银行系统性风险传染的机制研究 [D]．广州：暨南大学经济学院，2011.

[67] 王维红．国际贸易网络中金融危机跨国传播研究：基于复杂网络理论 [D]．上海：东华大学旭日工商管理学院，2012.

[68] 王维红．金融危机沿国际贸易网络跨国传播研究 [M]．北京：企业管理出版社，2012.

[69] 吴忱．开发经济条件下金融传染微观机理研究 [D]．上海：复旦大学经济学院，2003.

[70] 吴恒煜，胡锡亮，吕江林．我国银行业系统性风险研究——基于拓展的未定权益分析法 [J]．国际金融研究，2013（7）：85 - 96.

[71] 吴蕾．全球化环境下金融危机传染理论与实证研究 [D]．天津：南开大学经济学院，2012.

[72] 萧琛．美国全球负债增长模式的震荡、扩散与前景——"债务危机"、"金融过度"与"去虚拟经济过度" [J]．北京大学学报，2012（49）：103 - 111.

[73] 刑李志．基于复杂社会网络理论的产业结构研究 [M]．北京：科学出版社，2013.

[74] 徐明威．美国次贷危机传染与金融可持续发展研究 [M]．北京：中国金融出版社，2011.

[75] 叶康．金融机构系统性风险管理的知识层面建模 [D]．合肥：中国科学技术大学管理学院，2009.

［76］翟金林．银行系统性风险的成因及防范研究［J］．南开学报，2001（4）：83 – 89．

［77］翟金林．银行系统性风险研究［D］．天津：南开大学经济学院，2001．

［78］张怡．金融体系系统性风险研究——基于 SIFIs 的视角［D］．沈阳：辽宁大学经济学院，2014．

［79］张英奎，马茜，姚水洪．基于复杂网络结构的银行系统性风险传染与防范［J］．统计与决策，2013（10）：149 – 153．

［80］张志波．金融危机传染与国家经济安全［M］．上海：上海社会科学院出版社，2007．

［81］章忠志．复杂网络的演化模型研究［D］．大连：大连理工大学管理科学与工程学院，2006．

［82］赵丽琴．基于 Copula 函数的金融风险度量研究［D］．厦门：厦门大学经济学院，2009．

［83］郑振龙，王为宁，刘杨树．平均相关系数与系统性风险——来自中国市场的证据［J］．经济学季刊，2014，13（3）：1047 – 1064．

［84］周强．中国银行业系统性风险及监管研究［D］．杭州：浙江大学经济学院，2014．

［85］周伟．金融市场价格波动的跳跃效应与传染效应研究［M］．北京：经济科学出版社，2014．

［86］朱波，卢露．我国上市银行系统重要性度量及其影响因素［J］．财经科学，2014（12）：39 – 50．

［87］Ágnes Lublóy. Domino effect in the Hungarian interbank market［M］. Mimeo，2005．

［88］Alfred Lehar. Measuring systemic risk：A risk management approach［J］. Journal of Banking & Finance，2005（29）：2577 – 2603．

［89］Allen，Franklin，and Douglas Gale. Optimal Financial Crises［J］. Journal of Finance，（August）1998：1245 – 84．

［90］Amal Moussa. Contagion and Syatemic Risk in Financial Networks［D］. Manhattan：Columbia University，Graduate School of Arts and Sciences，2011．

［91］Amelia Pais，Philip A. Stork. Bank Size and Systemic Risk［J］. European Financial Management，2013，19（3）：429 – 451．

［92］ Amir E. Khandani, Andrew W. Lo, Robert C. Merton. Systemic risk and the refinancing ratchet effect ［J］. Journal of Financial Economics, 2013 （108）: 29 – 45.

［93］ Amundsen, Elin; Arnt, Henrik. Contagion risk in the Danish Interbank market ［W］. Danmarks Nationalbank Working Papers, 2005, No. 29.

［94］ Andreas Krause, Simone Giansante. Interbank lending and the spread of bank failures: A network model of systemic risk ［J］. Journal of Economic Behavior & Organization, 2012, 83: 583 – 608.

［95］ Andrew G. Haldane & Robert M. May. Systemic risk in banking ecosystems ［J］. Nature, 2011, 469: 351 – 355.

［96］ Anthony Saunders, Ingo Walter. Financial architecture, systemic risk, and universal banking ［J］. Financ Mark Portf Manag, 2012 （26）: 39 – 59.

［97］ Avinash Persaud. A Systemic Approach to Systemic Risk ［J］. Economic & Political Weekly, 2011 （5）: 1 – 3.

［98］ Bank for International Settlements （BIS）. 64th Annual Report ［C］. Basel, Switzerland: BIS, 1994.

［99］ Bank for International Settlements （BIS）. Risk Measurements and Systemic Risk ［C］. Proceedings of The Third Joint Central Bank Research Conference, October, 2002.

［100］ Bartholomew, Philip, and Gary Whalen. Fundamentals of Systemic Risk ［C］. In Research in Financial Services: Banking, Financial Markets, and Systemic Risk, 1995, 7: 3 – 17.

［101］ Bech M. , Atalay E. The topology of federal funds market ［J］. Physica A, 2010 （389）: 5223 – 5246.

［102］ Benjamin M. Tabak, Marcelo Takami, Jadson M. C. Rocha, Daniel O. Cajueiro, Sergio R. S. Souza. Directed clustering coefficient as a measure of systemic risk in complex banking networks ［J］. Physica A, 2014 （394）: 211 – 216.

［103］ Board of Governors of the Federal Reserve System. Policy Statement on Payments System Risk ［W］. Docket No. R – 1107, 1 – 13. Washington, D. C. , May 30, 2001.

［104］ Brenda GonzÃ¡lez – Hermosillo, Ceyla PazarbaÅŸioÄŸlu, Robert Billings. Determinants of Banking System Fragility: A Case Study of Mexico ［W］. IMF

Staff Papers, 1997, 44 (3): 295 - 314.

[105] Can Inci, H. C. Li, Joseph McCarthy. Financial contagion: A local correlation analysis [J]. Research in International Business and Finance, 2011, 25: 11 - 25.

[106] Céline Gauthier, Alfred Lehar, Moez Souissi. Macroprudential capital requirements and systemic risk [J]. J. Finan. Intermdeiation, 2012, 21: 594 - 618.

[107] Chen Chen, Garud Iyengar & Ciamac C. Moallemi. An Axiomatic Approach to Systemic Risk [J]. Management Science, 2013, 59 (6): 1373 - 1388.

[108] Christian Upper, Andreas Worms. Estimating bilateral exposures in the German interbank market: Is there a danger of contagion? [J] European Economic Review, 2004 (48): 827 - 849.

[109] Christian Upper. Simulation methods to assess the danger of contagion in interbank markets [J]. Journal of Financial Stability, 2011 (7): 111 - 125.

[110] Christian Upper. Using counterfactual simulations to assess the danger of contagion in interbank markets [W]. Bank for International Settlements Working Paper, 2007 (8), No. 234.

[111] Claudio Borio. Towards a macroprudential framework for financeial superviseon and regulation? [W]. Monetary and Economics Department, BIS Working Paper No. 128, February, 2003.

[112] Craig H. Furfine. Interbank Exposures: Quantifying the Risk of Contagion [J]. Journal of Money, Credit and Banking, 2003, 35 (1): 111 - 128.

[113] Crockett, Andrew. Why Is Financial Stability a Goal of Public Policy? [J]. Economic Review, 1997, 82: 5 - 22.

[114] Daniel M. Hofmann, John Maroney. Supervisory challenges in the presence of systemic risk: The IAIS response to the current financial crisis [J]. Journal of Risk and Management in Financial Institutions, 2013, 6 (2): 137 - 150.

[115] Daning Hu, J. Leon Zhao and Zhimin Hua, Michael C. S. Wong. Network - Based Modeling and Analysis of Systemic Risk in Banking Systems [J]. MIS Quarterly, 2012, 36 (4): 1269 - 1291.

[116] Daron Acemoglu, Asuman Ozdaglar, Alireza Tahbaz - Salehi. Systemic Risk and Stability in Financial Networks [W]. Working Paper, December, 2013.

[117] Daron Acemoglu, Azarakhsh Malekian, Asu Ozdaglar. Network Security and Contagion [W]. Cambridge University Working Paper, June 18, 2013.

[118] Daron Acemoglu, Vasco M. Carvalho, Asuman Ozdaglar & Alireza Tahbaz - Salehi. The Network Origins of Aggregate Fluctuations [J]. Econometrica, 2012, 80 (5): 1977 - 2016.

[119] Degryse, H. , Nguyen, G. Interbank exposures: an empirical examination of systemic risk in the Belgian banking system [J]. International Journal of Central Banking, 2007, 3 (2), 123 - 171.

[120] Dilip K. Patro, Min Qi, Xian Sun. A simple indicator of systemic risk [J]. Journal of Financial Stability, 2013 (9): 105 - 116.

[121] Donato Masciandaro, Francesco Passarelli. Financial systemic risk: Taxation or regulation? [J]. Journal of Banking & Finance, 2013 (37): 587 - 596.

[122] Douglas M. Gale & Shachar Kariv. Financial Networks [J]. The American Economic Review, May, 2007, 97 (2): 99 - 103.

[123] Duan, Jin - Chuan. Correction: Maximum Likelihood Estimation using the Price Data of the Derivative Contract [J]. Mathematical Finance, 2000 (10): 461 - 462.

[124] Duncan J. Watts & Steven H. Strogatz. Collective dynamics of 'small world' network [J]. Nature, 1998, 393: 440 - 442.

[125] Eduardo Levy - Yeyati, Maria Soledad Martinez Peria, Sergio L. Schmukler. Market Discipline under Systemic Risk: Evidence from Bank Runs in Emerging Economies [W]. The World Bank. Working Paper, 2004, Series 3440.

[126] Eisenberg, Larry & Thomas Noe. Systemic Risk in Financial Systems [J]. Management Science, 2001 (47): 236 - 249.

[127] Elsinger, H - Lehar, A - Summer, M. Risk assessment for banking systems [W]. Oesterreichische National Bank Working paper 79, 2002.

[128] Elsinger, Helmut and Lehar, Alfred and Summer, Martin. Using Market Information for Banking System Risk Assessment [J]. International Journal of Central Banking, 2005 (8): 137 - 165.

[129] Enrique Batiz - Zuk, Fabrizio López - Gallo, Serafín, Martínez - Jaramillo, and Juan Pablo Solórzano - Margain. Calibrating limits for large interbank ex-

posures from a system-wide perspective [W]. Working Paper, April, 2013.

[130] Erlend Nier, Jing Yang, Tanju Yorulmazer, Amadeo Alentorn. Network models and financial stability [J]. Journal of Economic Dynamics & Control, 2007 (31): 2033 – 2060.

[131] Francesca Battaglia, Angela Gallo. Securitization and systemic risk: An empirical investigation on Italian banks over the financial crisis [J]. International Review of Financial Analysis, 2013.

[132] Francesco Vallascas, Kevin Keasey. Bank resilience to systemic shocks and the stability of banking systems: Small is beautiful [J]. Journal of International Money and Finance, 2012, 31: 1745 – 1776.

[133] Francisco Vazquez, Benjamin M. Tabak, Marcos Souto. A macro stress test of credit risk for the Brazilian banking sector [J]. Journal of Financial Stability, 2012, 8: 69 – 83.

[134] Franklin Allen & Elena Carletti. What is Systemic Risk? [J]. Journal of Money, Credit and Banking, 2013, 45 (1): 121 – 217.

[135] Franklin Allen, Douglas Gale. Financial Contagion [J]. Journal of Political Economy. February, 2000, 108 (1): 1 – 33.

[136] Frédéric Abergel, Bikas K. Chakrabarti, Anirban Chakraborti & Asim Ghosh. Econophysics of Systemic Risk and Network Dynamics. [J/OL] Springer Milan Heidelberg New York Dordrecht London, 2012. DOI: 10. 1007/978 – 88 – 470 – 2553 – 0

[137] Freixas X. , Parigi B. , Rochet J. C. Systemic risk, Interbank relations and liquidity provision by the Central Bank [J]. Journal of Money, Credit, and Banking, 2000, 32 (3): 611 – 638.

[138] Gai P. & Kapadia S. Contagion in financial networks [J]. Proc. R. Soc. A. 2010 (466): 2401 – 2423.

[139] George G. Kaufman, Kenneth E. Scott. What Is Systemic Risk, and Do Bank Regulators Retard or Contribute to It? [J]. The Independent Review, Winter, 2003, Ⅶ (3): 371 – 391.

[140] George, E. A. J. The New Lady of Threadneedle Street. Governor's Speech, Bank of England, London, February 24, 1998. Available at http: // www. bankofengland. co. uk/Links /setframe. html.

[141] Geroge M. von Furstenberg. Regulation and Supervision of Financial Institutions in The NAFTA Countries and Bond [M]. Springer Science & Business Media, LLC, New York, 1995.

[142] Giulia Iori, Giulia De Masi, Ovidiu Vasile Precup, Giampaolo Gabbi, Guido Caldarelli. A network analysis of the Italian overnight money market [J]. Journal of Economic Dynamics & Control, 2008 (32): 259 – 278.

[143] Giulio Girardi, A. Tolga Ergün. Systemic risk measurement: Multivariate GARCH estimation of CoVaR [J]. Journal of Banking & Finance, 2013, 37: 3169 – 3180.

[144] Gouriéroux C., Héam J. – C., Monfort A. Bilateral exposures and systemic solvency risk [J]. Canadian Journal of Economics, 2012, 45 (4): 1273 – 1309.

[145] Graf J. P., Guerrero S., Lopez – Gallo F. Interbank exposures and contagion: an empirical analysis for the Mexican banking sector [M]. Mimeo, Banco de México, 2005.

[146] Greenwood R., Landier A., Thesmar D. Vulnerable Banks [W]. Working Paper, 2012.

[147] Gropp R. – Lo Duca, M. – Vesala J. Cross-border bank contagion in Europe [W]. European Central Bank Working paper series 662, 2006.

[148] Group of Ten. Report on Consolidation in the Financial Sector [C]. Basel, Switzerland: Bank for International Settlements, 2001.

[149] Grzegorz Halaj, Christoffer Kok. Assessing interbank contagion using simulated networks [J]. Comput Manag Sci, 2013 (10): 157 – 186.

[150] Hamed Amini, Rama Cont Andreea Minca. Stress Testing The Resilience of Financial Networks [J]. International Journal of Theoretical and Applied Finance, 2012, 15 (1), 125506: 1 – 20.

[151] Harald A. Benink. Coping With Financial Fragility and Systemic Risk [M]. Springer Science & Business Media, LLC, New York, 1995.

[152] Harikumar Sankaran, Manish Saxena & Christopher A. Erickson. Average Conditional Volatility: A Measure of Systemic Risk for Commercial Banks [J]. Journal of Business & Economics Research, 2011, 9 (2): 70 – 93.

[153] Helmut Elsinger, Alfred Lehar & Martin Summer. Systemically impor-

tant banks: an analysis for the European banking system [J]. International Economics and Economic Policy, 2006 (3): 73 – 89.

[154] Helmut Elsinger, Alfred Lehar and Martin Summer. Risk Assessment for Banking Systems [J]. Management Science, 2006, 52 (9): 1301 – 1314.

[155] Helmut Elsinger, Alfred Lehar, Martin Summer. Network models and systemic risk assessment [W]. Working Paper, April, 2012.

[156] Hendricks, Darryll. Defining Systemic Risk [C]. The Pew Financial Reform Project, 2009.

[157] IMF, BIS, FSB (International Monetary Fund, Bank for International Settlements, Financial Stability Board). "Guidance to Assess the Systemic Importance of Financial Institutions, Markets and Instruments: Initial Considerations." [C]. Report to G20 Finance Ministers and Governors, 2009.

[158] Inaoka H., Takayasu H., Shinizu T., Ninomiya T., Taniguchi K. Self-similarity of Banking Network [J]. Physica A. 2004, 339 (3 – 4): 621 – 634.

[159] Jacob Kleinow, Andreas Horsch, Mario Garcia Molina. Determinants of Systemically Important Banks in Latin America [C]. 27th Australasian Finance and Banking Conference 2014 paper, May 5, 2014.

[160] Jan Frederik Slijkerman, Dirk Schonenmaker, Casper G. de Vries. Systemic risk and diversification across European banks and insurers [J]. Journal of Banking & Finance, 2013, 37: 773 – 785.

[161] Jared Klyman. Systemic Risk Measures: DistVaR and Other "Too Big To Fall" Risk Measures [D]. New Jersey: Princeton University, The Department of Operations Research and Financial Engineering, 2011.

[162] Javier Márquez Diez Canedo & Serafín Martínez Jaramillo. A Network Model of Systemic Risk: Stress Testing The Banking System [J]. Intelligent Systems in Accounting, Finance and Management, 2009, 16: 87 – 110.

[163] Jeffrey S. Jones, Wayne Y. Lee, Timothy J. Yeager. Valuation and systemic risk consequences of bank opacity [J]. Journal of Banking & Finance, 2013, 37: 693 – 706.

[164] Jianmin He & Shouwei Li. Resilience of interbank market networks to shocks [J/OL]. Discrete Dynamics in Nature and Society. 2011. DOI: http://

dx. doi. org/10. 1155/2011/594945.

［165］Johannes Hauptmann & Rudi Zagst. Systemic Risk ［M］//Quantitative Financial Risk Management, Computational Risk Management, 2011: 321 – 338.

［166］John Sedunov Ⅲ, M. A. Essays in Banking ［D］. The Ohio State University, Business Administration, 2012.

［167］Juan Carlos Rodriguez. Measuring financial contagion: A Copula Approach ［J］. Journal of Empirical Finance, 2007, 14: 401 – 423.

［168］Juan Pablo Solorzano – Margain, Serafin Martinez – Jaramillo, Fabrizio Lopez – Gallo. Financial contagion: extending the exposures network of the Mexican financial system ［J］. Comput Manag Sci, 2013 (10): 125 – 155.

［169］Kaminsky, Graciela, and Sergio Schmukler. What Triggers Market Jitters: A Chronicle of the Asian Crises ［J］. Journal of International Money and Finance (December) 1999. pp. 537 – 560.

［170］Kaufman, George G. Comment on Systemic Risk ［C］. In Research in Financial Services: Banking, Financial Markets, and Systemic Risk, 1995a, 7: 47 – 52.

［171］Ke Cheng, Fengbin Lu, Xiaoguang Yang. Copula contagion index and its efficiency ［J］. Applied Financial Economics, 2012, 22: 989 – 1002.

［172］Kee – Hong Bae, G. Andrew Karolyi & René M. Stulz. A New Approach to Measuring Financial Contagion ［J］. The Review of Financial Studies, 2003, 16 (3): 717 – 763.

［173］Kregel J. A. Margins of Safety and Weight of The Argument in Generating Financial Fragility ［J］. Journal of Economics Issues, 1997, 31 (2): 543 – 548.

［174］Kyle Moore, Chen Zhou. "Too big to fail" or "Too non-traditional to fail"?: The determinants of banks' systemic importance ［W］. MPRA Paper No. 45589, 27 March 2013.

［175］K. Mansurov. Role of Systemic Risks in the Formation, Transmission, and Exacerbation of Economic Instability ［J］. Studies on Russian Economic Development, 2013, 24 (4): 366 – 373.

［176］Larry Eisenberg, Thmos H. Noe. Systemic Risk in Financial Systems ［J］. Management Science, 2001, 47 (2): 236 – 249.

[177] Marcel Prokopczuk. Intra-industry contagion effects of earning surprise in the banking sector [J]. Applied Financial Economics, 2010, 20: 1601 – 1613.

[178] Marco Lo Duca, Tuomas A. Peltonen. Assessing systemic risks and predicting systemic risk [J]. Journal of Banking & Finance, 2013, 37: 2183 – 2195.

[179] Martin Summer. Financial Contagion and Network Analysis [J]. The Annual Review of Financial Economics, 2013 (5): 277 – 297.

[180] Martinez – Jaramillo, Serafin, Alexandrova – Kabadjova, Biliana, Bravo – Benitez, Bernardo, Solórzano – Margain, Juan Pablo. An empirical study of the Mexican banking system's network and its implications for systemic risk [J]. Journal of Economic Dynamics & Control. Mar, 2014, 40: 242 – 265.

[181] María Rodríguez – Moreno, Juan Ignacio Peña. Systemic risk measures: The simpler the better? [J]. Journal of Banking & Finance, 2013 (37): 1817 – 1831.

[182] Matthew Elliott, Benjamin Golub & Matthew O. Jackson. Financial Networks and Contagion [W]. Working Paper, January, 2014.

[183] Matthew O. Jackson. Networks and the Identification of Economic Behaviors [W]. Working Paper, March, 2014.

[184] Mejra Festic', Alenka Kavkler, Sebastijan Repina. The macroeconomic sources of systemic risk in the banking sectors of five new EU member states [J]. Journal of Banking & Finance, 2011 (35): 310 – 322.

[185] Michael Boss, Helmut Elsinger, Martin Summer & Stefan Thurner. Network topology of the interbank market [J]. Quantitative Finance, 2004, 4 (6): 677 – 684.

[186] Mico Loretan. Economic Models of Systemic Risk in Financial Systems [J]. North American Journal of Economics & Finance, 1996, 7 (2): 147 – 152.

[187] Mikhail V. Oet, Timothy Bianco, Dieter Gramlich, Stephen J. Ong. SAFE: An early warning system for systemic banking risk [J]. Journal of Banking & Finance, 2013.

[188] Minsky, H. The Financial Instability Hypothesis: Capitalist Process and the Behavior of the Economy, in Financial Crisis: Theory, History and Policy. Cambridge: Cambridge University Press, 1982.

[189] Miquel Dijkman. A Framework for Assessing Systemic Risk [W]. The

World Bank, Financial and Private Sector Development, Financial Systems Department, April, 2010.

[190] Mishkin, Frederic. Comment on Systemic Risk [C]. In Research in Financial Services: Banking, Financial Markets, and Systemic Risk, 1995, 7: 31 – 45.

[191] Monica Billio, Mila Getmansky, Andrew W. Lo, Loriana Pelizzon. Econometric measures of connectedness and systemic risk in the finance and insurance sectors [J]. Journal of Financial Economics, 2012 (104): 535 – 559.

[192] Müller J. Interbank Credit Lines as a Channel of Contagion [J]. Journal of Financial Services Research. , 2006, 29 (1), 37 – 60.

[193] Nellie Liang. Systemic Risk Monitoring and Financial Stability [J]. Journal of Money, Credit and Banking, 2013, 45 (1): 129 – 135.

[194] Nier E. , Yang J. , Yorulmazer T. & Alentorn A. Network models and financial stability [J]. J. Econ. Dyn. Control, 2007 (31): 2033 – 2060.

[195] Paolo Emilio Mistrulli. Assessing financial contagion in the interbank market: Maximum entropy versus observed interbank lending patterns [J]. Journal of Banking & Finance, 2011 (35): 1114 – 1127.

[196] Patricia Jackson, William R. M. Perraudin. Introduction: Banks and systemic risk [J]. Journal of Banking & Finance, 2002 (26): 819 – 823.

[197] Phelim Boyle, Joseph H. T. Kim. Designing a countercyclical insurance program for systemic risk [J]. The Journal of Risk and Insurance, 2012, 79 (4): 963 – 993.

[198] Prasanna Gai & Sujit Kapadia. Contagion in financial networks [J]. Mathematical Physical & Engineering Sciences, 2010 (466): 2401 – 2433.

[199] Prasanna Gai, Andrew Haldane, Sujit Kapadia. Complexity, concentration and contagion [J]. Journal of Monetary Economics, 2011 (58): 453 – 470.

[200] Rama Cont, Amal Moussa & Edson B. Santos. Network structure and systemic risk in banking systems [W]. Working Paper, April, 2012.

[201] Recommendations F, Lines T. Reducing the Moral Hazard Posed by Systemically Important Financial Institutions [W]. Financial Stability Board, 2010.

[202] Ricardo Bebczuk, Arturo Galindo. Financial crisis and sectoral diversifi-

cation of Argentine banks, 1999 – 2004 [J]. Applied Financial Economics, 2008, 18: 199 – 211.

[203] Robert M. May. Networks and webs in ecosystems and financial systems [J]. Philosophical Transactions of The Royal Society, 2013 (12): 1 – 8.

[204] Söhnke M. Bartram, Gregory W. Brown, Jhon E. Hund. Estimating systemic risk in the international financial system [J]. Journal of Financial Economics, 2007, 86: 835 – 869.

[205] Serafín Martínez – Jaramillo, Omar Pérez Pérez, Fernaado Avila Embriz, Fabrizio López Gallo Dey. Systemic risk, financial contagion and financial fragility [J]. Journal of Economic Dynamics & Control, 2010, 34: 2358 – 2374.

[206] Sheldon, G., Maurer, M. Interbank lending and systemic risk: an empirical analysis for Switzerland [J]. Swiss Journal of Economics and Statistics, 1998, 134 (4.2), 685 – 704.

[207] Simone Lenzu, Gabriele Tedeschi. Systemic Risk on Different Interbank Network Topologies [J]. Physica A, 2012 (391): 4331 – 4341.

[208] Soramäki K., Bech M., Arnold J., Glass R., Beyeler W. The topology of interbank flows [J]. Physica A: Statistical Mechanics and its Applications, 2007, 379 (1): 317 – 333.

[209] Stefan Eichler, Alexander Karmann, Dominik Maltritz. The term structure of banking crisis risk in the United States: A market data based compound option approach [J]. Journal of Banking & Finance, 2011, 35: 876 – 885.

[210] S. Boccaletti, V. Latora, Y. Moreno, M. Chavez, D. – U. Hwang. Complex networks: Structure and dynamics [J]. Physics Reports, 2006 (424): 175 – 308.

[211] Tanju Yorulmazer. Essays on Bank Runs, Contagion and Systemic Risk [D]. New York: New York University, Department of Economics, 2003.

[212] Tobias Adrian & Markus K. Brunnermeier. CoVaR [W]. NBER Working Paper No. 17454, September, 2011.

[213] Toivanen, M., 2009. Financial interlinkages and risk of contagion in the Finnish interbank market [W]. Discussion Paper 6/2009. Bank of Finland.

[214] T. J. Brailsford, Shu Ling Lin, Jack H. W. Penm. Conditional risk, return and contagion in the banking sector in asia [J]. Research in International Busi-

ness and Finance, 2006, 20: 322 –339.

[215] Urooj Khan. Does Fair Value Accounting Contribute to Systemic Risk in the Banking Industry? [D]. City of Seattle: University of Washington, School of Business, 2009.

[216] Van Lelyveld I. , Liedorp F. Interbank contagion in the Dutch banking sector: a sensitivity analysis [J]. International Journal of Central Banking, 2006, 2 (2): 99 –133.

[217] Viral V. Acharya. Essays in Regulation of Banks and Financial Institutions [D]. New York: New York University, Stern School of Business, 2001.

[218] Vítor Castro. Macroeconomic determinants of the credit risk in the banking system: The case of the GIPSI [J]. Economic Modelling, 2013, 31: 672 – 683.

[219] Wells S. Financial interlinkages in the United Kingdom's interbank market and the risk of contagion. Bank of England [W]. Working Paper, 2004, No. 230.

[220] Xin Huang, Hao Zhou, Haibin Zhu. A framework for assessing the systemic risk of major financial institutions [J]. Journal of Banking & Finance, 2009, 33: 2036 –2049.

[221] Xin Huang, Hao Zhou, Haibin Zhu. Systemic Risk Contributions [J]. J Financ Serv Res, 2012 (42): 55 –83.

[222] Zhou C. The impact of imposing capital requirements on systemic risk [J/OL]. Journal of Financial Stability (2013), http: //dx. doi. org/10. 1016/ j. jfs. 2013. 06. 002.

后　记

　　本书是在笔者博士论文的基础上进一步丰富完善而成，首先要感谢我的导师——四川大学经济学院名誉院长李天德教授对我的悉心指导与教诲，李老师以其严谨求实的治学态度、一丝不苟的治学作风、深厚的学术底蕴，对我的博士论文进行了大量耐心细致、精益求精的指导，才有了本书得以付梓的基础。

　　其次，感谢四川大学经济学院李旸副教授，专门在百忙之中抽出时间审阅，并给出了许多中肯的修改意见，为书稿的修改和完善提供了很大帮助；还要感谢瑞士央行 Martin Summer 研究员以及德国弗莱堡大学（University of Freiburg）Jacob Kleinow 博士在研究的技术路线方面提供的无私帮助，他们使我感受到了学术无国界以及学术分享的价值，增强了自己在未来的学术道路上继续探索的信心！

　　再次，要感谢我在西安财经学院的同事，李伟老师、胡碧老师、陈长民老师、王小霞老师、杨馥老师、周晶老师、邓锴老师、宋长青老师、牛静老师、崔敏老师、付榕老师等，以及学院领导王军生院长、刘树枫副院长对我的关心和帮助，让我能够快速融入西安财经学院经济学院金融学部这个大家庭，以轻松愉快的心情投入工作，保障了书稿的按期完成。

　　最后，要特别感谢我的父母，你们在我迷惘和徘徊的时候，义无反顾地支持我做出读博的选择；你们在我失落和彷徨的时候，鼓励我坚持自己在学术上的追求；你们在我决定延期毕业的时候，选择了包容和理解；在我忙于工作、无暇回家的时候，选择了关心和支持！是你们无私的爱成就了今天的我，成全了我不悔的青春！爸、妈，谢谢您！

陈少炜

2017 年 4 月于西安